《多維》系列(一)

我在美國當老板

多維時報 主編

明鏡出版社
www.mirrorbooks.com

I AM THE BOSS

First published in 2006 by Mirror Books

International Standard Book No 1-932138-44-7

Written by Chinese Media Net
Chief Coordinator Ho Pin
Cover by Sun Liu
P. O. Box 366, Carle Place, NY11514-0366, U .S. A.
TEL : (516) 338-6976   FAX : (516) 338-6982

Web : http : //www . mirrorbooks . com/
E-mail : mirrorpublishing@yahoo . com   admin@mirrorbooks . com

目錄

我在美國當老板

我們最初在多維時報開 "老闆專訪" 欄目的時候，想法非常簡單，就是希望講述那些在美國開創事業的人們的故事，寫寫他們在異國文化背景下的奮鬥，寫寫他們如何通過勤奮和機遇擁有了相對成功的事業。

寫著這些故事、距離老闆們的生活越來越近的時候，我們就發現，我們寫著的，更多的是人生，是生命，是對生活的感悟，而在世俗社會裡的那些成就標準，比如金錢和地位，榮譽和名氣，在我們的筆下，都顯得輕飄起來，成為每個人生故事的一些點綴和陪襯。

我們寫過跨國公司太子行總裁楊應瑞，太太和他平日買衣服都要等到減價之後，但兩人也拿出600萬美元，在天津建立了中國第一家由民政部門正式批準，海外投資興建的孤兒院；我們寫過在唐人街堅尼路開第一家華人經營珠寶行的岑灼槐，他的開拓勇敢讓唐人街現在聚集260家珠寶店，堅尼路上的珠寶店幾乎清一色是華人老闆擁有；我們寫過每週負責印刷150份週報和日報的華人印刷廠老闆陳憲中，保衛釣魚臺和讓日本對侵華道歉幾乎是他的另一份全職工作。

而楊應瑞，岑灼槐，陳憲中對賺錢和對成功都有自己的見解和感受。楊應瑞是這樣描述自己的捐贈的："當我和妻子不是很有錢的時候，我們就已經捨得給別人100塊錢。等有了錢的時候，給10萬也就不難；"岑灼槐說自己感到滿足就是成功："我去過世界上很多地方，沒有一個地方，像我們這樣珠寶店如此密集；"陳憲中的哲學是："錢沒有賺夠的時候，你有多少能量，就要做多少事情，否則就永遠沒有時間去做事情。"

　　在我們的故事裡，有生意跨國的老闆，也有經營一家店面的老闆，無論是自己白手起家的事業，還是行業頂尖的專業人，他們自己經營著事業，也經歷著人生。因為我們身處海外，我們寫的人物都是在北美生活的海外華人，他們締造事業的喜怒哀樂中，又多了文化和地域帶來的心靈衝突和種族概念，原本創業的艱辛中，又多添了一道文化困惑。這使得他們的故事更具有鮮活感和衝擊性。

　　黃與黃律師事務所的黃曉夫在剛開始執業時，代表一個白人打一場離婚訴訟，庭上被法警問，是翻譯還是被告；岑灼槐開珠寶店的時候，一位猶太老闆對他說："你們中國人應該到馬路對面去開洗衣店和餐館，不要在這裡和我們搶生意；"金山超市董事長黃希敏認為，中國人來源複雜，隔閡太大，很難聯合，而一個行業不聯合，就容易被人欺負。紐約州農業廳的一位檢查官，有一次戴著白手套，在金山摸了6個小時，黃希敏忍無可忍，最後把情況反映給州議員，由議員去和農業廳交涉。

　　無論是創業的難還是文化的難，這些老闆都還在走著自己的路，我們將這個每週出版一次的專欄成書成冊，是希望分享他們事業的快樂，是希望感悟彼此的人生，更是希望和他們一起成長。

我們祝福JWE服裝公司負責人張厥偉告別流行大道,投入一個美國古老而遵循傳統的制服市場;我們祝福開辦全球搬家運輸業務的孫雄生把流浪做成事業,不求成功只看圓滿;我們祝福雙手捧出9千新生命的婦產科醫師施純泰,接生更多的華裔寶貝;我們也祝福做中文圖書的劉友軍,在北美土地上為海外華人連接故土文化。我們更祝福我們寫過的和還沒有寫過的所有華人老闆,在美國當老闆,當得認真踏實,當得發達幸運,當得慷慨大度。

楊鳴鏑

2006年9月8日於紐約長島

揮別流行大道

—— 專訪JWE服裝公司負責人張厥偉

多維記者　呂賢修

我在美國當老板

曾經當過報紙編輯、修骨董、推銷圍巾，並成功打進主流百貨公司，成為流行服飾的供應商。JWE服裝公司負責人張厥偉，認為自己總能抓住每一次機會，而且樂於接受西方的經營理念。這些，造就了今天的JWE。

然而，隨著美國百貨業自90年代至今的相互兼併，服飾供應商的出貨管道已經被寡頭公司所鉗制，加上市場直接至大陸下單的風氣日盛，原本供應商的居間角色，已無利潤可圖。

也在同時，張厥偉毅然決定，揮別五光十色的流行產業，投入一個美國古老而遵循傳統的領域，制服市場。他相信以自己多年磨練出對於流行的敏銳嗅覺，加上勇於投資的前瞻個性，必然能為這個老舊的產業，帶來耳目一新的刺激。而他的目標，是在兩年內脫離流行服飾的市場，並在3至4年間，將年營業額提陞至4千到5千萬。

1

從外行到內行

　　2005年9月的一個中午，記者與張厥偉在JWE位於曼哈頓中城的公司總部見面。雖然他在言談中透露出的一股自信，不難察覺。但在許多小地方，仍然可以看出他低調的處世哲學。在掛滿服裝樣品的會議室中，他隨和地請記者坐下，接著談起自己的故事。

　　張厥偉，朋友常叫他的英文名字Joe，上海人，大學時讀的是圖書館系。1984年來到美國留學，在紐約半工半讀的那段日子裡，他曾經在華文報紙做過編輯。由於當時中國骨董在美國非常熱門，他也跟著老師傅學習修古董，甚至學起當時許多生意人，從中國進口一些古物來賣，但都沒有成功。

　　在當時，張厥偉的一位中學同學來到紐約學習流行設計。在一次聊天中，這個同學提到："現在有一種女用圍巾非常流行，你有沒有興趣和我合作試一把？"

　　兩人探聽了一下行情，花了3萬多塊美金，從中國進口了2000多打圍巾。進貨的當天晚上，張厥偉回憶，自己的房間就是倉庫，他把這堆圍巾當成床，幻想自己正躺在一座金山上。

　　現實並不如想像。隔天開始，張厥偉和同學沿著曼哈頓最繁華的商業地段，開始一家一家地上門推銷。但最常出現的情形是："老闆在嗎？"

　　"我們不需要！"

　　日復一日，一個多月下來，張厥偉覺得自己的熱情都被磨平了。在朋友的建議下，他在報紙上登了一個廣告，打算整批求售。

　　然而，有時機會就是這麼偶然。對於機會，張厥偉認為那是一種等待已久，但卻無法準確瞄準的東西。一個名叫Sam的猶太人，依照廣告打電話來，在看過他的貨之後，Sam說："我全部都要！"

張厥偉還記得，在將這批圍巾送出門時，他對Sam無奈地說："我可是沒賺你一分錢啊…"也在同時，他暗自心想，自己以後再也不倘這池混水了。

不久後，Sam又打電話來，問他還有沒有貨。"我已經不幹了！"張厥偉直接說出自己的決定。"如果有錢賺，你願不願意幫我進貨？"

Sam說話時那種誘惑的眼光，使他動搖了。自此之後，張厥偉負責與中國聯繫，將Sam需要的貨送來美國，並賺取其中的差價。由於銷貨狀況正常，生意也逐漸坐大。但就在突然間，Sam失去聯絡了。張厥偉後來發現，原來他跳過自己，直接對中國工廠下單了。

對於Sam的離去，張厥偉並不認為是一種損失，反而有點興奮。因為雖然這半年來，幾乎所有的貨都給了Sam，但自己多少也順便建立了一些客戶。他隱藏已久的野心開始蠢動，想要靠自己來銷售。

信心並不保證成功，踏遍了第7大道上的服裝公司，經驗不足的張厥偉還是沒做成生意。但與過去不同的是，此時他已認真地把這當成未來的事業了。

未來何在？

談到自己最感念的人，張厥偉認為是另一個帶領自己，真正走進西方市場的猶太人Bill。

大約在1990年，當時張厥偉的服裝生意依然沒有起色，一次巧合，他遇到了Bill。Bill為美國各大百貨公司的服飾部門供貨，並由其中賺取15%的佣金。

從一句"我喜歡中國的小夥子！"兩人自此結成莫逆之交，直到幾年前Bill去世。

"他在臨死前，還一直問著：Joe在哪裡？"張厥偉感傷地回憶。

與Bill的合作，再一開始，他便照著Bill的吩咐，先將自己所有的貨編號分類，並將樣品交給Bill推銷。Bill是個非常出色的銷售員，不久後，奇蹟發生，張厥偉形容，自己的傳真機就像印鈔機，訂單如雪片般飛來。很快地，他便攢下了自己的第一桶金。

在跟著Bill與美國各大百貨公司打交道的過程中，張厥偉不但逐步進入美國人的社交圈，瞭解美國人做生意的原則，而且也因此得到更豐富的市場訊息。這讓他後來獨力與百貨公司往來時，更有信心，公司的業績也在後來扶搖直上。

長期經營流行服飾，張厥偉認為，必須要能看到未來的市場。以服裝業而言，雖然市場上類似的貨品很多，但通常祇有少數幾家，一開始就領先潮流的公司，真正賺了錢。

"流行就是這樣，永遠要想著下一步要做什麼東西。我在圍巾市場看好時，就先發展女用內衣，然後是男性內衣…當這個波浪還在高端時，我的下一個浪已經起來了。"他比著手勢說。

分析與百貨公司間的交易模式，他舉例：百貨公司絕對要保障自己的利潤，比如說我給他一套15元的內衣，他放在架子上賣45元，前6個星期不打折，希望能賣出越多越好。6個星期之後，開始打折，變成35元一套。再過4個星期，變成25元，又過了2個星期，再來一次30％的折扣…最後百貨公司跟我這樣算，如果售出的平均價錢是32元左右，那獲利足夠，一切沒問題。但如果低於預期的獲利，那損失由供貨商承擔，等於把風險完全架在供貨商頭上。

"百貨公司的立場是，紐約做服飾批發供應的商家多的是。你不做，多的是人想做！"他無奈地說。

張厥偉認為，美國的公司多數只追求銷售量，所以產生百貨業兼併的情形。比如擁有 Bloomingdale's 及 Macy's 的 Federated 公司，以及另一家連鎖商 May，旗下包含 Lord & Taylor 以及 Strawbridge's，這兩大集團近期的合併。所以嚴格說來，美國現在只剩下一家百貨公司，壟斷市場，商品不易多樣化。而在消滅競爭對手之後，開始剝削供貨商的利潤。

對此，張厥偉語氣有些激動"沒有出貨管道，利潤受人控制，有時候我們做了幾百萬的生意，但最後並沒有賺到錢。而且這些大公司還想直接進入中國，喫掉你的工廠！"

"想到我在上海衣廠的300多名員工…快被掐死了！"他感慨。

但也在3年前，張厥偉問自己：是不是該這樣一直下去？

大膽投資於將來

話鋒一轉，指著一旁一張張的設計圖紙，張厥偉談起他的抉擇，制服市場。這個市場，他從兩年前開始切入，從零開始，而到到現在，已經佔了公司近四分之一的營業額。他表示，自己現在每天幾乎放80％的精力在這上面。

張厥偉認為，從飯店、工廠、醫院、銀行到餐廳的員工，制服帶給人對公司的第一印象。這不但是美國企業的傳統，也是 JWE 的新戰場。

據他所知，許多大公司制服，許多年來一成不變，已經到了令人厭煩的地步了，需要新的刺激進入這個產業。而憑藉著過去自流行服裝所累積的敏感度及大膽，他嗅出這個商機。

"像聯邦快遞FedEx的制服，又好比JetBlue航空的制服，幾年前不是這樣的。我覺得這種風氣已經開始了。"他舉例。

制服的市場很大，但是該怎麼進去？張厥偉認為，網羅熟悉這個產業的經理及銷售人員最重要。依照以往的經驗，他指出："這是成功的關鍵！請人，就要請最好的人，而且要把美國人拉進來，因為他們比你瞭解這個市場。"

優秀的經理人才，能把新市場以及新觀念帶進來。而根據他表示，目前JWE已有10餘位銷售團隊成員，分別負責不同領域。

"比如說一個人來應徵我的經理，我面試後覺得可以，他開口要15萬年薪，加上其它的投資，可能要幾十萬。但我願意嘗試，這是我的成本之一。如果你成功為我帶進上百萬的新生意，我還是賺。但如果做不到，我就開除你。這是一個不斷重複的動作，每年我總要重複4、5遍。"他補充。

張厥偉攤開手邊的設計圖紙，上面有許多歐洲風格的服裝。

"為什麼不能穿這樣的制服呢？"他質疑。

JWE目前向客戶提案時，強調的重點是創新及服務。

張厥偉說明"我們帶進去的，是新的訴求，新的氣氛。我覺得這是一家新公司可以迅速成長的原因，要有不同於現況的新想法，這是一種成功的機會。而從日新月異的流行市場的角度來看，制服這一個市場有許多老舊的觀念需要改變，這也是商機。這對我們是家常便飯，但卻給許多客戶一種耳目一新的感覺。"

"比如FedEx要黑色與紫色，我們知道他想要什麼，這就是我要做的，讓他們眼睛一亮。雖然有時可能太前衛，但已經抓到了他的心，因為跟別人不一樣。現在許多公司，已經知道市場上有一家有創新觀念的公司存在。而當客戶手邊的合約到期，會想到我們時，我們就成功了，這是一個認識的過程。"他補充。

　　除了創意，JWE所提供的，還有服務。張厥偉說明"你有500家餐廳，你把制服的合約給我，我們承諾的就是服務。這也是我對公司上下所有人的要求，客人的需求至上。但服務的觀念，目前在這個市場來說，卻是極弱的一環。"

　　"我的下一步是，教育客戶我們可以有哪些服務。比如說前一陣子，我們有一個客戶聘僱了一個人，腰圍大約有48吋。但我們馬上派人去幫他量身訂做制服。這絕對虧錢，但客戶因此得到的滿意及信任，卻不是幾百塊可以衡量的。"他接著說。

　　藉著精心挑選的銷售團隊，加上創新及服務，張厥偉預估，在未來2年，JWE將完全走出流行時裝業。

　　"做生意，可以copy別人的經營方式，但不妨經常問自己，我是不是可以做的更好一點？怎麼跟別人不一樣？美國沒有什麼真正新的生意，但祇要轉個彎，就可以是新的機會。"他歸納自己的心得。

　　既然制服的利潤比流行服飾高，但為什麼華人服飾業者卻涉足很少？

　　張厥偉指出"因為成本高。從銷售團隊、樣品、到倉儲，尤其是經理人才。"他表示，自剛開始至今，每年大約要投入上百萬資金，但不是馬上就可以拿回來的。

　　對於華人的生意如何進入美國市場，他認為，雖然現在許多華人產業，主要的市場是華人自己，但是一定要照西方成熟的模式來經營。這是一種視界，有這種視界，到了一定的時候，就會突破，否則格局很難放大。

"我知道許多中資的企業做的不錯，但是這些賺來的錢不可能都放在自己的口袋裡。以我們服裝業而言，沒有永遠好的事情。今天流行的，明天可能就會退流行。隨時要想著下一步，把賺到的錢放回來投資。投資於未來，這就是一種視界。"他以此與同行及非同行共勉。

航進中國之心

——專訪維多利亞遊輪總裁畢東江

多維記者 呂賢修

我在美國當老板

　　記得曾經有人這樣說："想瞭解一個企業領導人，應該先參觀他公司的會議室。"走近維多利亞遊輪的會議室，牆上掛滿了公司總裁畢東江與美國政界名流的合影。其中有紐約市長彭博、州長柏德基、勞工部長趙小蘭、紐約州參議員舒默、以及喜萊莉等。至於兩岸的政要，則分別有馬英九及江澤民。

　　"文化和友誼的使者。"一幅江澤民的題字，似乎透露了畢東江的使命。對此，他笑著解釋道，"1997年江澤民訪美，我們有機會見面。他認為從旅遊中可以認識一個國家的文化，然後跟當地人交朋友，所以寫了這副字給我，希望我是他的使者。但這個使者實在做得很辛苦…哈！"

很早就對海洋有一種嚮往

　　1946年出生於上海，畢東江在10歲時隨家人經香港遷徙到台灣，定居台

北。大學時就讀海洋大學航海系，回想起當初的動機，他表示"年輕嘛，想出去看看外面的世界。此外，父親有許多朋友都是上海交大畢業的，很多都在船公司工作。大家聊天時常會談到海上的種種，所以很早的時候我就對海洋有一種嚮往。"

　　當時的海洋大學，四年畢業後必須要出海實習一年。畢東江常戲稱自己就像讀軍校一樣，是正科班出身。在遠洋商務船上實習的那段日子，他跑遍了東南亞跟歐洲，也總算是一償宿願了。

　　然而，一場船上的無名大火，卻改變了他對航海事業的看法。在70年代，中國的航運正開始改變。當時香港的船業鉅子董浩雲，買下了伊麗沙白皇后號，希望將中國帶領至豪華客輪的時代。但沈重的資金壓力，卻讓金山公司陷入了財務危機。後來的一場大火，燒掉了伊麗沙白皇后號，而保險公司的理賠，也順帶解決了公司的財務問題。

　　"一個好的生意計畫，如果時機不對，根本不可能成功！"當時在金山公司實習的畢東江有此領悟。

　　"所以，後來當我開始經營維多利亞遊輪時，最關心的，就是市場在哪裡？"他提出自己的心得。

攻佔紐約沖相片市場1/3

　　1972年，跟隨著當時年輕學子赴美留學的風潮，畢東江來到紐約，進入紐約州立大學海洋學院（Marine Time College）

攻讀航運管理碩士。在這所專業的學府中，他自認學到一個最重要的新觀念，就是"包租"（Catering）的經營模式。

"中國人做生意，老是什麼都要自己做。但是以航運為例，必須先有市場，然後與船東簽合約，船東再拿合約向銀行貸款來造船。而經營市場的人，不會把資金押到造船上，也不需要真正擁有每一艘船。而且船會折舊，經營者不需承擔，才能專心地處理市場行銷。這是航運界操作的原則。"畢東江認為，當時以中國、台灣來說，這仍是很新的觀念。

"以維多利亞遊輪為例，一直到今天，都是採包租的方式。只要市場看好，就可以在短時間內一艘又一艘地推出。"他補充。

在美國讀書時，畢東江一邊讀書、一邊工作。曾經在雜貨店、折扣商店打工，也順便練習英文。到後來開始為連鎖商店批發雜貨及底片膠卷，進而成為批發商。畢東江從零售業開始創業，賣些雜貨，然後發展為連鎖性質的商店。而在店數逐漸增加，自己擁有6家店之後，更進一步開始批發貨品。主要賣是櫃臺上供人結帳時隨手購買的小東西，比如說電池、糖果等、打火機等。為了省錢，他把自家在布朗區的公寓當成倉庫。

"低成本，這是我的生意原則。"他自認。

批發的客戶越來越多，達到近500家時。由於當時許多商店都有幫客人代收相片膠卷的服務。畢東江心想，既然自己已經有這麼多合作往來的商店，為什麼不讓這些店也收膠卷，讓他來沖洗呢？1981年，他成立了一個小型的沖印中心，進入紐約市的相片市場。

當時紐約沖洗照片的市場幾乎都是猶太人在經營，客人將膠卷拿到雜貨店，隔天回來取件。畢東江自認，靠著服務、價格與品質，逐步建立信譽，市場自然會開拓。而他也成功地攻佔了三分之一的市場。

隨著數位相機普及，目前傳統相片沖印的業務，大約只有過去的一半。畢東江於是將傳統沖印轉向數位沖印。目前已經有網站接受客人上傳檔案，用信用卡付費後，再將相片郵寄給客人。

"傳統照片沖印，只能做紐約市的生意。但是數位化之後，卻可以做全美國的生意。"他看好未來。

事業心強的畢東江，不但同時經營零售業與相片沖印，後來更將生意的觸角延伸向紐約的房地產。"這應該是目前最熱門的行業了！不但市場看好，風險也低。"他認為。

讀的是航海及航運管理，但來到美國後的前20年，畢東江卻似乎與自己的本行漸行漸遠。也在此時，出人意料的事發生了。

作夢都想不到經營游輪

1992年，鄧小平南巡，計畫改革開放。而許多海外的商人，也在當時開始回中國找尋商機。

3歲離開中國，畢東江在91年第一次回到中國。原本是想在中國經營相片沖印的生意，但是當時中國相紙的關稅高達80％，多數的相紙及膠卷都是水貨，所以很難正規經營。而在屢次前往各地勘查之後，由於遇到許多主管，對於自己的企業一點都不瞭解。畢東江坦承自己當時對許多國營企業感到失望。他的觀念是，作為一個企業的主管，一定要有專業。

1993年，經由友人介紹，畢東江認識了長江航運的總經濟師李金明。畢業於上海交大造船系的李金明，對他來說而，不但符合了專業經理人的特質，而且更有一份來自童年的熟悉感。

當畢東江一行人已經到了北京，準備上飛機回美國時，李金明抱了一個牛皮紙袋，裡頭裝了造船的圖紙，跟到了機場，希望他把圖帶回去看看。

"我覺得，專業的人，有時候不必在嘴巴上多說，這是和許多其他的企業經營者不同的。但當時的情形是，他們已經開工造船了，卻還沒有市場。李金明拿長江客輪的船圖給我看，目的是希望我能幫他們開發美國的市場。"畢東江認為，在當時，如果沒有美國的旅遊市場，長江遊輪是開不了的。

雖然從來沒去過長江，但是航海出身的畢東江，一看到船圖，內心還是充滿興奮。而由於是客輪，他特別注意是否符合旅客的需要。後來，他也真的去了長江一趟。

"看到長江，說實話，蠻失望的！因為兩岸很髒亂，但自然風光實在沒話說。我去過萊茵河，我發現長江三峽的風光是全世界獨有的。如果是從一個外國人的角度。我覺得一定要來看一看。髒亂可以改，這個產品可以賣。"他回憶當時的感覺。

1993年，畢東江與長江航運簽約，以管理顧問及市場開發的角色進入這個新領域。

"重回船務，是我作夢也沒想到的事。"他回憶。

摸著石頭過長江

讀的是航運管理，但卻經營旅遊業。對此，畢東江認為，其實道理差別不大。"兩者都和運輸有關，只是看你運的是什麼？如果是人，就要以人為本，而人是有情緒好惡的。過去我不管做什麼生意，都是以客戶為主導。"由於長期與美國人做生意，他相信自己已經摸出了美國人的個性。

與許多早期進入中國的外資企業一樣，畢東江首先遇上的，是人的問題。

"許多員工沒有服務業的觀念，遇到客人，連微笑都沒有。大家出來玩，總是希望開開心心的，但上了船卻有點掃興。所以我覺得要先從員工的觀念改變起。"他解釋。而為了讓員工接受顧客是衣食父母的觀念，畢東江引進了美國的小費文化，強調小費的多寡，全靠自己創造，不需要靠領導來強迫。"

業務開展的初期，畢東江的夫人凱蒂也放下美國的事業，頻繁往返兩地之間，一年內總有5、6個月待在中國。就這樣，畢東江負責市場的宣傳，而船上管理訓練的工作則交給了凱蒂。從侍者到經理，幾乎都是由她一手訓練。兩人的觀念是，寧願帶自己的子弟兵，也不要去挖角，因為挖角只會挖來一堆別的公司的壞習慣。

"連我們的廚師，都是農民出身。"他笑道。

人才永遠是最重要的，這是畢東江自認的理念。而他目前所經營的每家公司，也都大量使用新人，從頭訓練。至於目前在中國的幹部，都已經至少和他一起工作了10年，也都跟企業產生了感情。

"西方的客人，如果你做的不夠專業，他們是不會來的。而在長江的旅遊界，現在只要提到維多利亞，大家都曉得那是黃埔軍校，而且人才都在這邊！"他自豪地比喻。

由於鎖定德國與美國為主要的市場，長久以來維多利亞遊輪都與兩地的專業旅遊公關公司合作，向同業宣傳，並請旅遊雜誌報導。

1994年維多利亞一號下水時，共吸引了中西方60多位記者上船同遊，其中包含紐約時報等國際媒體。回想當時，畢東江認為，由於西方世界當時對中國並不瞭解，他感覺的出來，許多記者都用懷疑的眼光來看這件事，想知道未來他到底想怎麼做？

"當時紐約時報有一位女記者，認為中國還沒有真正開放，未來變數還很多，質疑我對於長江旅遊業長遠的看法。我用德國的萊茵河當例子，告訴她中國只是剛開始，我們也是摸著石頭過河…哈哈！"他回憶。

權威旅行雜誌的封面人物

據畢東江觀察，由於維多利亞遊輪起步的早，在中國的旅行市場，到今天都還有許多西方同業，因為對中國認識還是有限，擔心風險的問題，所以拿維多利亞遊輪當溫度計。如果維多利亞遊輪看好一年的市場，同業馬上就會跟進投資。

"市場是有，只是做得很辛苦。"他感慨。

畢東江分析，經營中國旅遊市場最大的困難，就是有許多不確定性，增加了風險。而回想最大的挫折，他指出在2003年3月底時，由於中國的非典疫情嚴重，美國政府正式對遊客提出警告。因為沒有遊客，當時停駛了四個月，幾乎損失了一年的生意。而一直到今天，這個陰影依然存在。

"但我想也好，因為中國政府經過這次教訓，以後才會認真看待傳染病的問題。"他認為。

而眼前的另一項難題是，由於三峽正在興建大壩，必須進行截流，會影響到航線，也引來客人的不滿。然而，長江的水位不穩定，卻也是眾所皆知的問題。對此，畢東江提出自己的經驗"雨量多的大水期，水位一下子上升，有時還有洪水，會淹沒沿岸的設施。而水位低的旱季，不小心就會觸礁，所以我們所有的船都有雙層船底。"

"等2008年大壩蓋好之後，解決了水量的問題，情況會更好！"他相信。

根據畢東江分析，目前長江上約有60艘船在營運，雖然維多利亞遊輪只有6艘，但卻佔市場的20％。為了跟對手區分，目前該公司所有的新船，每個房間都有自己的陽台，可供旅客欣賞風景。因為他認為歐美的旅客，最重視的是服務的品質，所以應該由從這點來領先。

談到遠景，畢東江認為"在大壩完成後，長江沿岸應該規劃成自然的保護區，加上業者注重品質，未來長江還是有機會能像萊茵河一樣的。"

回頭看看牆上一幅幅的照片及獎狀，記者問道他最喜歡哪一幅？畢東江選了一張裱框的的雜誌封面。

2001年8月20日，這本美國權威的旅行雜誌Travel Agent，以"航進中國之心"（Cruise China Heartland）作為封面故事的標題。

"我是全世界第二個登上這本雜誌封面的華人，第一個是董建華。"他自豪地說。

網路先驅
—— 專訪第一理財執行長劉錦行

多維記者　呂賢修

　　成立於1985年，第一理財的早期經營，以服務地方投資人為主。97年開始，伴隨科技趨勢，適時推出Firstrade.com，成為網路理財的領先者。而今天，公司已在全美50州註冊，服務遍及各地。此外，Firstrade.com的快速交易系統，顧客服務，以及網站設計，也得到金融雜誌如Barrons，，以及Smart Money的一致肯定，連續多年將其評選為網路最佳證券商之一，消費者報告(Consumer Reports)更在2005年8月將第一理財評鑑為全美排名第一位網路理財證券商。

聰明投資人的選擇

談起這段歷史，第一理財創辦人及執行長劉錦杭對多維記者回憶：在過去，他曾經任職於美國運通銀行及美林證券。1985年，他選擇創業，在法拉盛開了第一家華人證券公司。也因此，公司取名"第一證券"。在一開始，公司主要服務對象是法拉盛社區，以及長島、新澤西與康州、紐約上州的華人。

1997年，公司轉型，率先進入網路市場，第一證券改名為第一理財。他記得，第一理財當時應該是全美前10家投入此領域的公司。對於網路理財，劉錦杭分析其中的優點：由於沒有空間、時間限制，投資者可以在第一時間，與理財專家同時得到最新消息，並立即在網上交易。

以交易時效而言，他舉例，在第一理財，如果客戶希望以即時報價所顯示的價錢買到股票，或甚至以更理想的價錢成交，這將需要一個最快的系統。第一理財的高速訂單傳輸系統，能以最快的速度將訂單傳送到交易所，尋找最好的價錢。此外，他自信地表示，公司有5秒成交保證。任何S&P 500股票市價訂單，如果五秒鐘內沒有成交，客戶的下一筆交易免收佣金。

此外網路理財還有即時性資訊的優勢。以第一理財為例，提供客戶Level I 與 II 即時報價。客戶可以使用不間斷即時報價系統，建立股票觀察清單，隨時掌握股價。而Level II 報價和圖表，則可讓客戶洞悉市場中間人所看到的股價及交易量，協助客戶從當日的股價波動中獲利。

至於許多人相當關心的收費，劉錦杭指出，網路理財所節省的人力，直接反映於佣金。比如第一理財，同時具備免交易費共同基金，無帳戶閒置及維護費用，免費股息再投資計劃，以及無帳戶最低基本存款限制等服務。而網上市價訂單、網上限價訂單、期權市價訂單等項目，收費也都非常低廉。

即時的優勢不只如此，客戶還可利用第一理財的即時投資組合管理工具（Market Ace Position Manager），隨時觀察個人投資組合，或是觀察一個虛擬投資組合的表現。客戶可以檢視已實現及未實現的收入及損失、股票購買價格、購買日期等，並可以任何一個項目排列整理這些數據。有這麼多好處，他相信，網路理財，絕對是未來聰明投資人的第一選擇。

科技創造服務

由於在科技趨勢中取得先機，加上勇於投資，劉錦杭回憶，在後來同業一波波併購的風潮中，第一理財得以脫穎而出，並在許多評比中名列前茅。對於這些殊榮，他認為最特別的，應該是由非營利組織，美國消費者報告（Consumer Report）在2005年9月，將第一理財評比為網路理財全美第一，成為消費者心中最理想的服務提供者，遙遙領先其它同業。對此，他表示，第一次就獲得第一名，非常光榮。

談到科技，尤其是電腦所帶來的便利及優勢，劉錦杭相當有心得。第一理財目前協助客戶利用電腦規劃個人財務，諸如：

股票、期權、共同基金及固定收入篩選及搜尋工具：以股票而言，客戶只需輸入選擇的條件，如本益比、每股收益、股利等。系統將自動搜尋數千家公司的股票，做出最合適的選擇。而如欲購買共同基金，也可以依照自己的需求，在超過8000多種不同的基金中，找到最合適的投資目標。至於固定收入，如果客戶認為股票及基金過於複雜，也可以透過搜尋工具，找出適合的債券。

對於主動的投資者，第一理財也提供多種資訊工具，比如：Valueline 基金報告，客戶可以檢閱基金評鑑、重要數據及圖表，並取得基金管理公司的相關資訊。而互動式圖表，除了最基本的股價動態及交易量外，客戶還可以檢視：相對強度、隨機指數、平滑異同移動平均線、價格變動率、淨值成交量、股票分割、股息及盈虧等等數據。

至於產業新聞，第一理財有Standard & Poor股票報告、產業前瞻、華爾街共識、S & P頭條，以及本週焦距股等資訊。客戶也可以參考S & P分析師選擇的投資組合，選擇適合自己的證券。此外，透過系統，客戶可以選擇多種條件，包含股價、交易量、漲跌金額、漲跌百分比、每股盈餘、比益比、市值、52 周漲跌幅度等。當客戶注意的股票達到自己所設定的條件時，股價通報系統會自動發送電子郵件通知。

關鍵三大優勢

劉錦杭分析，第一理財的關鍵三大優勢為：手續費超廉、網路便捷、產品線齊全。

他說明，第一理財提供的各類免費服務項目，應該是同行中最多的。以個人退休帳戶為例，許多公司都要求每年最低金額以及管理費，帳戶終結費等，但第一理財完全免費。此外6.95元的服務費，沒有股數限制，也是將網路理財所省下的成本，忠實地回饋給客戶。

他強調，網路理財最大的好處是方便。客戶不需要先打電話來問，然後公司去詢價，接著客人再要公司報價。與傳統債券5、6個步驟的交易過程相比，網路化之後，只有一個步驟，跟買賣股票一樣方便。

至於產品，目前第一理財共有9000多種基金可以選擇。此外，還包含政府債券、定期存款等，可以由網路直接下單。他指出，目前在美國，提供這樣完全網路化整合服務的，應該不超過5至6家。許多公司都還需要透過電話服務。

第一理財提供的各類帳戶，包含：個人帳戶、監護人帳戶、共同帳戶、信託帳戶等一般投資帳戶。此外還有退休帳戶、國際帳戶、公司帳戶、教育計劃及理財帳戶等。而投資產品則包括：股票、期權、共同基金、交易所買賣基金，可以避險的公司債券、地方政府債券、政府國庫債券、定期存單、機構債券、無息債券等。並有盤後交易及股息再投資等服務。

滿足客戶的使用經驗

在劉錦杭每天的管理工作中，投入最大心力的，是如何滿足客戶的使用經驗。他強調公司各級主管，每天都有會議，討論今天客戶遇到什麼問題，公司如何回應等。

對於客戶的使用經驗，他補充，以第一理財的全方位理財帳戶為例，客戶可以享受免費開立支票、網上支付帳單、Visa扣款金卡、旅遊優惠、簡易月結表、選擇貨幣市場基金等服務。

此外，公司也提供客戶電子帳戶文件。透過這項免費的服務，客戶可以在網路上讀取月結表、交易確認書、股東會議資訊、基金公開說明書，以及其他帳戶相關文件。客戶可以列印這些表格，或是自動儲存留於系統內。

強調服務，最大的成就感，當屬得到客戶的回饋。有一張卡片，讓劉錦杭印象深刻。他回憶，大約2年前，有一個加州的美國人客戶，寫卡片給他。卡片中提到3位員工的名字，並說：

"我在許多公司都有帳戶，經常有問題需要答覆。但在其它公司,有時未得到尊重。但在貴公司,3個不同領域的員工,不同的問題,得到一貫的品質。不論是電話,或是電子郵件,與他們的溝通,我都很滿意…貴公司雖然不是上市公司,但我相信未來前途無量。"

華人投資者企圖心十足

2005年8月的Smart Money雜誌,以共同基金選擇、投資性產品、銀行輔助、交易工具、研究資訊、最低開戶金額、客戶服務等評鑑項目,選出8家網路證券公司。第一理財是其中唯一一家入圍的華人公司,各項指標平均排名第3。劉錦杭認為,能從眾多美國上市公司中脫穎而出,這可說是全公司同仁,一起打拼而創造的奇蹟。

據他透露,公司的表現,也吸引了許多中國地區的投資者。近2年來,第一理財中國客戶的開戶量,平均以近5成成長。此外,許多中國公司在美上市,當尋求上市後如何合法釋出股票時,也慕名而來,委託第一理財協助。對此,他分析第一理財有完整的中文服務,佔有先天優勢。而在未來,隨著中國對外匯管制的日漸寬鬆,他十分看好這個市場的潛力。

對於北美華人,劉錦杭特別推薦第一理財的免費IRA退休帳戶。他舉例,如果你現在20歲,接下來40年中每年存500元進退休帳戶。假設投資每年成長10%,60歲退休時帳戶內會有22萬餘元。40年內您只存入了2萬,卻不知不覺的因複利效應成長了超過百分之一千。難怪愛因斯坦將複利效應稱為"世界第八大奇觀"。

他指出,與主流社會相同,多數人在退休帳戶的投資上,都比較保守。因為是退休後的老本,多半是放定存,買固定收益的債券，或投資在共同基金。他並介紹，第一理財是目前全美唯一一家，個人退休帳戶買賣任何共同基金免交易費。此外，這個帳戶不收任何設立、維護及關閉費用。客戶可以輕鬆地將自己在其它金融機構的退休帳戶，或過去雇主贊助的退休計劃和401K轉入第一理財。

IRA 退休帳戶可享緩徵所得稅，或投資免稅的利益。並有傳統IRA退休帳戶、Roth IRA退休帳戶、SEP簡易雇員退休金計劃帳戶、SIMPLE IRA小型企業雇員儲蓄配款計劃帳戶等可供選擇。

利用第一理財的電腦規劃工具，客戶可以預估子女學費該如何儲蓄，計算購屋所需經費等，並可比較哪一種退休帳戶最適合自己。他建議，無論是開新帳戶還是轉移帳戶，越早開始為退休儲蓄，對將來越有利。

劉錦杭認為，因為個人退休金帳戶可以帶動其它的投資及長期客戶，將是未來網路證券商成長的關鍵點。而在從網路泡沫化之後，美國股市漸趨正常。第一理財個人退休帳戶亦開始快速成長。

第一理財目前在全美50個州都有註冊，客戶也很平均地依各州人口分配比率。為了加強服務僑胞及海外國際等華人，特別提供網上中文環境即時開設新帳戶，而且所有的交易環境皆已中文化。再加上中文即時的重要消息，讓所有華人真有賓至如歸的感覺。

劉錦杭認為，華人市場的潛力非常大。在他的經驗裡，許多時候，華人客戶下決心買賣的過程，比美國人更有企圖心，所以市場的潛力也更大，也有更多的商機。而在華人網路證券交易市場，第一理財紮根最早。主流業者雖然已經開始正視這個市場，陸續跟進。但還是第一理財，最瞭解社區，深具草根性。

　　對於公司的成長，他指出，比如新科技、新服務，關鍵在於，公司必須一天比一天進步。目前在美國華人市場來說，他相信第一理財一定是其中翹楚。至於近期的未來，他保守估計，客戶人數每年仍將成長25至35％。

　　與主流社會相較，劉錦杭相信，追求財富的心態是一致的。他也經常與投資者溝通，如何平衡對財富的管理，以及對風險的瞭解。但華人投資者，有地域、文化、語言的隔閡，這些都會影響下決心的過程。第一理財提供的，就是居間協助的角色。第一理財費用低廉，開戶無金額限制，並提供多種投資產品及功能強大的理財工具，幫助客戶達到自己的投資目標，讓客戶的資產逐漸增長。

力做中西食品文化橋樑

——專訪森美集團董事長吳維定

多維記者 鄒興睿

"我們要告訴八方四海的人，中國食品不是很神秘，也不是他們想像的衛生條件不好，很不重視形象和包裝。"森美集團董事長吳維定在剛剛結束不久的2004年第四屆南北雜貨展上接受多維時報記者採訪時說，其實很多人喜歡中國食品，但是了解的很有限，他們做食品這一行已經50多年，希望森美本身能成為一座橋樑，溝通食品文化，得到西方主流更多的認同。

專程到森美紐約新州交界的總部採訪時，看到他們佔地12萬呎的倉庫，現代化的經營管理設施，又聽說森美最近在曼哈頓剛剛參加了一個主流社會大型的食品展示會，把華人的食品帶進了包括美國、歐洲、猶太、西班牙、印度等各個族裔的食品展覽會，吳維定提到通過這樣的渠道把亞洲尤其是中國的食品介紹給世界，是一件特別讓人高興的事情，也是森美多年來一直致力在做的。

我在美國當老板

創業之初：在美國人的食品展覽會上沒人理

　　從一張辦公桌，一部打印機和一只算盤開始，從1948年的"森美工業公司"到"森美進口公司"，森美的創始人和首任董事長陳霖就這樣開始在紐約經營起食品進口，可謂白手起家。如此開始代理一些品牌在美國運轉，包括台灣進口的"梅林"罐裝蔬菜、水果；香港進口的凍蝦，法國進口的罐裝蘑菇和"福龍"品牌包裝的茶包，也算慢慢起家，進口的食品種類和數量都在上漲，1965年的時候，森美進口公司在紐約第八大道上和第十街附近租了一棟四層樓的倉庫1975年在曼哈頓下城格林威治街491號購下森美進口公司自己的倉庫，為森美今後的發展奠定了基礎。

　　已經有了一定實力的森美那個時候就已經開始瞄準主流的食品市場，吳維定說陳霖先生曾經把森美代理的華人食品幾經門路拿到美國主流的食品展覽會上去，"但是，那個時候我們的產品沒人理。"說來讓人生氣，幾十年前，美國的華人少之又少，華人的產品更是鳳毛麟角，所以若大展廳中很少有人光顧。

　　想和主流的超市以及食品廠家聯係，也受到莫大的阻力，"提著樣品去見面，等上兩個小時，最後只給2分鐘的見面時間。"看著"比美國人的東西好吃多少倍"的產品無人欣賞真是很氣，不過氣歸氣，痛定思痛，那個時候森美進口公司的就埋下了要讓這些美國主流的人認識和接受華人的食品的願望，同時也在做東方人市場的生意，這讓他們一直把這項工作當成己任。

力做中西食品橋樑：推廣華人食品化打進主流市場

　　現在森美進口公司代理的產品來自五六十家供應商，共

3000多種產品，其中包括很多家喻戶曉的品牌，比如台灣的蘭記、薌園、郭元益、伊莎貝爾，中國大陸的康師傅、五豐、功德林，香港的新順福、壽桃牌，新加坡的康元、金麒麟、中華，加拿大的獅牌、意大利的車利奧和自創品牌的陳福記、森昌隆及如意牌。這些都是1997年吳維定接任森美進口公司董事長後，開拓發展陳霖先生以往的願望開發的一些知名品牌。他從1976年自香港大學畢業以後移民來美，從森美基層作起，業務實務兩方面共進，並在紐約大學學習工商管理碩士課程，並致力于推闊華人食品文化，在把他們打進主流市場中做了大量細緻而有魄力的工作。

從1995年森美打進美國連鎖超市Path Mark後,他們相繼把產品推進到Shoprite, Wal-mart,Whole food等一系列美國連鎖店。吳維定還告訴多維記者，除了打進這些美國連鎖點以外，他們代理的一些貨品也已經進入美國的餐館業及生產行業，美國和另外一些族裔的食品特色中已經融進了東方材料，一些廚師對有東方特色的調料相當感興趣，其中一些已經是"Chef's Love"，這都是令人十分自豪的事情。

"我們其實不僅僅是在做食品的工作，也算半個文化工作者。"吳維定爽朗的開著玩笑，但是聽著他一臉認真發自內心所說的話誰又能說不是呢？"食品是最富有親和力的東西，也能帶動主流對東方文化的好奇，促使他們更多的去了解華人的習慣和風俗，甚至每個地方不同的文化特色。"北方的麵食，南方的米糕，潮州的米粉，廣東的海鮮，泰式辣辣甜甜的口味，四川的麻辣口味，這些，老美難道不認為是華人的文化嗎？

不過，想做好一座橋樑可不是件容易的事，尤其面對的可真是"眾口難調"的食品課題。森美近年來可沒少在這上面花力氣，大到銷售範圍人口調查，小到每種產品的不同口味反應，比如吳維定信手拈來的一個例子：印度人喜歡吃薄餅，但是口味和華人不完全一樣，在蔥油餅的基礎上中加些牛油和新鮮洋蔥等品種，不但印度人喜歡，連喜歡奶油的法國人和俄羅斯人都愛吃。這種市場反饋和調查讓他們緊緊抓住了消費者的口味，還整理出一套美國人和其它族裔的人對什麼食品感興趣。現在他們的一些調料和醬油已經是美國家庭都很喜愛的美味了，因為他們在Path Mark等超市的中國專區中會發現除了有這些產品的介紹，還發現它們的使用方法直接和"水餃""炒麵"等掛鉤。

為了將兩岸三地及世界各地的東方食品及雜貨分門別類向中外人士做完整的介紹，森美進口公司於1993、1996及2002年曾分別舉辦三屆"南北雜貨展"獲得各界熱烈的回響，今年再度舉辦第四界。今年的第四屆南北雜貨展有35家知名代理商參展，其中一些知名品牌如李錦記，維他國際集團，頂新集團，萬字集團等都擺出展台，將最好的貨物和新產品介紹給來賓，一些食品的試吃展台圍滿了感興趣的朋友，一些商家還應用電腦和短片的形式介紹公司和一些食品的製作方式，比如現場製作各種珍珠奶茶，如何使用調味品，吸引了很多人的目光。來自中、台、港、韓、日、泰、菲、印、歐美各地的雜貨品，還特選最新及精選的商品提供優惠價銷售。吳維定表示，籍南北雜貨展到舉辦，森美除希望將各種雜貨介紹給中外消費者，更盼能與同業先進交換心得，增進彼此情誼並開拓商業范疇，更是森美慶祝創業半世紀的盛事，所以誠摯邀請業著共享盛舉。

這也難怪第四屆南北雜貨展舉辦當天，劉醇逸當天親自到場為南北雜貨展鼓勁，他說看到除了很多華人來參加展覽以外，還有很多非華人的面孔，這令人很自豪也希望通過這樣的活動能把華人食品傳揚四方，並為森美頒進口公司發了表揚狀。肯定森美將華人食品引進美國，除了華人同胞能享受故鄉美食之外，也讓美國的主流社會認識和接納了華人的各種優良食品。

扣緊時代脈搏：現代經營管理理念

走進森美的倉庫，感覺井井有條，高高大大的開架貯存和冷凍、冷藏、空調儲藏設備等，全部劃分整齊，不同的庫存和取貨部門忙碌的昇降機和運貨車，讓人看到這家公司熱熱鬧鬧蓬蓬勃勃的狀態。而在優雅的辦公環境中又看到他們全部是電子化管理，所有出入貨品都能即時聯網顯示出來，連現在他們擁有的所有貨運卡車都帶有衛星定位追蹤系統，隨時可以知道行程如何，就更感覺到森美內在的有序。

吳維定1985年就為森美規劃裝置了第一套電腦系統，引導業務全面電腦化作業，加強了公司的管理制度。2000年9月，經過長達5年的時間選址策劃，將總部和運營中心遷到了目前所在的新州澤西市，佔地十畝，地點也更加便利，離紐約下城一箭之遙，四通八達暢聯水陸空運輸系統。搬遷總部也代表著森美正式進入電子商務時代，建立完備的網絡系統和隨時更新的網站，將森美的發展變化和各種產品的最新資訊整理出來，讓供應商和客戶隨時可以查閱。

吳維定感懷陳霖先生未能親見新址，特將辦公大樓命名為"陳霖大廈"，並在富有中國特色的門廳中懸掛陳先生的座右銘"不求花開一時艷，但求根固樹常青"。這也是森美一貫的精神和品質的來源。"正派經營，老實經商"是他們秉持的精神，嚴格的挑選代理商，供應商，強調信用昭著也獲得了"老字號、有實力"的口碑和信譽。森美的經營宗旨和理念中除了把提供

森美佔地佔地十畝的庫房。(多維記者鄒興睿攝)

齊備商品作為最實在最基本的要求外，把促進中西交流和發展電子商務科技放在重要位置。他們的經營理念為訓練有素，信用卓著，誠實待人，親力親為。

學政治歷史出身的吳維定身上體現出一種人文關懷的愛心，廳著他對自己並不熟悉的食品工作從陌生到熱愛，笑說："第一份工作，永遠的一份工作。First job, one job."讓人能體會他除了在現代經營理念中融入的那些感情元素。他公司的人介紹說，董事長一直把陳先生和夫人的遺志記在心上，不但繼續在教育、醫藥和健康方面透過陳霖承順基金會及基督教會捐助美國及中國的學校、醫院等，在森美公司內2001年還設立了自助取貨部為員工提供優惠價格、還成立了地產投資部、包裝部，並不斷增進員工的福利，比如完善的醫療保險和退休儲蓄獎金等。他們的"即取批發市場"為往來客商提供服務，並在包裝部完成大件改裝，為中小型企業和消費者提供方便，無需等候，自取即付的方式讓人覺得十分方便，這裡對外開放，也可收信用卡，所以Jersey City和週圍的一些朋友也常常到森美來採購。另外吳維定還成立了"陳霖先生紀念助學金"，獎勵員工子弟完成高等學業，培養下一代的華裔傑出人才，用以紀念陳霖先生。

市場競爭：講究打法

　　現代市場競爭嚴峻，何況在美國人的地盤做生意？如何面對競爭呢？

　　"我們的競爭對手可不僅僅是同類的華人亞洲人，連猶太人都來競爭這塊市場。"吳維定對競爭的看法很積極，他認為美國這個自由競爭的社會有著它的好處和優點。可以讓大家都努力的去踏踏實實各顯身手的做事情。

　　猶太人雖然會做生意但是對華人的文化和習俗還是欠缺一定的了解，比如各地不同的節日和食品特色，以及口味的不同，但是他們也有長處可以學習。另外還有日本，韓國，東南亞的一些競爭對手，不過大家都各有長處，各有打法。

　　森美的打法？每天和自己的昨天去比較，扎扎實實的做事，嚴格的把住食品的質量，以信譽來贏得消費者和市場。當然也要不斷注意瞬息萬變的市場，及時的調整自己的腳步和節奏，比如努力追求不囤貨，爭取來貨即走，不積壓，不超前消費，這也就是商家所追求的"貨如輪轉"的境界吧。

　　對食品市場的變化要有獨到的敏感，也是需要培養的一項素質，比如最近一些牛奶和荳漿中都是加纖，加鈣，花樣繁多，森美代理的山水荳漿就率先推出了自己的一些多樣化品種，不僅來適應市場，同時也打開了銷路。"就象每天都那麼單調，這些不同的內容就給不同的日子帶來了色彩和更高的生活質量。"追求營養和健康，同時也很重視"食補"是華人的一大特點，所以以上這些都是在競爭中需要不斷加強和鍛煉的。

　　他一直強調這個世界很大，人很渺小，人的智力和能力放在大環境中，一定要順應生活的方向，把眼光放大放長遠，也不要失去信心。

角色定位和回報社區：供、銷、用之間的又一座橋樑

作為供應商，經銷商，使用者之間的大型進口公司和產品代理商，森美一直把自己作為溝通各層關係的又一座橋樑。

"很多產品還沒有面市的時候，就已經開始經歷我們的考驗和調查了。"他們既是消費者的代言人也是銷售渠道中的把關者，還為銷售廠家和超市等部門提供最適合市場的產品。同時他們還是信息時代千變萬化的食品信息和科學的敏銳觀察家，吳維定說其實這些角色都是在工作中不斷體驗出來的，儘管站在後面，其實接觸的是最前沿，他們也希望通過這座橋樑帶給和每一個與自己有關係的朋友最大的利益。這也是為什麼會發起南北雜貨展這樣一個集合了每一部份人群交流的活動，希望為他們提供一個最好的機會和交流的平臺，推出華人好的品牌，打進主流的市場。

森美多年來還致力與回報社區，多次以代理廠商和產品的名義，聯合主辦多項社區活動，20多年來從未間斷過，內容更是遍及文化、學術、體育和民俗等各個方面。他始終讓森美抱著不自傲不自滿，盡到自己本分，飲水思源，回報消費者這樣的心態，希望華人的食品業能在美國開花結果，落地生根。

森美的腳步在不停的邁進，吳維定的內心和森美集團的眼光也不止於此，南北雜貨展剛過，他又奔赴東南亞，新加坡等地攷察，而類似廣交會，上交會和港台的食品嘉年華他也如數家珍，至于美國和加拿大以及歐美的最高級別的Fancy Food Show他更是心中有數，森美是在用實力和智力在做中西食品文化的橋樑。

場製作各種珍珠奶茶，如何使用調味品，吸引了很多人的目光。

效力華人的先行者

——專訪金山超市董事長黃希敏

多維記者 萬毅忠

我在美國當老板

　　黃希敏坐在紐約法拉盛緬街南端金山食品超市二樓的辦公室裏，在與多維記者談話的兩個半小時裏，他接聽了5個電話，放棄了另外4個，出門接待了一位訪客。他不無歉意地說：雜貨店，雜事不斷。

　　04年開始，金山超市董事長黃希敏一改每周七天的作息習慣，把週六和週日的休息還給了自己。現在他每天上午9點到店裏，晚上7點離開。對他來說，一週工作50個小時，已經是退休的前奏。

隨妻移民 從頭開始

　　1960年代，台灣經濟進入外銷加工生產時期，70年代經濟開始起飛，整個社會生氣昂然，充滿機會。

1974年，黃希敏在發明瞭半導體的美資企業德州儀器做會計，二十八九歲的他春風得意，成為公司成本會計的部門主管。

　　這一年5月他結了婚，8月時太太突然決定移民去美國，這讓剛剛開始家庭生活的黃希敏不知所措。

　　"意外，非常意外，5月份結婚時，她沒跟我講，到8月，她說綠卡已經辦好了，要去美國了。"三十多年後，黃希敏回憶起當時的情形，十分明瞭這突如其來的移民將改變自己的人生軌跡。那時他已經工作了五六年，去美國意味著從頭開始。

　　在妻子先行赴美的3個月裏，黃希敏說服了自己：先過去看看，好則留，不好則回。

　　當時他的父親中風臥床已經多年，黃希敏將工作的積蓄大部分留給了台灣的父母，只帶著500美元和一個小包包，在聖誕節之前來到了美國。

　　和妻子及自家兄弟在紐約會合後，患有慢性氣管炎的黃希敏很快便發現了美國的好處：和潮濕炎熱，空氣污濁的台灣相比，紐約氣候宜人，空氣清新，四季分明，值得留下。

　　元旦一過，他便攢著一張紐約時報開始找工。在公司林立的曼哈頓，他穿著台灣風格的薄大衣，一家一家上門推銷自己。"那時概念完全不同，從十九街走到二十九街，以為和台灣一樣，不太遠，但在寒風中一走就是一小時。"

　　一個月後，黃希敏在一家總部位於曼哈頓的石墨公司找到了一份低級別的會計工作。"那是一個不用腦子的工作，但因為自己勤奮，合作，老闆很賞識，在兩年半的工作中，提了三次工資。"

　　七十年代的美國在經歷了民權運動之後，充滿著一種自由的氛圍。"這種自由也成為企業文化的一部分，公司組織龐大，結構鬆散，人多事情少，光會計部就有100多人，2年多下來，我因為勤奮，從最初負責最小的生產工廠到最大的工廠。"

在公司準備第四次給他提薪時，黃希敏辭職了。

讀了4年半的Keyfood大學

"台灣人和美國人的概念不同，那時很多台灣人的概念是想自己做些事情，不是光打一份工了事，我就是這樣。我想象如果自己繼續在公司裏這麼按部就班地上班，到五十多歲是什麼樣。"

1977年，台灣歌手陳百潭的歌曲《愛拼才會贏》還沒有問世，但愛拼的精神已經使黃希敏行動起來，在電腦公司工作的黃家四哥Terry和他思想一致，行動同步。

"我們家裏倒是沒有做生意的傳統，我父親是浙江省籍的黃埔軍人，他是黃埔6期。但軍人子弟膽子大，不願意四平八穩地過日子。我和四哥都是30出頭，還有雄心壯志，正可以做些事情。"

當時他們有一個朋友在Brooklyn經營一家中等規模的西式超市，黃希敏去到他的店裏考察。

"超市對我來講很有誘惑，我在一個軍人家庭里長大，在台灣，這樣的家庭不會富裕。我有七兄弟，小時候家裏蠻苦，整天穿咔嘰布衣服，缺錢，缺食物。我們家裏七個男孩子，吃的東西永遠不夠。"

小時候對食物的渴望使黃家兄弟倆對經營食物買賣的超市行業動心。他們在Brooklyn發現了一家韓國人經營的超市，那是當時在紐約商界還數得上的連鎖超市Keyfood。"那家店的連鎖編號是888，由三對韓國連襟一起做，他們決定分手，我們就接手了。"

黃希敏兄弟在自家親戚中集資，還向台灣的表弟借了幾萬元，湊了10萬元的買店款。1977年7月，具有4千3百尺營業面積的黃氏Keyfood 888開業了。

Keyfood 經營的是美式食品，888店作為連鎖店的好處是有規範可循，進貨大部分是由總公司負責，但由於黃家兄弟都是初入此行，他們保留了原來的員工。

但一年多之後，他們發現了問題所在：由於店面小，利潤薄，每周連鎖店規定的特價使888的利潤更少，回款速度太慢。"我們最初想剛開始做，不要太大，小一些好做，但實際正相反。但店已經買了，只好硬著頭皮做下去。"

在開Keyfood 888的4年半中，黃希敏每天干12小時，每周工作7天，常常是卸貨上貨什麼都幹，是一個十足的全能工人。

"後來有人問我，你在美國有沒有讀過書，我說沒有，但我讀了一個4年半的Keyfood大學。"

在被戲稱為Keyfood大學的連鎖店裏，黃希敏學到了在台灣不曾有過的新觀念。"離開台灣時，整個台北才衹有一家超市，我在Brooklyn學到了貨物分類，開架經營和成本價促銷，這些都是我兒時所垂涎的雜貨店沒有的。"

Brooklyn是紐約中下收入階層的居住地，被美國託管的波多黎各人在1960年代大量湧入紐約，居住在這裏，造成一些治安問題。這個地區還居住著大量傳統的猶太人，"有一些猶太人過於傳統，戴著黑帽，梳著小辮子，反對我們在週末開門營業，有人來到我們店裏，要我們在週末關門。我說我不是猶太人啊，他們說不管這個，衹要猶太人是你們的大宗客人，你就要關門。"

1981年，進口大陸食品的美森集團陳先生聯絡黃家兄弟，說有人在法拉盛的王子街新建了一棟商業樓，希望有華人加盟。

紐約第二唐人街的先行者

"我記得那是一個星期一，我沒有去，是我四哥Terry代表Keyfood來法拉盛開的會，當時感覺房地產商給我們開出的條件不好，但散會後，他開車經過緬街，由北向南開，看到有一家超市店門口人氣冷清，他心裏一動，感覺有戲，回來Brooklyn就跟我說了。"

在1898年大紐約形成之前，法拉盛還只是皇后縣的一個小鎮，20世紀30年代，這裏是低收入階層的猶太人的地盤；60年代，日本移民在這裏形成社區，韓國人也混雜其中。60年代美國將台灣移民單列之後，來美台灣移民增加，陸續有台灣人來到這裏居住。

70年代，紐約市在法拉盛的羅斯福大街和王子街附近興建了高層的政府福利樓，大量失業者和黑人遷入。此後，猶太人搬出，日本人則遠離法拉盛，東進長島，聚集在華盛頓港。

20多年前，正為曼哈頓唐人街的擁擠封閉困惑不已的台灣移民很自然地把目光盯住了法拉盛，這裏不似曼哈頓島寸土寸金成熟老舊無法開拓，這裏是紐約外圍小鎮，土地遼闊，又有亞裔移民先行探路，華人完全可以大有作為。

那時，紐約的華人社區還沒有一家食品超市，曼哈頓唐人街有的也祇是雜貨店。而法拉盛更只是華人散居的一個生活點，人們要看戲，吃飯，買東西甚至理髮都要去到曼哈頓。

"那個時候這裏的人口比率和現在比正相反，那時街上10個人裏頭祇有一兩個中國人，其他都是白人或南美人。估計已經有一兩萬的華裔消費人口，可以做一個中國超市，生意不會好得不得了，但很多人都在講要建一個新的中國人社區，我們願意先行擔風險，要來就早點來吧。"

第二天，聽了四哥敘述的黃希敏便來到了法拉盛。

"我一進門就看見一個男的，在店前面和收銀小姐打情罵俏，那麼大的一個店空無一人，店燈也是開一半閉一半。我說要找老闆，他說他就是，我說我是他的同行，我要買他的店。"

美髮師出身的老闆Joe是意大利移民的後代，他打量著眼前的這位無法分辨年齡的東方人，似乎要探出黃希敏的虛實。

"他說可以給出一部分股份，要我做他的合夥人，我說我要全買下。這時他很認真地看著我，說好啊，把我引到店後面，開了一個價。"

黃希敏回到Brooklyn，和四哥商量Joe開出的價格。一星期之後，他們給了Joe一個肯定的答復。

意大利後裔的理髮師沒有想到的是，在經營這家生意蕭條的超市後不久，他隨口甩出去的這家店，日後成了紐約第一家華人食品超市，也成了黃氏兄弟效力法拉盛新華人社區的一個舞臺。

首開紐約華人食品超市

黃氏兄弟就開始籌集買新店和裝修所需的42萬款項，他們從自家籌得一半的錢款，另一半由新加入的股東曼哈頓金門食品公司出資。

同時，他們還和美森集團陳先生談好了合作事宜，由美森幫助進口中國食品。

1981年6月，位於法拉盛緬街41—69的西式超市正式轉手給黃家兄弟。那時，黃希敏堅守在Brooklyn出售老店，四哥則在法拉盛整理和裝修新店。

"做新店辛苦，賣老店可能更辛苦。Keyfood的員工聽說我在賣店，想方設法給我添亂，這些美國員工覺得我賣店會令他們失業，他們有人弄到我的地下室滿是水，有人在絞肉機裏放上鐵塊。猶太人在Brooklyn人多，最後我還是在猶太人的報紙上做廣告，把店賣給了一個猶太肉商。"

黃希敏堅守的Keyfood店在這一年的11月出手，而位於法拉盛的金山超市則在四哥的打理下在1981年9月26日開張了。

"取名叫金山，是循了海外華人的習慣。老華僑一直在美國尋金，希望身價財富如金山一般堆積。"

行走在今日的緬街，遙望金山超市，大門口的招牌上，還有三座起伏的峰巒在半圓的寰宇間熠熠生光，仿佛有無限的商機蘊藏其間。

"做Keyfood時，西方超市品種簡單，規格統一；但中國食品就複雜多了，品種繁雜，南北口味各異，進貨和存貨都面臨新的問題。除了森美給我們進一些大陸貨，我們自己也從台灣進食品。"

80年代初，紐約的華人食品極少，且多是廣東的品種。在法拉盛，金山的開張並不被人看好，有曼哈頓唐人街的老雜貨專家說，金山離地鐵太遠了。加上當時法拉盛的華人不多，有人進入金山超市後，還總要將金山的食品和唐人街雜貨店做一番比較，有的人嫌金山貴，乾脆乘去曼哈頓唐人街吃飯買東西的時候，把該買的貨備齊。當時生產中國食品的廠家也不願到法拉盛送貨，金山就要自己派車去拉貨，這也使成本昇高。

"金山開張還真有風險，但我們的原則是現在我們可以不賺錢，但兩年之後，三年之後，我們應該可以。"

頭幾年，金山平平淡淡地走了過來。到80年代中後期，隨著法拉盛華人社區的壯大，房地產熱帶來了人氣，金山也日漸興旺。

　　"我覺得金山超市最重要的作用是改變了紐約華人雜貨店的面貌，以前華人蔬菜品種不超過10種，並且都是廣東的東西。現在你看，大陸南北各種蔬菜，台灣的蔬菜我們應有盡有。"

　　經過25年的發展，金山已經在皇后區Elmhurst，在維吉尼亞和馬裏蘭等地都開有金山分店。黃家7兄弟在美國，有5人在經營超市，成為一個名副其實的華人超市家族。

超市成行 卻沒有同業聯合會

　　90年代以後，法拉盛的華人超市紛紛開張，一條緬街上，就有香港，甌江，大豐、黃金、萬興隆、泰昌等等，使人得出了超市成就法拉盛的結論。

　　"沖擊從長遠來說，不是壞事，但希望這種競爭有一種健康的氣氛。在目前全法拉盛大大小小20多家超市之中，成為金山對手的有五六家，比如香港超市，中美，金城發等。"

　　面對眾多的競爭對手，金山超市以熟食產品和品種齊全的雜貨在法拉盛吸引著眾多華人消費者。

　　對於目前法拉盛的華人超市存在的問題，黃希敏說："我們每個超市都各自為戰，從來沒有在一起商討過遇到的問題，更別說聯合起來和政府對話了。"

　　911恐怖襲擊以後，政府環保勞工稅務等部門都加強了對少數族裔經營企業的管理，這種對話就更加重要。黃希敏舉例說，曾有位環保警察來金山檢查海鱸魚的問題，他要求超市把鱸魚切片賣，將骨架和魚頭上交給環保局，以便環保警察量尺寸。但中國人有自己的吃魚習慣，魚頭魚骨都是好東西。結果金山為此上了法院，就因為骨頭和魚頭，又請律師又判罰款。

結果是，金山再也不賣海鱸魚了。

一個行業不聯合，就容易被人欺負。黃希敏還說了個例子：紐約州農業廳的一位檢查官，有一次戴著白手套，在金山摸了6個小時，黃希敏忍無可忍，最後把情況反映給州議員，由議員去和農業廳交涉。

黃希敏說到這裏，顯出一種無奈。"我們中國人來源複雜，隔閡太大，很難聯合。"

25年前，剛來法拉盛的時候黃希敏幻想過一個新華人社區，那是一個和現在的法拉盛趣味相異的社區，那個社區不會像現在這麼混亂，房價和商業租金也不會這麼昂貴。"我們華人就喜歡擠在一起，而韓國人，從法拉盛一直東擴，沿著北方大道，把韓國人社區做到了長島。"

在黃希敏窄小的辦公室裏，擺放著各式文件和資料。他在這裏和金山超市相伴了25年，此時發現自己的家族企業面臨著危機。"我的兒女都不瞭解中國的飲食文化，他們對中國食品不敏感；他們對中國人的心態也不瞭解。這些都使他們難以繼承超市行業。"

在度過了30年的超市生涯之後，黃希敏認為自己的打拼還是有成績的，這成績不僅僅是他擁有緬街金山一萬兩千尺的物業，而是當他遇到一位老朋友時，他曾被告知：我的兒子是吃你超市的食品長大的，他現在做了律師了。

說到這裏，黃希敏開心地笑了。

眷戀地板的成功商人

——專訪縱橫地板集團公司負責人李林

多維記者 呂賢修

"尊貴、華麗、沈穩，應該說華麗而自然⋯"介紹起木材，縱橫地板集團負責人李林興奮地說出一連串形容詞。

"那遠去的歲月，那浮雕在童年美好記憶中的家鄉自然本色，終於出現⋯"出身於農村，閒暇時喜歡創作的李林，為自家的仿古地板寫下註解。

涉足木地板生意不足一年，李林對這項事業的投入，隱約可以看出一個成功商人的特質。

兼顧中西

搭乘紐約7號地鐵接近法拉盛時，總是可以看到在大學點大道上一處醒目的招牌，"縱橫地板集團公司"。2005年10月，多維記者依約參觀了位於該地的集團總部，專訪負責人李林。

蓄著兩撇鬍子，乍看江湖味十

足。但談起木地板，又讓人感覺像個藝術家。

　　"地球在轉變，人心太善變。無論如何，縱橫牌木地板渴望進入一個溫馨家庭的誠心不會變…"從自己寫的廣告詞開場，在公司展示間內，李林興致勃勃地為記者介紹產品：

　　"以法拉盛來說，經營種類最多的，應該就是我們公司。我有來自巴西的高級紫檀，還有黃檀…這是原產於非洲的綠柄桑，是頂級的木材，顏色尊貴、華麗、沈穩，應該說華麗而自然。因為成本高，目前在市面上很少見…還有這種高級的紅檀，灑脫而浪漫…"他如數家珍地說。

　　縱橫地板的客源，中西兼顧。對於彼此間的品味差異，他舉例說明，"這是頂級的楓木，美國人非常喜歡的。美國人也喜歡斑馬紋的木板，以及黑胡桃，像這些亮麗、深沈、跳躍性的木紋，讓人感覺奔放而自由!"此外，在鋪設地板時他也發現，美國人喜歡混合的線條，可以斜著，也可以不對襯，自然地交錯。

　　在他看來，中國人也許是循規蹈局慣了，鋪地板一定要縫對縫，頭對頭。喜歡華麗的顏色，像紅色的紅檀，或是純白的楓木等。

　　除了一般的地板，縱橫也獨家開發仿古系列。輕輕觸摸著木紋，他介紹"這上面有浮雕，這些木紋，用手摸得出來，一絲一絲的，都是原木經手工拉出來的。每一塊板子，都是我們的心血。就像回到家鄉，看看那些煙燻火烤過的地板，非常純樸自然。"

　　為了向客人介紹仿古系列產品，李林自己寫了一首詩："那遠去的歲月，那浮雕在童年美好記憶中的家鄉自然本色，終於出現…它重現人類文明歷史的轉變，讓遠古歲月的痕跡及輝煌，自然與美麗，再次呈現。"

看著李林撫摸木板時透露出的眷戀，記者不禁好奇"你家裡用的是哪種地板？"得到的答案，卻是讓人忍俊不住。"我家鋪地毯。"他說。

對此，他笑著解釋"說來慚愧，我到美國這麼多年，買了第一棟房子之後，就沒再搬過家。當時鋪地毯，後來也沒換。原因很簡單，因為在感情上，我是一個戀舊的人。"

但如果自己家裡要鋪地板？戀舊的李林說"當然是家鄉自然本色的仿古系列。"

投資過程有如"國共談判"？

指著牆上的照片，李林介紹"這是我們國內工廠的董事長及總經理…"

縱橫集團設在浙江湖州的工廠，目前以加工東南亞進口的木材為主。採購中心設於馬來西亞，貨源包含印尼、馬來西亞、越南、非洲及南美洲等地。此外，在大連也有一座工廠，負責烘乾俄國進口的木材，再運往浙江加工。

說到木材生意，李林笑著說，自己是在1年多前被騙進來的。原先計畫做磁磚生意，但一位熟悉木材生意的朋友建議他做木地板，李林於是回到中國展開木材市場的參訪之旅。

2004年10月，李林回國2個月，幾乎走遍了全國。對木材加工，也從不懂到懂。而最後一站，他來到位於湖州的這家工廠。

當時這家工廠需要人投資，李林告訴廠長，"如果你教會我這門生意，我也覺得我能做，我們就合作。"但他回憶，當時自己的這種想法，曾遭到許多公司拒絕，因為怕他把技術學走後自立門戶。只有這位廠長聽了之後說"成吧！"

李林當時對廠長說"我需要一個後方的根據地，得到股份後能掌握質量。我再去外頭架構一個品牌，蒐集市場訊息，然後反餽回工廠。"

然而，根據廠長事後告訴他，當時幾乎廠內所有的人都反對。大家都說，這個人肯定不是好人！

回憶在工廠參訪的那一個禮拜，連續6天中午吃飯時，廠方都說要請客，但李林不接受。"我說這樣吧，丟銅板，我們選邊…結果6天考察下來，我連中6次，都是我請客。"李林認為，自己這樣做，一方面防人口舌，一方面也為廠方保留了面子。

到了最後一天，李林跟工廠的董事長說，自己差不多考察完了，現在要回美國，把資金攏絡一下，大約等一個月的時間，他會回來買股份。

回到美國後，李林先租下位於法拉盛的這間倉庫，開始裝修，然後回中國簽約。然而第二次回去的過程，據他形容，卻有如"國共談判"。毛澤東去了，但蔣介石卻沒有準備。

廠內員工回憶，"李大哥你知道嗎？你走了之後，廠裡有90％的人都說你是騙子，不會回來了。"

果然，一個月後，當他回去時，對於原先談好的收購計畫，廠方幾乎沒有任何準備動作。

令人驚訝的是，又過了半個月，李林回到紐約。隨後，公司便開張了。"就這樣開張了？"

記者不禁好奇。

回憶決定收購的過程，李林承認，現在才算清醒了。"我是個糊塗人，當時我不夠清醒，所以做了這項決定。如果是現在，我絕對不會做收購的決定。但有時候大事業，就是在不清醒的時候成就的。真的清醒了，反而會考慮太多，不敢下決心。"他說。

對於當時決定投資的信心，李林的解釋，顯示出他冷靜的一面。他認為，美國在911之後，股市不會馬上回升，所以房市是投資者及政府必保的一個市場，建築業也包含在內。以投資者的心理因素來看，建材業值得投資。

化危機為轉機

"我是遇到困難絕不退縮的！"談到自己受過的挫折，李林強調。

開創一門生意，似乎永遠會有挑戰。據他回憶，2005年初，公司剛開張3個月時，當時倉庫內地板堆積如山，但卻賣不掉。加上有很大的一筆貨被賣方騙了，對方將同一批貨賣給許多公司，然後跑了。公司幾乎一下子被抽空，損失慘重，大家都在看笑話。幾位重要的幹部，也在這個時候相繼離開。李林告訴一位經理"你不要走，我現在真的需要你…"又問他"你相信我是能成大事的人嗎？"但他還是走了。

然而，半個月後，資金又開始打轉了。一家美國公司發現縱橫地板的品質好，不但一次買下幾10個貨櫃的存貨，連路上還在跑的，也通通吃下，化解了當時的窘境。

此外，以橡木地板為例。由於公司進貨的重心在東南亞，但當地很少有高品質的楓木，於是決定把目標轉向中國的東北。為此，李林共派了5個代表去，但都無功而返。最後李林決定親自去拜訪，這位東北的木材大王曹老闆。

李林回憶"第一次拜訪他，他沒理我。後來幾次，也是一樣。但因為知道他手上有好貨，我一直試圖說服他。後來他受不了，有一天下著雨，他終於開車帶我們到上海郊區的一處倉庫看貨。我一看，全是次級品，當時非常失望。雖然他願意低價出售，但我知道如果買回美國，等於砸自己的招牌，只有跟他說謝謝了。"

奇蹟再度出現，李林接著說"在離開時，他的車子停在爛泥裡，我們的腳上也全是泥巴。我的人想要上車，我叫大家等一下，先走一段路，把腳上的泥巴弄乾淨了再上車，曹老闆就開著車陪我們走了這一段路。我上車後，曹老闆看著我，不發一語。但他沒有開回公司，反而載我們到另一處倉庫。我一看，哇！全是高檔貨。他說：想跟我訂貨的人很多，因為我覺得你是值得信賴的人，你要多少都可以，價錢絕對不會高於別人…"就這樣，縱橫解決了一項的貨源的問題。

李林認為，"以誠待人"，是自己總能化險為夷的原因。而這點，似乎也反映在他任用員工的過程中。

關於用人，李林舉例"比如說我們現在的工頭，以前是幫韓國人打工。有一次到我這買地板，看到我當時代理的一種地板，他說這是爛地板。當時我也不懂，就問他為什麼？他說：你連這個都不知道，還當什麼老闆？然後就走了。"

第二天，李林打電話找他，想請他見面討教。但他說：怎麼，你想打架？"我後來請他來公司，告訴我哪裡不好。他也告訴我很多。我跟他說：這樣吧！你來我公司上班，我需要你這樣的人才。"李林回憶。

自認在進入這行前，對於木材可說是一竅不通。但李林堅信"公司文化有多深，企業就能走多長。"他也直言"我不會說英文，許多人說我是農民。但我覺得農民又怎麼樣？我要會用人。"

打造品牌，縱橫發展

在一開始投入時，李林便決定要建立自己的品牌。他形容這就像養一隻小母雞，雖然要花費很大的精力，但母雞會生金雞蛋，將來有無限的可能。就像縱橫的牌子，縱、橫都可以發展。縱向，可以批發；橫向，可以有專賣店。

李林認為，國內許多企業都很優秀，但缺少機會。需要有好的代理商，將其帶進海外市場。然而也有人擔心，如果品質不好，代理其產品會有風險。

"所以我選擇以入股確保品質。我的策略是在國內進行加盟，海外獨資，創造自己的品牌。只要品牌能打進這個社會，一切好辦。"他表示。

縱橫木地板在美東地區的代理商，從今年初的零，到目前在費城、華府等地，約有20多家。李林認為，批發市場已經打開，現在是零售市場開始檢驗這個品牌的時候了。

"未來3年，我要在紐約地區，再開3家像這樣的門市，專門經營高檔的木地板及櫥櫃。"站在即將開張的直營店門前，李林自信地說。

縱橫地板的新門市，位於法拉盛大學點大道與41街交會處。黑底紅字的招牌，看來十分搶眼。李林認為，這是一種霸氣。而4000呎的空間，除可展示50種以上的地板樣品外，目前也規劃展示多套頂級櫥櫃。堅持的，還是縱橫的品牌及品質。憑藉著自有品牌的優勢，縱橫集團也朝向多元化經營。除批發、零售、直營、加盟等模式外，因應市場需求，目前也承包裝修工程及櫥櫃訂做。

在木地板的主業上，記者問他打算佔據多少美國市場？他回答"我是隨興的人，只是先做準備。剩下的，交由市場需求來引導。就好比現在我推出的多層實木複合地板，隨著環保意識的擴張，將來原木資源必然吃緊，市場會需要環保的產品。"

"森林是地球的風雨傘，是披在地球上最美麗的衣裳…"他又接著唸起詩來了。

　　1991年來到美國，李林經營過鞋類批發、餐館、洗衣店、銀器首飾，甚至金融。記者問他地板生意打算作多久？

　　他回答"說真的，我打算作一輩子。因為地板是一種真誠的產品，騙不了人，也與我的個性最相符…多少人會選擇我們？我不敢講。但我想要深入千家萬戶的心情，是不會改變的。"

魏華臣教授的中國計劃

多維記者 萬毅忠

　　魏華臣，紐約大學生物化學與環境腫瘤學博士，紐約西奈山醫學院皮膚病學及腫瘤學終身教授，皮膚病研究室主任。

　　2006年春季的一天，記者依約來到位於紐約曼哈頓麥迪森大街1425號西奈山醫院，這所由猶太人創建的大型醫院的建筑樓群橫跨麥迪森大街東西兩側，魏華臣教授的辦公室就在東側大樓的二樓。

　　魏教授的人生軌跡在他的這間布置簡朴的辦公室可見一斑，在北牆上懸挂著他獲得的15塊專業資格和榮譽牌匾，靠門口的白牆上挂有一幅他岳父為他畫的水彩畫《海闊天空》，藍色的天宇間一祇白色的大鵬正振翅翔飛。

在中國籌建皮膚科醫生培訓中心

　　2006年4月14日，中國教育部在首都人民大會堂舉行了2005年度長江學者特聘教授、講座教授受聘儀式暨長江學者成就獎頒獎典禮，在宣讀的89名講座教授名單中，有來自美國西奈山醫學院的皮膚病與性病學教授魏華臣，他是由中國醫科大學

向中國國家教育部申報的。在來自美國德國日本加拿大英國瑞典新加坡澳大利亞挪威南非和中國本土的專家級教授中，魏華臣是皮膚病和性別學領域裡的唯一人選。

據中國教育部提供的資料：中國的長江學者獎勵計劃始於1998年，由香港富商李嘉誠基金會和中國國家教育部共同實施。八年來，先後已有88所高校聘任了727位長江學者，魏華臣是8年以來唯一的一位皮膚科性病學專家。

中國教育部部長周濟曾對長江學者計劃有過這樣的評價：它不僅使一批優秀的中青年學科帶頭人脫穎而出，而且激勵他們在人才培養和科學研究中發揮了非常重要的作用，取得了一系列重要成果，帶動一批重點學科進入或保持世界先進水平。到2005年，共有24位長江學者當選為兩院院士，有46位長江學者擔任"973"計劃首席科學家，有87項由長江學者主持或作為主要完成人參加的科研成果獲得國家三大科技獎勵。

春天，原本應該去北京人民大會堂參加受聘儀式的魏華臣，卻因工作繁忙無法抽身，在紐約的辦公室裡向多維記者講述了長江學者受聘的過程：

首先由國務院教授專家組向全國征集重點學科，在國內領先的學科獲得授權可以申請。作為個人，並非誰都能申請長江學者中的特聘教授或者講座教授，而必須在某一個學科達到一定的水平。獲得名額的大學可以從中國或其他國家推薦一些頂尖人才，國務院專家組對被推薦人選進行資格認定，有些人被認為水准不夠，那麼這些人的資格自動喪失，這個篩選的過程長達3年。對於拿到長江學者名額的大學來說，拿到名額自然幸運，但經過篩選淘汰也無可奈何。國內大學在長江學者上競爭激烈，關鍵在於所推薦的專家教授人選。

魏華臣告訴多維，長江學者有兩大任務，一是把國外先進的技術帶進國內進行橫向和縱向的交流，把國內已經具有一定水准的學科推向世界的前沿。另一個就是通過帶學生，把世界各國的思維方﹑M教育方式以及對科學的認知，傳回國內。在魏華臣任長江學者的中國醫科大學擁有全國的皮膚科重點研究室，主要涉及皮膚免疫和光照致癌方面的研究，擁有200萬人民幣的研究資金，學校提供年輕的講師和技術力量，該項目也在國際上尋求資助和研究經費。魏華臣認為在把中國的優勢和國外的先進技術結合之後，可以提高中國皮膚病學，皮膚免疫學和致癌學的水平，使之走在國際的前沿，同時在中國起學科帶頭作用。

作為西奈山醫學院的終身教授，魏華臣希望把美國在皮膚病學性病學方面的教學及醫院訓練帶回國內，使國內的醫生和國際皮膚科的水平接軌。

魏華臣向多維介紹了中國皮膚病科目前的情況，國內皮膚科醫生奇缺，醫生訓練的素質參差不齊，基本上處於師父帶徒弟的狀況，這樣的話，很難保証有良好的水准。如果碰上好醫生，則好，如果遇上庸醫，則會帶出一批水平差的醫生。

為了保障中國皮膚科醫生的素質，魏華臣教授通過大使館和衛生部提出過建議，在華東華北華西華南和東北籌建5家皮膚科醫生培訓中心，全國所有的皮膚科醫生都要在中心訓練一年，在外科內科病理甚至美容學方面都達到一定的水平。像在美國一樣，無論在什麼地方學習醫學，最後都要通過一個考試，經過認可後，說明你達到了基本專業水平。美國有執照考試，還有一種叫專家認可，也叫特考，對考生的專業進行嚴格的測試，以皮膚科為例，內容有內科外科整形基礎研究以及病理學和美容學，如果你在各方面達到標准，就具備了專家的行醫資格。

魏華臣說：如果在中國能實行培訓中心制度，就能保証在不同的地域，醫生具備基本一致的專業素質。

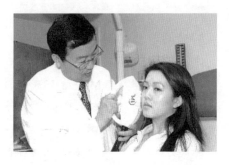

目前北京的培訓中心已經在籌建，魏華臣正根據國內的情況准備教學大綱，他也想從美國引進不同領域的專家，在短期內為中國的皮膚科醫生集訓，集中傳授國外的先進技術和臨床經驗，將來還想開發中草藥的有效成分，運用於皮膚病的治療中，如牛皮癬和皮膚老化病，用西方的醫學系統發掘中藥精華，提高中醫中藥對皮膚病的治療作用。

魏華臣教授的長江學者任期從2006年3月10日開始，將在三年後屆滿，建立皮膚科醫生培訓中心是他的一大心願。三年內，他還將致力於推動國內的基礎研究，使它和國際皮膚病研究接軌；帶出一批有功底的扎實的皮膚病研究人員，通過在國內和美國對他們的培訓，使他們成為將來中國皮膚病研究的棟梁。如果有可能，魏華臣還想在國內建設一些皮膚病專科醫院，具有皮膚病的內外科和美容等服務。為了這些目標，魏華臣計劃每年回國兩次，每次一個月左右，而要在西奈山醫院獲得一些空閑，他要找些年輕的醫生來做項目。

在諸多設想中，魏華臣認為至少研究方面可以立項，基礎研究是可以做到的。

在三年後，長江學者任期結束時，魏華臣表示如果中國需要，自己可以延任。魏華臣告訴多維，來美國20多年，很感謝在大陸所受的教育。正是有了在中國打下的堅實的大學本科和研究生的基礎，使得自己能在美國順利地進行博士階段學習。作為醫生，要感謝中國的醫學院，學業結束時，美國的學生欠了10到20萬的債務，而中國的學生可以沒有負擔地投入職業中，這得歸功於中國得教育，為此，魏華臣覺得自己應該回饋中國。

創建美東華人醫師IPA聯合公司

1995年，一些早年曾在大陸學習過醫學，後來在美國深造和行醫的華人基於共同的大陸背景和將來回饋大陸的可能，發起組成了美國華人醫師會。這個組織為大家提供了一個平台，互相交流行醫的經驗，如果有成員在行醫過程中遇到一些諸如歧視等問題，醫師會將提供幫助和保護，同時以組織的名義為成員牟取福利，如健保公司提供的待遇太低，組織可以幫助談判交涉和爭取。

2004年6月魏華臣博士當選為美國華人醫師會會長，他告訴多維，目前該會在全美各地擁有500多名具備醫生執照的華人會員，10年間，醫師會每年召開一次年會和兩個研討會，針對行醫中遇到的問題，診所管理和電子轉帳等問題開展討論。醫師會還為了防止成員知識老化，舉辦講座幫助成員知識更新，也達到美國政府規定的每年知識更新50個教育學分的要求。

魏華臣教授說與其他協會相比，醫師會盡管也經歷了一些坎坷，但總的步伐非常扎實。他任會長的兩年目標是建立強大的經濟基礎，和各大醫院建立伙伴關系。為此醫師會建立了一個以醫生團體為主的獨立聯合體—美東華人醫師IPA聯合公司，作為創始人的魏華臣任公司總裁，IPA的職責是和保險公司交涉，為醫生爭取更大的福利。IPA要求在醫生為病人服務時和保險公司平享利潤，在實施一年多之後，IPA公司為醫生帶來了很多利潤，在未來幾年裡，醫師會也可以擁有上千萬的利潤，這就徹底改變了美國華人醫師會的面貌，在過去，醫師會經常為搞活動所需要的一點活動經費犯愁。

華人醫師會由一個非盈利機構變為一個盈利機構，仰仗於觀念的轉變。由於華人醫師會成員具有醫學和哲學雙博士的比例達到百分之三十，遠遠超過美國主流社會百分之五，華人醫師會相對於韓國醫師團體和猶太醫師團體也具有更多的活力。2003年大陸薩斯流行期間，醫師會作為紐約地區活動的發起人，與紐約地區10個專業協會組成一個薩斯聯盟，募集錢款和物質運回中國，請醫學專家答疑解惑，發揮了重要作用。

華人醫師會還致力於服務本地華人社區，通過多維時報開設健康專欄，普及醫學常識。醫師會還在社區做過免費的醫療體檢，在老人中心還進行了健康知識教育。

魏華臣說在今年6月他的任期屆滿之後，按照協會章程，他不可連任，但可作為顧問委員會主席，在未來的兩年內保持醫師會在方向上的延續。到2008年，醫師會的主題是"面向開放的中國"，成員會更多的和中國建立橫向聯系，積極參與大陸的醫療改革，帶回更多的新技術新知識，在條件允許時，聯合培訓醫生。

魏華臣教授告訴多維，盡管醫師會開始盈利，但它近期沒有在美國建立華人醫院的打算，因為在美國大部分醫院賠錢，因為根據美國法律，醫院沒有權利拒絕病人，無論他是否有能力支付費用。盡管聯邦會補貼醫院的虧空，但一家私立醫院要顧醫生，交付各種費用，肯定是賠錢買賣。魏華臣介紹他自己所工作的西奈山醫院可能由於管理嚴格，成為少有的能賺錢的醫院，他舉例說1997年一個東歐國家的小女孩，利用美國的醫療制度，一下飛機直奔西奈山醫院想做骨髓移植，但西奈山醫院堅持自己的原則，幫她治好了發燒，就送走了她。當時引發了很多評論，紐約時報還評論到底要錢還是要命。面對負面輿論，西奈山堅持認為自己的義務是治療她的症狀，而不是花上數百萬圓為一個直奔而來的非法移民做骨髓移植。

目前在華人醫師會中，百分之六十的成員開設了自己的私人診所，魏華臣醫生告訴多維，診所本身就起到了預防醫學的作用，診所從小病或沒病時就開始關照大眾，而不是讓他們等到病重了去醫院。2001年魏華臣醫生和夫人一起在皇後區的艾姆赫斯特建立了一個皮膚專科診所，叫千億年皮膚病診所。辦私人診所的起因是他在西奈山工作的同時，兼皇後中心醫院和艾姆赫斯特醫院的皮膚門診部主任，親眼看到很多病人患皮膚病得不到及時的治療，於是決定在工余時間建一家診所。現在魏華臣醫生每天5點從西奈山下班後，便去自己的診所行醫3個小時，給30多名病患看病。

一步踏出一個榮譽

魏華臣教授在人生的每一個階段都奮力攀上榮譽的山峰，他在創建榮譽的同時，還十分珍惜榮譽。在魏華臣的珍藏中，有一張已經發黃的報紙，那是1979年12月5日中國山東的《大眾日報》，這張報紙的第三版介紹了4名山東省德智體全面發展的大學生，當時還是山東醫學院衛生系77級學生的魏華臣居首位。那個年代，魏華臣不僅學習成績拔尖，還是運動健將，80年獲國家健將級運動員稱號。

1986年他畢業於北京醫科大學研究生院，獲得環境醫學碩士，並被留校任教。

1987年，他被美國尼布拉斯加州立大學醫學中心癌症研究所錄取為博士研究生，主攻皮膚癌的病因及防治。在那裡他發現了"黃醇類化合物阻斷多階段致癌"的模型，並在權威雜志《癌症研究》發表了赴美後的首篇論文。後來他赴紐約大學醫學院攻讀生物化學及環境腫瘤學博士學位，以兩年的時間完成學業，1991年9月獲得紐約大學博士學位。

1991年11月，被阿拉巴馬大學伯明翰醫學院聘為助理教授。在這裡，他和藥理學教授Steven Barnes白手起家揭開大豆抗癌之謎：大豆中的類黃醇為最具抗癌的物質，不僅有抗氧化作用，而且可以抑止癌細胞生長。魏華臣獲得美國國家健康研究院科研基金，雇了5位碩博研究生，3位博士後開展癌症課題的研究。

1994年，魏華臣通過執照醫生資格考試，取得醫生執照。

1995年，魏華臣被紐約西奈山醫學中心聘為皮膚病學終身副教授。在這裡，他發現美國人常用的防紫外線B的防晒膏有致癌作用。在這期間，魏華臣在《癌症研究》，《美國皮膚科學院學報》和《科研皮膚病學雜志》等先後發表論文120多篇。魏華臣博士先後四次榮獲杰出研究貢獻獎："紫外線與環境致癌協同誘發皮膚癌的研究"1996年獲美國皮膚病學研究基金會科研獎；"大豆類黃醇防護皮膚老化的研究"1998年獲美國Dermik實驗室科研獎；"大豆類黃醇的抗癌模型及機理，以及在臨床皮膚科學中的應用"獲美國皮膚病學科學院杰出貢獻獎；"紫外線A，B引起癌基因P53和bcl−2不同的表達"榮獲太平洋皮膚病協會Nelson Paul Anderson紀念獎。

2003年6月，魏華臣被提升為皮膚病終身正教授，他也是西奈山醫院25年來提升為終身正教授的兩名教授之一。

2004年，任美國華人醫師會會長，創建美東華人醫師IPA聯合公司。

2006年，獲聘為中國長江學者講座教授。

狂飆譯族
改寫 "譯" 時代
——專訪狂飆譯族樂圖公司董事長潘錦功

多維記者 鄒興睿

我在美國當老板

上下文对应和全文翻譯一直是翻譯軟件中無法跨越的難點，"狂飆譯族"的出現改寫了這段歷史。

2004年狂飆譯族全面推入北美市場後，不動聲色地掀起了一股"譯"旋風，這個現在被大眾認可和需求的最新翻譯軟件產品，其實早在投入市場之前，就已是IBM、思科、惠普、微軟，以及聯合國和美國戰略研究中心等高科技部門和高層經過檢驗而且不可缺少的重要工具了。JP Morgan一位負責中國股市行情的分析師一點也不開玩笑的說："狂飆譯族不止這個價錢，十倍都不止，它省了我每天十幾個人的工作量。"

語言大國不能落于人後

到潘錦功在新澤西華人中心的辦公室採訪，不僅了解了狂飆譯族的發展，還聽

來他坐論五洲四海，分析上下五千年關于"翻譯"的歷史和故事，可謂收益良多。

小時生活在杭州西湖畔的潘錦功，常常看見那裡有外國友人欣賞西湖美景，不過他們講的話自己听不懂，甚至一些大人也聽不懂，所以他就和自己說，長大了要和那些高鼻子的人說話,也要讓別人都知道他們在說什麼,因此做个有名的翻译就成为他那时的梦想。那位當年的聰穎少年只是認為，和高鼻子說話很神氣。

潘錦功9歲時一個人坐火車北上哈爾濱，只为了能看一眼松花江边那个有名的"东方巴黎",为了吃一串冻的红红的冰糖葫芦，他14歲進入哈爾濱工業大學，主修計算機專業，現在是狂飆譯族樂圖東方公司的董事長，負責狂飆譯族在北美的產品研發和市場開發。

潘錦功說，中國文明有5000年的歷史，翻譯有3000年歷史，是世界上最早進行大規模翻譯的國家。最早的翻译文件可追溯到公元前1100年的周朝，其实3000年前的史书周易就是二進制的推演方法，同時也是最早的規則翻譯雛形。

中國历史上第一家外语学校是出現在汉代，公元前220年，那時翻譯成為傳播外國學說的媒介。原因是由於印度的佛教傳入中國已有多年，用梵文寫的佛教著作急需譯成中文，一個叫知謙的人開始把部分佛經譯成中文,同時也將印度關於天文的學說介紹給中國。到了公元5世紀,官方組織了大規模的佛學經典的翻譯工作，一個國家翻譯學校應運而生，皇家官員道安成為最早的校長。為了能更好地做好翻譯工作,道安聘請了中國

歷史上首位外國專家，卡馬熱季來擔任學校的外教。當時很多翻譯人員都是政府職員，這個世界上第一所正規翻譯學校，請來的還多是四品以上官員，當時因為中國和波斯、印度方面的大規模交流，以及絲綢之路和外界的溝通，所以這所學校在當時十分有影響，對梵文印度語的翻譯相當權威。但由於學校太著重於文字的形式表征和深奧的感悟，因此限制了翻譯這個學科在中國的發展。

狂飆譯族改寫"譯"時代

隋唐年間中國迎來了第一次翻譯高潮，史稱"新翻譯時期"，其最重要的代表人物就是唐玄奘--這位著名和尚。當他西天取經歸來后，唐太宗給了他熱烈歡迎，並為他在西安蓋了大雁塔。唐玄奘作為佛經翻譯家更得到了朝廷的重視，新翻譯時期的翻譯質量明顯高於以前，原因是從事翻譯的多為和尚，這些和尚多數留學海外，有很強的語言功底和宗教精神。

元朝和明朝的技術著作翻譯，迎來了第二次翻譯高潮，此時統治者將注意力轉移到西方，一些阿拉伯人、歐洲人定居中國或長期在中國經商，一些學識淵博的官員開始翻譯阿拉伯語或歐洲語系的科學著作。

然而中國作為最先提出這些相關翻譯理論的國家，卻在後來的機器翻譯上一度落後。機器翻譯上最早有想法和專利算法的是法國人和俄國人，法國人喬治1926年提出了新技術設想，俄國人1932年申請了專利"翻譯機"，但尚未有可使用的產問世。而實際應用最好的是1936年前後，希特勒軍方用來通訊傳遞密碼的"翻譯機"，不過幾年后被美國和英國的科學家破解。

1947年3月，世界上第一台計算機在美國誕生，由於計算機的發展發展有了一定的速度創造了更好的條件，美國人Warren Weaver在1949年寫了一本書，提出了計算機翻譯的基本方案，計算機翻譯正式進入IBM實驗室。1954年開始，可謂機器翻譯的黃金時代，有很多功能都被開發出來，但從1966年到1980年，在語義分析和準確律上所有國家在實際應用上都在機器翻譯上遇到了不可逾越的障礙，曾使機器翻譯這個領域極度悲觀。冷戰前後，美俄蘇英等在機器翻譯上領先的這些國家基本沒有任何進展，美國政府削減了全部投資。以一篇著名的報告結束了機器翻譯的黃金時代，報告説"看來在機器翻譯方面的投資已沒有任何必要。相反，應開發機器輔助翻譯工具，如電子詞典，"不過中國的科學家卻在文革前後翻過了兩個高峰，積累了很多經驗。

80年代以後，由於計算機的發展帶來了這方面的新變化，1990年，IBM在加拿大的"檢驗器翻譯系統經驗報告"發表了有關翻譯的數學表達方法論，在語言突破上取得了本質性的進步，隨後日本、美國和德國的一些大型公司和實驗室都進行了數據方法和規則為主的翻譯研究，目前國外研發中，大型的分類記憶檢索和記憶體支持解決了以往的一些語言問題，不過110萬美金一張680兆光盤的價格目前可能也只有美國國防部和能拿得出天文數字的機構才用的起。

潘錦功娓娓道來這些歷史，他感慨道："中國是5000年的語言大國，還是最早有翻譯史的國家，已經在翻譯上落後了太多步，不可以再坐而無視了。"

可手寫、能翻譯、會說話

研發過程歷經14載，狂飆譯族並非破土而出，而是象蠶繭一樣埋頭積累，不斷完善，才有今天的化蛹為蝶。

狂飆譯族在2004年完成了歷經14載的研發，它突破了整句翻譯甚至全文翻譯的難關，被業界評為人工智能翻譯技術全球領先，中英互譯水準和速度全球排名第一，聯合國語言處和國務院等部門指定使用，而且價格和成本讓普通百姓都能夠接受，這也難怪JP Morgan的分析師說狂飆譯族可以賣高十倍的價錢不止。

潘錦功告訴多維記者，這個看起來小巧玲瓏、方便應用的軟件，是過去14年中來自北大、清華和中科院以及海外的一批優秀翻譯科技人才辛勤工作的結晶，最終才形成了今天的智能判別和記忆規則相結合的新算法，才有了今天"可手寫、能翻譯、會說話"的狂飆譯族。

潘錦功說，狂飆譯族也是網絡時代的產物，沒有電腦科技和網絡的發展，也不會有今天的狂飆譯族。狂飆譯族軟件容四億字詞匯，四十類專業字典於一庫，載超大型服務器，能24小時全球聯網高速支持，不管是有高難度論文、書本和文件，還是簡單的電郵、賬單和網頁，狂飆譯族都能應付自如，2分鐘可譯上萬字，準確律高達百分之八、九十，這是以往軟件前所未有的。

狂飆譯族翻譯軟件自從一年前到加拿大試用，就引起了極大的重視，現在使用其產品和服務解決方案的客戶有：思科、TOEAST、ALTU、愛立信、ECI、UDI、朗訊、IBM（香港）、

CRAFT（香港）等。目前全面推廣到普通應用市場的反響也相當不錯，各地的分銷點和代理商都有良好的信息反饋。

潘錦功说，專業人士把使用狂飆譯族翻譯学习軟件比喻成是"洗淋浴"，从头到脚，听，读，译，写一气呵成，是个又快又好的贴心助手,而不是象以往其它軟件"用酒精棉一點點擦身",也能洗干净,但太麻烦，易遗漏，不贴心。

功能強大應用廣泛

潘錦功曾經在2004年美洲中國工程師協會上演講，他在那屆年會中博士生論文拿一等獎，項目是關於另外一個高深的課題。而後在門口的展廳又看到他演示狂飆譯族的各項功能：發音、翻譯、手寫識別、中英互譯、整句翻譯、簡繁體自動識別等等，顯得非常特別，當時就吸引了很多人。

在後來的採訪中，記者了解到，狂飆譯族果然有其過人之處。它適用中英手寫體或印刷體短句、片段整篇互譯，標準中英口音任意朗讀全文或者短句，還能用來進行中英文互译網上聊天。正在研發中的掃瞄翻譯又是一個特色，自動掃瞄過程中，不管是論文還是移民局的來信，都能輕而一舉的翻譯過來。現在狂飆譯族的使用者除了針對大公司和特殊需求外，在不同年齡層和使用群上，都得到相當廣泛的好評。從高學歷者的需要，到商務使用者，尤其針對新移民和老人及小孩都有很好的解決方案，而且使用靈活方便，還能享受到無限的網絡免費升級。

潘錦功用自己舉了個例子，說"我本人也是受益者。"原來，前年他有篇文章要去參加的一個专业會議，時間緊迫卻又一個70多頁的論文還沒有翻譯，因為是學術論文，最開始還沒敢用剛剛研發出來的狂飆譯族，情急之下他想試試無妨，結果："就用了15分鐘，翻譯了個八九不離十！"那次的會議還有不止一個人評價他使用的英文相當純正，現在他還能想像當時的興奮，"這說明狂飆經受住考驗了。"使用該產品後，聯合國語言處的Yong Ho評價："狂飆譯族對各種不同類型的文件資料、網上信息的全文雙向翻譯水準很高，全文翻譯後還能逐字逐句發音解釋。譯後既可完整保持原文的圖形格式，又可直接進行編輯印刷等後期處理，非常容易操作。"

真人發音，過硬的整句全文翻譯讓狂飆譯族與以往的簡單直譯產品不同，語法行文正確的文章準確度更可高於95。

潘錦功舉了一個簡單的例子："路漫漫其修遠兮，吾將上下而求索"，其他翻譯軟件翻譯的結果是"Road boundless it repair Xi, Wu will go up beg the rope"，而狂飆譯族翻譯的結果是"The way stretched endless ahead, I will seek from head to foot"。

一年前，潘錦功在哥大演示狂飆譯族，有個搞過翻譯的教授拿來一份報紙對全場說："如果狂飆譯族能翻譯對這句話，'美控伊購鈾'，我就買兩套299的版本送大家。如果翻不對就別再說這是最好的人工智能識別算法。"負責演示的工程師也很緊張，伊到底是伊朗還是伊拉克，工程師自己也不清楚，只好硬着頭皮寫入漢字。狂飆譯族馬上給出答案："U.S.A. accuses of Iraq's purchasing the uranium"，教授一看果然正確，他對全場說這是我見過的最好的翻譯軟件，於是當場拿出600元買下2套。

這樣的準確律，使得狂飆產品成為目前世界上唯一可以在線自動校正翻譯結果的翻譯軟體，通過價值逾千萬美金的後臺服務器，以及百多名在服務工作站提升翻譯品質的語言工程師每周免費為每一位用戶自動升級。潘錦功說，狂飆研究的是一項"核心"技術，連線在"e"時代網絡的海洋裡，點點滴滴彙聚成流，成為一江春水，而每位他們的用戶都是這條不斷發展不斷完善的海洋中受到呵護的船只，一次購買，終生享用的含義在這裡就是真正的"水漲船高"。

只因語言掩沒才干太可惜

　　"外國人會把語言作為一個衡量標準，來判斷你的智力和教育，只因為語言的問題而掩沒了華人的才干實在太可惜了！"

　　1984年就曾到法國學习的潘錦功，當時在大慶工程技術引進辦公室工作，那個時候來美國的補貼就比去法國多近一倍，但他因著仰慕法國燦爛的文化，最終選擇了去法國。見地從來與眾不同的他說，14歲時沒有去清華學機械，也沒去浙大學無線電，當年就因為對哈爾濱的好印象，選擇了專業最好的計算機，所以去法國也有這樣的幸運。此後他先後去過好幾個國家，他總結出來，外國人用你的語言能力來判斷智力和教育水平，這也是他的切身體會。

　　潘錦功說，他曾很誠懇的請一位英文老師客觀的評價華人的英文水平，人家說的也客觀：和其它族裔比起來，中國人閱讀能力最好，寫作其次，口語最差，發音相對準確，能維持基本的交流，很少或基本沒有修辞色彩和英文所特有的音乐韵律，而美国人又耐心有限。這在相當大程度上阻礙了華人和美國朋友進一步的交流，也使华人失去了很多機會，所以他堅持在狂飆譯族中把語言色彩表現出來，整句朗讀以及全文朗讀的時候，語言的韻律感很強，而且採用最純正最流行的美國口語。

潘錦功說："留學来的華人智商過人，偷渡來的華人膽量過人，從商来的華人精明過人，搞專業的華人技術過人，如果只是因為一個語言的弱项而失去了成長的機會，提升的機會，甚至发财的商機又只輸在這一件小事上真的讓人惋惜，狂飆譯族就是要幫助華人抓住這些機會！"

我在美國當老板

為華人爭權利
—— 專訪黃與黃律師事務所

多維記者 呂賢修

"我在法學院讀書時，曾經有中國的學者來訪問。知道我過去是讀理工的，但卻改行讀法律，都十分驚訝。還有人問：你這不是退步了嗎？但我覺得這是進步。一般中國最優秀的學生都會讀理工，但法律對未來對於社會的發展卻更重要，所以我鼓勵所有讀理工的人轉讀法律。"黃曉夫總裁開門見山地對多維記者說。

"中國人總說，立志要趁早。但我覺得，立志永遠不遲！"黃陳燊律師接著說。

同樣都是半路出家，黃曉夫與黃陳燊，黃與黃律師事務所兩位負責人的故事，也許可以帶給許多人一點啟發。

命運再三捉弄

在1988年開設自己的律師事務所之前，黃曉夫曾經嘗試過許多不同的路。醫科、化工、電機，他也擔任過民主黨

州委員，此外，甚至一度從軍。

1956年出生於長春，7歲時隨家人遷移至香港，隨後來到紐約。黃曉夫的成長過程，與許多當時香港移民相較，並無二致。母親在唐人街為人車衣，自己則在超市及圖書館，半工半讀地完成高中學業。

自認興趣廣泛的黃曉夫，大學時曾嘗試過醫科。自紐約市立大學化工系畢業後，選擇在芝加哥的一家石化公司擔任工程師。在那裡，他第一次體驗到社會的不公平。

工作兩年後，面對一個升遷的機會。公司明知有許多華裔博士在那待了許多年，卻把機會給了一個只有大學畢業，剛來半年的白人。

"這與在學校完全不同，因為讀書是全靠自己，但到了社會上卻不是這樣…"在失望之餘，黃曉夫當下決定要繼續讀書，申請了市立大學電機工程博士班。

也許是一個機遇，原本只是純粹地利用課餘時間，在民主黨下東城黨部擔任義工，但後來卻當選了黨內的州委員，自此與政治結緣。然而開會時，才發現多數的成員都是律師。

"我什麼都聽不懂，根本不知道自己在做什麼！"他感慨。

由於對法律及政治幾乎是一片空白，為了充實自己，在完成電機碩士學位後，黃曉夫申請了紐約法學院的法律博士班。

對於政治，黃曉夫認為"除了讀書、做生意，參與政治也可以提升華人的地位。但如果沒有人參與，就不會有改變的聲音。但如果大家都覺得政治髒而不參與，那政治就永遠是骯髒的人在搞。"

花了三年的時間，1987年，黃曉夫讀完法律博士。但在當時，他還是沒有當律師的念頭。更令人訝異的是，他選擇了從軍，一簽就是8年。

"我想回饋這個國家…我覺得華人的形象,需要改變,不該總是只顧自己。"他解釋自己的動機。

但在此時,命運再度對他開了一個玩笑。黃曉夫原先與軍方談好條件,當時新澤西有一個法律部門出缺,只要拿到律師執照後就可升任軍官。然而,之後軍方卻以政府預算裁減為理由,通知他提早光榮退役。

黃曉夫事後猜想"我服役的那個單位,連黑人都沒有。如果我升上軍官,將成為單位裏第二高階,沒有人想被一個亞裔管理…"雖然有些不平衡,黃曉夫選擇接受現實,結束了短暫的軍旅生涯。

當律師如魚得水

自認年輕時野心很大,黃曉夫當時雖然是全職博士生,週末時也在西奈山醫院的電腦部門擔任主管,這種情形維持了6年。隨著律師樓在1988年開張,而後逐漸起步,黃曉夫認為,是該做決定的時候了。

在華埠百老匯401號,黃曉夫與姊夫合開了第一家律師樓。

"整間公司比我現在的辦公室還小…我跟姊夫還共用一張桌子,整天蹲在那裡等電話響。"他比了比四週。

但在1994年重回百老匯401號時,租下了一整層頂樓。不似許多傳統的家庭式律師樓,黃曉夫律師事務所的企業的體制已經建立,不但擁有多位律師,也建立起業界的新指標。

原本沒想過要當律師,但法律對黃曉夫而言,就像如魚得水。

"就和打球一樣,每當有一場好戰要打,我就會特別興奮!"大學時曾得過校際乒乓球冠軍,黃曉夫手舞足蹈地說。

"80年代末，紐約打官司的華人律師還不多，但我願意從最難的地方挑戰。記得我剛開業時，還沒有打官司的經驗，就擊敗了一家保險公司，因為我認為自己有理，所以敢爭取。"他回憶。

黃曉夫接著說"而且我喜歡打抱不平！我曾經投訴過檢察官及法官，這對許多律師來說，都是不可思議的，因為他們怕影響了自己在圈子裡的人際關係。但我覺得，該打的仗一定要打！只有這樣，司法者才不敢亂來。"

"但現在的情形是，敢打官司的人不少，但真正有能力打的人卻不多。許多人身為律師，卻經常跟客人說：算了吧！你就認了吧！抱著大事化小的心態，所以才會被外國人欺負。"他補充。

"許多中國人請律師，會認為美國是白人的社會，所以應該找白人律師。但我覺的這是一種不必要的自卑感，看看美國大學優秀亞裔學生的比例，華人律師怎麼可能比猶太人差？"他質疑。

黃曉夫舉出一個小故事為例，"剛開始執業時，朋友有一場離婚訴訟，來找我幫忙。但面對的是 Morris County Bar Association 的主席，朋友懷疑我敢不敢接。記得開庭那一天，整個法庭坐滿了人，大家都是來看對方的律師怎麼贏。結果我逼得對方以和解結案。"

"因為我代表的是一個白人，法警還問我：你是翻譯還是被告？"他笑著說。

在接近華爾街的企業總部裡，旗下7位律師不但擁有各自的辦公室，黃曉夫也貼心地為員工規劃了寬敞的會議室、廚房及藏書豐富的圖書室。也由於公司律師陣容堅強，因而可以提供"一條龍"式的完整服務。

談到未來，他指出"華人律師逐漸增多，競爭越大，分工就越細。不是所有人都一定要做移民或房屋買賣，所以我鼓勵大家當律師。多些競爭，也提高這個行業的水準。這會是一個淘汰的過程，而淘汰是必須的。我不但鼓勵華人當律師，也希望更多的人當檢察官，當法官！"

一條龍的服務特色

"這就像是一支軍隊。比如說我們現在有一個案子要告鐵路局，就有五個律師同時在處理。"管理律師黃陳熒比喻。

黃曉夫的夫人，同時也是事務所的管理律師，黃陳熒接著說明為何需要一條龍的服務，"打一個官司需要很多知識。比如說，商業法的官司，如果合夥人是夫妻關係，又正好在辦離婚，而且太太還幫丈夫申請了移民，兩人又有房子要賣，房子又有折舊。這之間牽扯到許多不同的法律，比如說婚姻法、移民法和稅法等。但每個律師都有各自的專精，很難同時滿足各種需求。"

"你不要看我們的的公司不大，但2002年在華盛頓的聯邦法庭，我們把新澤西最大的一家專利法律師樓打敗了，他們有上百位律師。"黃陳熒自豪地說。

律師是講求經驗的一個行業，有經驗的律師收費也因此非常高。然而，如果事事都要經驗豐富律師親自處理，可能很多人都吃不消這筆費用。而對此，黃陳熒認為，一條龍服務有經驗豐富的黃曉夫律師提供諮詢，由相對年輕的律師執行，加上兩人不斷的參與、討論，不但確保質量，也降低客人的負擔。

"以訴訟狀為例，公司的律師用6個鐘頭寫完，但我只要1個鐘頭就可以改好，所以我不需要花6個鐘頭來寫。這節省了客人的錢，但得到的是黃曉夫律師18年的經驗。"黃陳熒舉例。

"企業化的經營。這是一種分工，也是我們的優勢。"她再次強調。

邁向正義之門

黃陳燊有著直爽的個性。這點，從她不諱言自己曾有一段痛苦的婚姻經歷可以看出。

她回憶"生老二時羊水破了，前夫叫我自己開車去醫院…本來是不讓男的朋友打電話給我，後來連女的朋友找我，他都問我是不是變成同性戀了？因為我不願意被他約束，他就用暴力。有一次把我掐暈了，當我醒來後，我就決定要跟他離婚。他還說：妳不去照照鏡子！妳以為自己還是校花？"

"我當時真的已經死了心…而且，如果留在他身邊，他殺了我，被判死刑，那我的孩子怎麼辦？"她道出心中的恐懼。

在與前夫爭取小孩撫養權的過程中，雖然只是一起普通的民事案件，但卻接連更換了7個法官。黃陳燊當時因此對司法系統產生極大的不信任，也對法律萌生了興趣。

與黃曉夫律師結婚後，2001年，黃陳燊重回學校，攻讀法學博士。但許多人也許不曉得，在這之前，她已經在俄亥俄大學修得有機化學博士。而在接連考取新澤西、紐約及其它4張聯邦律師執照後，黃陳燊終於理直氣壯地開始邁向正義之門。

談到自己的心得，她有著無限的感慨，"中國人在美國，不能用老觀念，認為民不與官鬥。加上許多律師，總是慫恿被告，三條罪你就認一條吧！剩下的我來跟檢察官談。結果就是輕易地妥協。但許多客人告訴我，這些罪我一條都承受不起…"

對於律師的角色，她認為"律師有時候像心理醫生，因為許多人到了要打官司的地步，常常都是人生中的一個大事件。有時候是婚姻、有時候是意外、撞死人了、有人告你幾百萬了…人生突然轉變，精神壓力非常大。一句話聽你說了一遍還不夠，有時甚至要聽好幾遍。"

"打官司最重要的，不是我想做什麼，而是客人想做什麼。我們提供分析，最後還是由客人來選擇。比如說，許多人不喜歡打離婚的官司，寧願吃虧都要選擇和解，這都是自己選擇。"她說明自己的原則。

做為律師，雖然多半時站在正義的這一端，但有時仍必須代表犯罪人出庭辯護。對此，她解釋"我也常有這種感覺。我的看法是，檢察官有他該做的工作，但如果他的工作沒做好，不能怪我。在司法系統下，律師是一個平衡的角色。不讓法官多判、誤判，只要是法律內的事，都要盡力為客人服務。即便有時知道是客戶理虧，但還是要把分內的事做到最好。這不是錯事。"

有理一定要贏

"許多時候，我覺得司法系統仍有種族意識。但如果政府沒有証據，仍堅持控訴。那該打的官司就一定要打！"黃曉夫指出。

"可以說我們兩個人，都是生來就喜歡打抱不平。我們都相信，在美國，只要有理就能贏！"黃陳焱接著說。

"她名字有個贏（焱），她就是喜歡贏。讀書要爭第一，自己有理，更輸不得！"黃曉夫笑道。

曾經有許多各自的興趣，但現在，打官司卻變成了兩人最大的共同嗜好。

"我們常常一起研究案子，常常在車上、家裡，兩個人就

開起會來了。談這個案子如何，那個案子如何…有時作夢都會夢到案子，還會提醒對方，你一定要問這個問題。"黃陳熒搶著說出這個秘密。

　　律師是一門服務業，黃與黃律師事務所更是少數幾家，自一開業就每周7天接電話的公司。

　　對此，黃曉夫自嘲"到現在每逢假日，我都還把公司電話轉接到自己的手機…"

　　告別兩位律師，百老匯上已滿是下班的人潮。看著路人手中形形色色的公事包，不禁好奇"不知道他們今天又帶了哪一件案子回家開會？"

書緣·書情·書商

——專訪新州音像圖書城老闆
劉友軍、呂涵

多維記者 鄒興睿

我在美國當老闆

　　2001年奧運會申辯成功那一天，每個中國人都有一種別樣的情緒，身在美國知名公司做資深內部財務分析的劉友軍先生也不例外，當時"掐指一算奧運會舉辦的時候我都多大了啊，不行，得做點事情！"就這樣辭掉了很多人羨慕不已的高薪工作，為著心中中美之間的"橋樑"工程開始摸索。

　　在外經貿大學讀國際經濟管理專業時的劉友軍，曾是當年學校書亭最早的創辦者之一，對書可謂情有獨鐘也委實有緣。曾在明尼蘇達一家大型出版公司工作四年多的呂涵先生，對出版行業的流通、批發等程序都相當有經驗。而以以書搭橋，向中外讀者推薦中文好書，是他們兩個人一起和書文化結下不解之緣的初衷。

　　從2001年最開始的書展僅僅只有20多箱書，到現在他們擁有了來自兩岸三地幾百家出版社的上萬冊圖書，在中美兩地都有專業員工，還開辦了永久對外開放的零售批發中心"新州音像圖書城"(Timesbook)，不僅在新澤西和美東地區很多州

的大城市多次成功舉辦了大型書展，還將推出抗戰勝利60週年等主題類書展，他們成立的時代國際文化公司更是以文化為核心，搭建起中美文化橋樑。

書展上的故事

新州中國日的書展上，一位60多歲的老人興奮的拿著樣板戲《奇襲白虎團》的DVD讓劉友軍先生猜自己是誰，原來是主演宋玉慶老先生，老人說想不到還有人在美國賣自己當年的作品，當即給他們簽名留念。

明尼蘇達的書展上，一位在明大教東亞文學的台灣學者專門來找一篇文章，連續三天的書展一直都來，後來還打電話一直問。回到新澤西後，書城特地讓北京人員幫忙查找，從北京寄特快專遞給他，讓老教授非常感動，從此他們開辦了預訂服務，為客戶"代查代找"業務，以人民幣價格基礎結算，只收運費和手續費。

波士頓的書展上，一位50來歲的中年女士跑來問有沒有"毛澤東選集"，劉友軍先生納悶說，什麼年代了還看毛選，她說，"我們那一代是看毛選甚至背毛選長大的，越老倒就越想通過毛選回看當年。"劉先生二話不說，立刻給她傳門訂了一套。

記不清哪一次的書展上，一位餐館老闆來專門買了《諸子百家》、《四書五經》、《孫子兵法》和《資治通鑒》，說平常自己在店裡沒事讀書已經研究中國古書上了癮，並說這可真的都是寶貝；另一位打工仔模樣的人專門來買《詢子》，並能大段大段背誦下來，他說在美國寂寞的生活中，這些書是他最好的夥伴……

他們說在這些讀者身上，學到了太多，知道了他們的需要也理解著他們在異鄉對書的感情。為此除了提供"代查代找"的特殊業務外，還為讀者提供會員制享受特價，六天開業，並開設網絡書城不斷推薦新書好書和音像製品，還為讀者提供了交流討論的平臺。"Timesbook"這個琅琅上口的名字，即是在他們星夜趕赴外州圖書展的路上迸發靈感而來，現在這個好記好查又印象深刻的名字已為美東地區的讀者廣為流傳。

書不是油鹽醬醋

劉先生"書的生意和其他產品不一樣，不能拿書當油鹽醬醋賣。"對書的感情來自其中的文化內涵，更來自那麼多他們和讀者接觸的故事，劉先生說書是一種有靈性，有文化涵義的產品，中文圖書更是北美土地上為海外游子連接故鄉的心靈家園。

呂先生說在海外，華人移民拼搏奮鬥著實不易，在學業、家庭、事業以及車子、房子、孩子都忙過之後，每個人開始沉澱內心的時候，追溯源頭和尋找記憶中最深處的東西成為生活價值的一部份，而中國的文化是他們的根，書籍是這種文化的承載，這也是為什麼他們選擇從書開始並連通文化，也越做越有興趣。

一直覺得做事情要有點價值觀和使命感的他們，自從開始做書，就把文化推廣這一條放在心上，爭取把最好最流行的書提供給讀者，也保證圖書音像製品的質量，禁止盜版，力爭給北美讀者質優價廉有保證的產品。到目前他們已經和兩岸三地的幾百家出版社取得聯係，並在北京設立了分公司，參加在全國各地舉辦的書展不斷豐富書源和種類。

希望把Timesbook做出品牌效應，希望把賣書不單純的變成一種生意，是因為他們對書的感情和對文化的執著。劉先生說最開始開設的"小信鴿書坊"是現在大型倉儲式銷售的雛形，當時和金門的老闆錢先生交往甚多，看到他們對客戶的尊重和價格之外的那份感情，體會到老一輩華僑在創業中打下一片天地並非是漫天喊價只顧做生意。所以他們認真而感性的對待文化產品，而非像油鹽醬醋那樣只重價錢和斤兩，受洗信主的劉先生說自己的信仰也給了他更多的帶領，不希望在做事情的過程中急功近利，而是能更好的服務於人讓更多人從中獲益。

即將在抗戰勝利60週年之際推出的抗戰為主題的書展，使北京的員工接到訂單後問，這能有多大空間？能賺錢麼？他們說所想的是這段不容忘卻的歷史，以及目前華人的反日情緒，他們還聯係了新州抗日戰爭史實維護會，將展示很多二戰的圖片讓人們記住歷史。而他們準備的關於歷史和研討方面的書籍音像製品之多，並專程為此到北京蒐集有關的內容的舉動也十分令人敬佩。在新州圖書城舉辦的這次抗戰主題書展是他們首次推出的小主題展，書城其它圖書音像製品同時對外開放。今後還將推出工具書展、老電影回顧展、以及更多的個性化書展，為華人朋友提供更多的服務。

在美東各地多次的大型圖書展上，以及目前全天候對外開放的新州音像圖書城中，他們貨真價實的書籍音像製品得到了讀者的認可，回頭客越來越多，也有不少人邀請他們到中文學校和各種大型活動上辦書展，他們說越是這樣越覺得要把書好好的介紹給在美的華人甚至是美國人。曾經有幾次劉先生看到有人在賣盜版書籍心裡很急，甚至商量要把那些盜版圖書收購下來銷毀，可是力量實在有限，他說真的看得很無奈，所以呼籲那些純粹為賣產品不顧質量，甚至廉價擾亂市場的"游擊隊"書商多想想中文書的在美國的文化價值。不過他們說歡迎正當的有序競爭，在美國同樣從事書籍出版發行的同行間，彼此學習和借鑒對整個行業來講是件好事，良性競爭的本身也會使這個行業越來越好，之間的交叉互補也會讓北美中文圖書市場繁榮起來。

讓書文化連通世界

中英文對著的中國古典四大名著，中英對照的中國山川景致，都是他們圖書的一部份，當然最多的還是給海外游子提供的文史哲，天文地理，生活百科、名家名作和音像製品，文房四寶和精美禮品也是他們的經營項目。走進新州音像圖書城，就象走進了北京、上海的大書店，儘管環境不同，但這裡的萬余種書籍音像產品讓人目不暇接。

作為出版業的知情人，他們認真的為圖書市場把脈，也在全國範圍內結識了同行業的各種專家和讀者，總結不同的要求和標準，從此出發選定上述的類別，包括最大的北美兒童網上圖書總匯也是他們一本一冊通過評定選出的。他們希望讓自己經營的書文化連通各個角落的讀者，在網上推出了評比台和好書排行榜，並為讀者提供交流的平臺，持續建設中的網站考慮了很多需求。在不遠的將來他們還有個更好的目標和更好的心願，考慮把中文圖書推進美國社區和大學的圖書館，並為那些中美家庭收養的孩子提供購書的機會，讓美國朋友能早早有機會接觸到中文書。

已經去過紐約、費城、休斯頓、達拉斯、芝加哥、亞特蘭大、波士頓、馬里蘭、北卡和明尼蘇達等美東大部份地區的Timesbook希望把書送到每一個角落。春夏秋冬他們的腳步遍及各地。呂涵先生說，他們在路上看到朝霞、落日、在夜深人靜的路上看到了無數別樣的景致，甚至經歷了車禍等各種各樣的酸甜苦辣，伴著那種作事業的心情，討論著如何推廣書文化，讓人特別激動而難忘。

文化深層價值的體現

一個學MBA的朋友告訴劉友軍先生，華人在美學習，最重要的是要意識到自己的價值體現在橋樑上，不能淹沒在那些無休止的案例上，因為這裡教再多，也都是美國的例子，他們不會教你中國的市場怎麼做和怎麼在美國做中國的市場。劉先生說自己深有感觸，Timesbook做的是書，沒錯，但是更多的定位在文化實體上，"時代國際文化發展公司"

是他們的總體業務，呂涵說在美國做事業，找到市場空間和擅長的方向是以往的經歷水到渠成，但慢慢更為成熟時，就希望能在國際文化交流中做更多的事情，使深層價值體現在文化橋樑上。

在今年年初北京的書展博覽會後，他們走訪了一些國際學校，通過招標篩選，促成了一項他們長久以來的願望，北美推出了"時代國際北京奧運夏令營"

。他們希望通過這樣的一項活動把面對海外的一個窗口打開，讓在美國長大的中國孩子回去看看走走，甚至讓美國孩子有機會到中國去感受一下華人的傳統和現代生活，改變他們對中國的印象。呂涵先生說他們聯係了奧運會組委會，中國少年報和有多年海外留學生夏令營經驗的國際學校，為北美的青少年有機會參加培訓，有機會成為2008年北京奧運會上的志願者，培養土壤，創造條件。

今年的"北京奧運夏令營"，在20幾個孩子中有5個是美國小孩，一位帶隊老師也是地道的美國人，"讓她們看到中國，感受中國，去中國為奧運會服務，回來後給外國朋友講中國！"他們希望在孩子心裡播下一顆種子，讓海外的華人孩子和美國孩子都能看到中國的傳統文化。呂涵先生感慨道"這些參加夏令營的孩子回來後本身就是一座橋樑了。"劉友軍說,他們將在此基礎上為更多的青少年提供這樣的機會,如果情況允許的情況下,希望能讓國內的孩子有機會來感受美國。

北京奧運夏令營只是時代國際文化公司採用的形式之一,他們希望在更多方面能成為中國文化的橋樑,以書文化為基礎,以多種形式讓更多人認識中國。劉先生講,全球上個世紀70年代曾掀起過一次中國熱,而第二次中國熱是因為中國經濟的崛起所帶來的文化衝擊,中國的文化正在悄悄地、更深層次地影響世界各地的人們,而華人最應該把握的就是如何在這樣的熱潮中改變中國的形象,讓世界認識全新的中國,全新的中國人,讓整個世界對中國的距離縮小。

新州音像圖書城地址:

3005 Hadley Road, Suites 5, South Plainsfield, NJ07080, Tel: 908-769-0788, 973-941-2135, fax: 908-753-8193 Timesbook@comcast.net。

讓我的珠寶為你增輝

——專訪金玉珠寶表行總裁岑灼槐

多維記者　徐可

70年代，只有20幾歲的岑灼槐在唐人街的堅尼路開了第一家由華人經營的珠寶行——金玉珠寶表行。當時，整條堅尼路上只有寥寥幾家珠寶行，店主都是猶太人。一位名叫凱普蘭的猶太老闆曾經不屑地對他說，"你們中國人應該到馬路對面去開洗衣店和餐館，不要在這裡和我們搶生意"，年輕的岑灼槐有種藝高人膽大的精神，他告訴這位沒有把自己放在眼裡的競爭對手說，"再過20年，堅尼路上就會是我們中國人的天下"。

當年，就連自己的親戚朋友，也不支持岑灼槐的舉動，"後來大家看我生意做的穩定，也都決定投資去開珠寶行"。岑灼槐回憶，唐人街華人珠寶店以每年7，8家的速度在遞增。到了80年代，珠寶金行在紐約唐人街已經成行成市。時至今日，唐人街的堅尼路和包厘街上已經聚集了260家珠寶店，

堅尼路上的珠寶店幾乎清一色地為華人老闆所擁有。岑灼槐的家族就擁有其中的八家，而另外十幾家珠寶店的老闆曾經是岑灼槐帶出的徒弟。岑灼槐說，"我去過世界上很多地方，沒有一個地方，像我們這樣珠寶店如此密集"。

20年後之後，早已把生意遷出唐人街的猶太老闆凱普蘭故地重遊，來拜訪岑灼槐，他感慨堅尼路的珠寶店果然成了中國人的天下。他對岑灼槐說，你是堅尼路珠寶業的老大"。

岑灼槐自豪地說，"如果沒有珠寶店，唐人街還有什麼別的可以看？看著奪目耀眼的珠寶，給了唐人街一種繁榮的色彩"。他坦言，珠寶店密集加重了商業競爭，每家的利潤都不如從前，但是他強調，珠寶店為唐人街製造就業機會，養活了1千幾百個家庭。

今年59歲的岑灼槐出生在廣東恩平縣，8歲的時候隨著家人移民到澳門。1966年，岑灼槐來到多米尼加共和國，幫助一個開珠寶金行的表親料理生意。從這位表親處，他學習到了修理鐘錶，珠寶設計和加工的手藝。同時，他也學會了日後大有用途的西班牙文。岑灼槐說那段生活經歷讓他"體會到了不同的民風與文化，豐富了我的人生經歷，非常值得我懷念"。

1970年，時年24的岑灼槐來到了紐約。他先在曼哈頓23街上一位猶太人開的珠寶店裡打了半年的工。然後，就決定在堅尼路開一家屬於自己的珠寶店。他的想法卻遭到親友們的反對。在唐人街開珠寶店是前無古人的事情，風險大，不如開餐館，有穩定的收入，親友們這樣勸說岑灼槐。岑灼槐回憶自己當時的想法頗為簡單，因為自信有門好手藝，不怕珠寶店開不起來。

岑灼槐作為第一家在堅尼路開店的華裔珠寶商人，遭到了猶太商人的不少白眼。岑灼槐回憶說，自己從批發商那裡拿到的進貨價格，總是要比一個60幾歲的猶太競爭對手，高出幾個百分點，岑灼槐問批發商，為什麼給對手的價錢便宜這麼多？對方的回答是，"他已經是我多年的老客戶了，所以我給他的價格更便宜"。岑灼槐卻說，"那個人已經60多歲了，而我才20幾歲，你還可以做我30多年的生意呢！"

8月份的一個下午，多維記者在金玉珠寶表行內，采訪了岑灼槐。正值開業時間，岑灼槐身著襯衣打著領帶。慈眉善目，態度和藹的他和每一個光顧的客人親切地打招呼，很顯然他可以記住不少老主顧的名字。

岑灼槐告訴多維記者說，華人珠寶店裡的珠寶款式多樣，可以吸引多種族的客源，他的客人中，華裔，紐約市的非華裔居民和外地游客三分天下。唐人街是紐約許多觀光客的必經之地，華人珠寶店多開在唐人街上的主幹道堅尼路上，佔盡地利優勢。

紐約市是全美國的商業中心，珠寶業佔了舉足輕重的地位。除了唐人街以外，曼哈頓還有一片赫赫有名的鑽石區（Diamond District）。岑灼槐說，唐人街的珠寶店所出售的珠寶價格，比起鑽石區一般的珠寶店要便宜10－25％，原因是，一來唐人街的鋪位租金比鑽石區要便宜近五倍；二來，華人珠寶店的盈利比率也相對較低。

岑灼槐店內的品種很全，瑞士名表，有直接從意大利進口的金手鏈，為非裔青少年所喜歡的又長又重的銀項鏈，為客人度身定做的高檔鑽戒，為手錶換電池，大小生意，無任歡迎。

岑灼槐還為一年一度的紐約華裔小姐選美比賽的獲獎佳麗設計項鏈墜，今年他設計的項鏈墜是一個後冠的樣式，刻有一個手執權杖的選美小姐。整個項鏈墜嵌滿碎鑽，單是原材料的費用就要2千多元。

從化學成分來講，晶瑩剔透的鑽石和黑黑的木炭都是由碳元素組成。鑽石從地礦裡開采出來之後，經過珠寶師的悉心打磨，才可以成為光鮮燦爛的鑽石，行家們巧奪天工地把打磨過的各種形態的寶石和美鑽鑲嵌在指環、手鏈、項鏈和絲巾扣上。美輪美奐的鑽石為消費者所趨之若鶩，且恆古流傳。在岑灼槐眼中，美鑽是保值的首選，還與生活息息相關，"沒有鑽石，就失去了高硬度機械打磨的工具，這個世界就沒有汽車和飛機，令人不可想象"。

紐約市的兩大拍賣行蘇富比和嘉士得，每年都會舉行兩次珠寶拍賣會，此外也會不定期地拍賣名人商賈的珠寶珍藏。每次拍賣會之前，拍賣行都會舉辦拍品展示會，對於這些機會，岑灼槐幾乎是從來都不放過。對他而言，觀摩就是一種最好的學習機會。他說，"我摸過世界上最好的珠寶"。

岑灼槐每次都會買來厚厚的珠寶拍品圖錄，對珠寶的款式反復揣摩研究。他的心得體會是，設計珠寶是一種藝術，但也受到潮流的影響，還要遵循客人的喜好，因此必須從多方面去研究，不能閉門造車，"看得多了，你才能夠加以借鑒和利用"。岑灼槐說，自己的工作最令他享受的一部分，就是可以親手設計珠寶。他說，設計珠寶可以啟發想象力，是心與手的配合，雖然打磨珠寶的那一步看似簡單枯燥，但實際上，每設計一款不同的珠寶，都是從一種不同的角度去思考，要花很多心思，也不會覺得無聊。

被問道這份工作中最具有挑戰性的一面是什麼，岑灼槐回答說，"讓客人滿意"，他想了想又補充說，"不但要令購買珠寶的客人滿意，還要讓我設計的珠寶為佩戴她的人增輝，連看到珠寶的人都豎起大拇指，才是真正的成功"。

岑灼槐珍藏有一張美國商界名流，畫家餘安娜的照片。照片中的餘安娜佩戴著的一枚胸針，就是岑灼槐為她設計和製造。原來餘安娜有祖傳的一塊蝴蝶型的玉，想做成胸針，由於這塊玉的造型特別，又很薄，從香港到美國都沒有人敢接活，只有岑灼槐接了下來。岑灼槐回憶說，餘安娜非常喜歡這枚胸針，每次有重要場合，都會戴在身上，見者也紛紛稱讚。紐約華人社區的不少名流都是岑灼槐的老主顧。

岑灼槐說，刻苦勤奮是他經商的要訣。他還非常喜歡研習哲學、歷史和文學，金玉珠寶金行不大的店面內，就有一個書架，上面擺滿了和珠寶有關的書籍、畫譜、哲學等科目的書籍。岑灼槐記得，曾經有一位來自中國大陸的地質學博士到他的店裡選購寶石，問了岑灼槐一個問題，"為什麼世界上最好的玉石和紅寶石都產自緬甸？" 岑灼槐當即給出了答案。這位地質學博士告訴岑灼槐，他走了唐人街的幾家珠寶店，問過同樣的問題，店主都不知其所以然，他於是很高興地從岑灼槐手裡買走了緬甸出產的寶石。

岑灼槐不但經營珠寶業，還投資於房地產，他在休士頓和朋友合夥買下了大型的購物中心。他還積極投身社區活動。他擔任的頭銜不勝枚舉，美洲恩平聯誼會永遠名譽會長，紐約華埠推廣觀光協會董事長，紐約香港華人總商會名譽會長，人瑞中心名譽會長，堅尼路珠寶商會前任會長，國際中華藝術品收藏家協會董事。岑灼槐還積極推動紐約市設立推廣唐人街的公關項目——探游華埠，他還擔任於去年底成立的唐人街地區發展公司（LDC）的董事。

岑灼槐擔任紐約華埠推廣觀光協會董事長一職時，發現紐約高級酒店的客房中放置的紐約旅遊指南中，居然沒有介紹唐人街的內容。他於是給出版社打電話，要求把唐人街加進去，對方的條件是，唐人街的店家要出錢在旅遊指南書中登廣告。

出版社的廣告推銷員來了唐人街三天，一個廣告都拉不到，岑灼槐利用自己的社區影響力，一天就定下了8個廣告。岑灼槐說，僅靠旅遊指南，每年就可以為唐人街多吸引50萬到70萬的游客。

在70年代末到80年代初期，唐人街處於治安低谷的年代，岑灼槐擔任堅尼路珠寶商會會長，發起商家集資，僱傭荷槍實彈的警衛巡邏，保證珠寶店不被搶匪打劫，直到1987年治安好轉。

從小就喜歡畫畫的岑灼槐還熱衷於藝術品收藏。他發起成了"書畫琴棋會"，邀請張大千的關門弟子，華人女畫家簡文舒做顧問。書畫琴棋會成立大會上，他還請到了大都會博物館亞洲藝術部主任屈志仁來做專題演講。他還與已故書畫屆泰斗王己千結成莫逆之交，幫助促成在香港和中國大陸舉行的王己千畫展。岑灼槐的店內懸掛的一幅題有"金玉珠寶行"的橫幅就是王己千的真跡。

岑灼槐談起書法和繪畫就津津樂道，他這樣說道，"在美國，學英文是為了謀生，而習中文則可以養生，我更喜歡後者"。他認為自己發起成立書畫琴棋會的舉動既可以提陞華人的生活品質，也可以陶冶性情，一舉兩得。這位熱衷中華文化的珠寶商人，還在回中國訪問之後，親筆寫信給廣東省開平市市長，為在開平市設立博物館出謀劃策，樂此不疲。

岑灼槐和妻子吳玉琴是恩平同鄉，他們自幼在澳門相識，青梅竹馬，後來在美國結婚。他們育有一子二女，長子岑穎仁、長女岑穎宜，次女岑穎薇。吳玉琴也在堅尼路開了一家珠寶行。被問道妻子是不是帶著岑灼槐設計的珠寶，岑灼槐笑著答道，"有一些"，他還半開玩笑，半認真地說，"男人就是要製造美鑽給女人享用"。

金玉珠寶店的牆上貼著許多彩色照片，都是岑灼槐的顧客寄來的。有新婚的愛侶，尚在襁褓中的雙胞胎，三代同堂著，各種膚色，不同年齡，林林總總。岑灼槐解釋說，三代同堂的那張，三代人都是他的顧客。有不少來這裡挑選訂婚戒指的伴侶，不忘給他寄來結婚照片。

　　岑灼槐對記者說，他不覺得自己的事業有如何成功，但是他信奉老莊哲學，只要自己能夠感到滿足就是成功，看著牆上一張張承載著溫馨回憶的照片，已經兩鬢斑白的岑灼槐，臉上現出滿足的神情。

為華人找到如意樂土

——專訪費城華信地產副總裁李振宇

多維記者　鄒興睿

夜裡1點，李振宇還在領著客戶看房；2點，他回到在辦公室完成有關交接文件；忙完回家，已經快凌晨3點了。

在華信地產的副總裁李振宇(Fisher Li) 的印象中，這是最晚的一次帶客戶去看房，但是，夜裡12點以後還在陪著客人早已成了家常便飯。這些客戶大多是做餐館和經營生意的，李振宇自己也開過餐館、做過裝修，有親身體會，非常理解這樣的客戶往往是收工以後才能有自己的時間的。

華信地產的員工有人開過餐館，干過裝修，有人做過物業管理，經營過手機店，搞過專業設計。他們為自己的公司起名為commonwealth Realty Associates，公司在費城東北經營兩年多後，日前在華埠中國城隆重新張，設立了"華信地產"辦公室，吸引了更多當地和外州的客戶。

總裁鄭毅(Gary Cheng)說，自己做餐館十幾年，深知其中辛苦，當年很多同時來美的香港和大陸朋

友可選擇的機會不多，基本上都是做餐館和打衣廠工。兩年多以前，他和一些做地產及相關業務的朋友開始做房產，學得很多知識和實際經驗，覺得是該改變自己職業生涯的時候了。他感觸道："現在我們可以做的事很多，新移民可選擇的機會也很多，華人從事的工作層次應該更高，方向應更寬泛。"

鄭毅和李振宇、潘世英等幾位志同道合的朋友對費城的房產滿懷信心，更對在這樣的大環境中華人移民的多元化前景篤信不疑，並希望能推動這樣的發展和變化，為華人朋友找到理想的家園。

地產投資一條龍

從咨詢電話開始，到給客戶找到中意的房子，咨詢、看房、買房、貸款、設計、裝修、管理、回饋。華信地產是名副其實的一條龍。他們提供的服務環環相接，讓買房居住或投資的客戶不用事事操心，買房中與不同環節的人打交道，不必被迫變成全職全能，浪費時間精力。華信的員工瞭解買房人的心態，將一條龍專業服務推展成自己的獨家特色，也成為他們成功的鎮山法寶。

基於多數的地產投資者都來自紐約和新澤西，他們買房作為投資但本身又沒有時間和精力來調查市場情況，買完房以後又不能就近照顧，華信地產提供的包括選房、貸款及裝修、物業管理各個環節的服務，自然成了客戶們青睞的對象。另外，紐約和外州的投資華人，多數是從事餐館或者小生意，其中一些信譽一般，貸款上沒有那麼好的競爭力，華信在這些方面有很多專業經驗，並有專業的團隊可以幫助他們解決這些疑難問題。

22歲在美國長大的潘世英(Kenny Poo)，2000年就開始注意房地產市場，當時他剛從馬里蘭大學讀商業和經濟雙學位畢業，沒有直接介入房產投資市場。他開了一家很成功的手提電腦公司，並經營當時熱門的手機店，但他對房產市場有著很多想法。如今，他和這些志同道合的年青人聚在一起，又有一些有經驗的地產商和貸款專業人士合作，售房業績直線上昇。

鄭毅還銷售了20多家百萬以上的房子，他們的衝勁讓同行刮目相看，贏得了許多工作中結識的美國貸款及房產訊息人士，加盟了華信地產，中西合璧讓他們更如虎添翼。

排屋連片連成"福州街"

費城的東北區，不僅房子比南費城新，都是１０年左右的新房子，而且環境好，有車房，整齊有序，學區又好，還靠近一些中國人的大型超市，非常方便。紐約的客人在這裡買房子比較多，也比較痛快，他們大多在費城看房的時間有限，一般也都希望儘快解決問題，看好就會買。很多人都是拿著現金來買房，有的乾脆一次交清，其中大手筆的福州人很多。

愛聚堆的福州鄉親和自己的親戚朋友都從紐約到費城來，華信地產便成為他們在費城買房咨詢處。

鄭毅和李振宇說，80%的房子都是賣給紐約過來的客人，現在，房子脫手特別快，有的還沒來得及掛牌，就已經賣掉了。這些紐約客基本都是把房子買到後，就轉手租出去，而搬到費城的人，也非常喜歡東北區的排屋，很多紐約購房者也表示，希望以後退休的時候到這裡來生活。這裡的物價和紐約比起來要低，生活也不那麼緊張，尤其是想給下一代換個好環境。另外，他們一般也都將實際想法告訴地產商，希望在一定時間內將投資的本錢賺回來。

費城東北部的1號公路一帶10萬到30幾萬的排屋賣的特別

好，另外，有些過來投資的商家把附近整個購物中心都會買下來。

作為最早開始在費城做物業管理者的李振宇，對此非常熟悉，他說華信目前統管的物業已經是三位數，據他們本身以及其它同業人士所掌握的情況來看，東北費城目前不僅被愛聚堆的福州老鄉悄悄的佔據了前街後院，大有形成"福州街"的架式，更在其中一片商業建築中慢慢出現各種店面，及醫生，會計師，律師，裝修和學習中心等華人日常生活所需的服務行業。

新移民住在相近的地方，彼此之間相互有個照應，久而久之，他們需要的餐館、超級市場甚至一些有特色風貌的小店、專業的服務等都隨之出現。華信的地產經紀敏銳地嗅到了這個新型華人小區的形成，認定這是股不可小覷的力量，沒準哪一天，這裡孕育的力量會變成另外一個布魯克林"八大道"。

費城房產前景展望

費城的地產為什麼仍舊這麼受人矚目？而自年初貸款利率上調後，紐約及新州等地的房產市場的節奏開始變慢也是眾人目睹，華信地產從專業的角度分析了目前費城房產的狀況和前景。

首先，銀行利率的持續穩定是房地產熱的一個保證，它的變化也將是這個行業的一個指針，但上一次地產熱在1986年到1989年間，當時的貸款利率降到17~18%已經令人十分興奮，最後一直降到12%，造就了當時的一股購房熱潮。目前的利率雖然在上漲，但仍舊比這個點數低，不少華裔投資者用現金進行交割，對利率倒並不在乎。

其次，費城政府的優惠極大的吸引著投資者和來費城買房定居者，即在地稅上實行"十年免稅"的政策，這一點是很多地區無法比擬的。潘世英舉例子說，在紐約租房的費用，完全可以在費城用來供房，而且尚有剩余，如目前東北區的排屋在＄1100左右，南費城在700至800間，而在紐約租兩居室都要在＄1500左右，從投資規劃上來說，同樣價格可以擁有自己的房產，顯然這是最有力吸引外州客的一個原因。

最後，費城的房產價格本身在全美來說是比較低的，還有一定的上漲空間，儘管幅度不象去年那麼快，但還是可以穩定地增長一段，對投資者仍非常有利。

目前費城的房價15左右萬就可以買到有車房，有地下室，有大客廳和三臥房的家庭排屋；20萬到30萬的姐妹樓也十分搶手，因為不僅地大，有花園和倉庫，位置和學區一般也都不錯；另外，在中國城和市中心買高價房的也不乏其人，其中包括投資者，也包括退休人士。

華信的地產經紀們接待過來自紐約、新澤西、以及波士頓、華盛頓、休斯頓甚至加州的買主，都為他們找到了稱心如意的房子，這也是他們引以為豪的一點。他們認為費城的房產市場目前仍舊受到來自各個群體的關注，就現在來看，每天過戶到費城的就有幾百人，除了這裡的消費水平適中外，最吸引人的就是房價，而且他們能為客戶提供的一條龍服務，讓華信地產有相當強的競爭力。

快樂團隊的美好心願

鄭毅20出頭來美，在費城等地的餐館開得有模有樣，現在對費城地產發展前景的看好和從事這個行業的經驗讓他躊躇滿志。30歲上下的他幽默風趣，和每個員工都象朋友一樣。

採訪期間，他平易隨和，談起目前費城中國城空間有限，但同時很多銀行商號都想進駐分一杯羹，打趣地說，自己的員工最好都住在郊區，為這裡省點空間。鄭毅提起在香港唸書和在美國打拼的過程，總希望能為新來的移民朋友提供更多更廣的機會，以此來實現自身的價值。

副總裁李振宇去過俄亥俄、芝加哥、羅德島、馬里蘭和曼哈頓等很多地方，開過餐館作過裝修，來美20年，閱歷豐富，樂觀開朗，他最開心的就是可以用自己的裝修和物業管理經驗，為那些不在費城的房東照管房子，那股子認真勁，真的好象房子是自家的一樣。和這些房東們打過交道後，大家都放心地把房子交在他手上，他說，這就是信任，就是華信的招牌精神。

總經理潘世英開心地為記者介紹了辦公室主任陳立建，做設計的金田武（Simon），都是華信地產一條龍中不可缺少的一份子。

華信的大家庭是個快樂的團隊，年輕而有魄力，有問題一起商討，有快樂有難題都一同分享，很多人都能說國、粵、英語和福州話，不少家鄉的口頭語時時帶給他們會心的笑容。

鄭毅說，華信地產有一個美好的心願，就是以後能建設一個華人家園，為華人朋友提供一個他們經營的小區，把一條龍服務送給這裡的每一個人，並讓這個華人家園從置地建設，到經營管理，希望華信所做的點點滴滴化成華人在美國生活的樂土。

海爾走進華人家庭

——專訪海爾美東總經銷林谷隆

多維記者　呂賢修

　　海爾集團，中國家電用品的龍頭。從1984年創立至今，已經發展出1萬5千多項產品。2004年營業額超過1016億人民幣，並成為中國最有價值的品牌。

　　在海爾遍及全球的5萬8千多個營業點中，位於紐約法拉盛的美東總經銷，從去年夏天開始，一肩扛起美東華人市場的開發責任，也準備再寫下海爾的另一頁傳奇故事。

買家電，找瑪麗

　　"買家電，找瑪麗就錯不了！"透過中文廣播，這也許是許多紐約華人耳熟能詳的一句廣告台詞。

　　2005年10月的一個下午，記者拜訪位於法拉盛北方大道的海爾專賣店。在店門前，遇到了久聞大名的銷售經理張瑪麗。她一邊從容地調度門口的貨

車下貨，一邊向記者介紹店內陳列的商品。

從海爾最負盛名的冰箱、冷氣，到華人偏愛的小尺寸洗衣機、洗碗機，以及一般賣場少見的紅酒冷藏櫃、啤酒冷藏櫃，與超音波珠寶清潔機。瑪麗說明，雖然店內只能展示40至50種商品，但配合產品型錄，包含不同顏色及尺寸，實際可以供應400種以上的商品。

與瑪麗閒聊的過程中，她認為，銷售家電產品，最難的並不是對於產品的知識，而是瞭解顧客的心理，以及滿足他們的需求。

"華人來買東西，第一要求的是便宜。價錢談完後，就開始要求質量。這兩點，海爾都沒問題。我們再加上售後服務的保證，替顧客解決所有的問題。比如，如果對產品有問題，我們會幫客人聯絡總公司，這就不是每一家店都有的了。所以我們說，來我們這，買到的是100個放心，這也是我們的經營理念。"她自豪地說明。

在與美國海爾的協議中，成立於2004年的美東總經銷，必須肩負華人以及亞裔市場的開發責任。而至今，雖然許多方向都還只是可能，但不禁叫人好奇，是誰在帶領海爾這個巨人，一步步走進美東華人的家庭？

透過瑪麗的介紹，記者終於找到了幕後的推手，公司負責人林谷隆。

拳頭商品展威風

談到新公司今年的銷售成績，林谷隆的神情中有著掩飾不住的得意。

"我們今年創下銷售紀錄的分體式冷氣機，對許多華人來說，也許已是很熟悉的商品。但以美國而言，還算是比較奇特的產品，多數人還是在使用窗型的冷氣。分體式冷氣機安靜，效果又好。而且今年到現在為止，我們安裝的冷氣，還沒有故障過。另外，海爾也是以壓縮機著名，加上客人間的口耳相傳…" 他對此津津樂道。

林谷隆說，一個有趣的現象是，有些人家裡已經有中央空調，還要裝分體式冷氣。他問客人為什麼？客人說，平常自己都在房間裡，為了省電，沒有理由每個房間都開空調。

"又好比上次我去華埠，幫一個俱樂部裝冷氣。他們已經裝了兩部窗型冷氣，加起來接近5噸，每天一直吹，但卻不冷。我們到那看了，發現是因為冷氣都裝在一面窗上，沒有對流，所以不冷。我們建議他裝分體式冷氣，兩台對吹。但他不相信，說不如裝4部，加上原來的5噸，等於是13噸，但那只是一間600尺的房間。後來我說：我裝兩部，如果不管用，我不收錢。結果我們一裝完，他打電話來，高興死了！"從林谷隆的言談中，不難體會他對這份工作的熱誠。

就這樣一個接一個，据林谷隆表示，因為美國人不懂，所以買的少。今年美國海爾進的2、3個貨櫃的分體式冷氣，幾乎都被他訂光了。

回憶當初選擇經營海爾的動機，林谷隆解釋，大約在前年開始有這個念頭。當時他對於海爾家電的印象，僅止於這是中國的龍頭品牌，應該不會吃虧。但對於這家公司及產品不是很瞭解，所以花了很多時間摸索。

"海爾的電器，又便宜，又沒什麼故障，而且在國內又是第一大品牌，客人熟悉度高，為什麼不買？"他整理出心得。

至於真正簽約，他回想是一個機緣。在去年，林谷隆跟一位朋友參加一個派對，遇到當時美國海爾的總裁。聽到這個構想，他當時覺得還滿有道理的，因為海爾也想切進華人的零售市場，甚至在一開始時，美國海爾曾想過入股林谷隆的公司。但是後來擔心其它的經銷商會有意見，因而作罷。

對林谷隆而言，成為海爾的美東總經銷，是自己事業一個全新的開始。他回憶在去年夏天，公司剛成立時，雖然當時是冷氣的旺季，但因為冷氣必須在3、4月就下單訂貨，所以自己當時拿到的，都不是熱門機種，吃了許多苦頭。

此外，因為美國海爾是大公司，加上成長快速。他認為像自己這樣的小經銷商，可能是營業額與其它連鎖大賣場比起來，實在微不足道。訂一個貨，可能要4、5個禮拜才能送到。但這一年來自己不斷爭取，而且在銷售量上也取得成績。從今年5月開始，總公司開始注重這個市場。在價格上，也給了他們很多優惠。

他說明"我們的成長，總公司也看得到。比如去年剛開張時，就有許多華人顧客在問分體式冷氣機，但當時美國海爾並沒有這項商品。我覺得，這麼多人來問，應該不會賣不掉，所以請總公司代訂了一個貨櫃。貨進來時是8月底，雖然已經是夏末，賣得不是很好，但已經引起了總公司的注意，所以今年也開始引進分體式冷氣，而且尺寸不只一種。此外，我們現在也有自己的倉庫，不但可以直接賣給客人，也可以出貨給其它經銷商。"

生活習慣引導市場

對於店內的暢銷產品，瑪麗認為，分體式冷氣是今年夏天的主力商品。至於其餘的時間，則是冰箱及洗衣機，這3樣是海爾的拳頭產品。

她補充"規格多是主因。比如冰箱，尺寸從1.8到20立方尺都有。而以用途而言，有冷藏的、還有冰啤酒、冰飲料等不同用途。至於洗衣機，華人多喜歡小型的洗衣機，像4.9磅、6.9磅，適合單身或公寓使用，而且搬家時方便。"

談到短期的計畫，林谷隆仍然強調生活習慣。雖然目前扮演美東華人市場總經銷的角色，他認為海爾的產品雖多，但仍無法滿足美國華人的所有需求。

"比如說4個爐頭連烤箱的瓦斯爐，海爾目前就沒有。上個禮拜我去幫客人送冰箱，發現他的爐頭是空的。當時我想，如果我有爐頭，他可能就一起買了，感覺好像少了一筆生意。所以，雖然目前以專賣海爾家電為主，但未來還是會跨足其他品牌。" 他分析。

海爾在美國的歷史已經有6、7年的歷史，而雖然自己是美東地區第一家，也是目前唯一的一家總經銷。美國海爾也同時出貨給一些美國大型連鎖店，像Best Buy 或Wal-Mart等。分析彼此的差異，林谷隆認為，這些連鎖店大多只挑6、7種產品賣，比如佔全美超過50％市場的小冰箱等。

"但有些時候，說來還是讓人有點生氣。我到某些大賣場去看，發現他們的售價，甚至比我的進價還低。但問題是，他們的商品，選擇較少，而且不見得能滿足華人的需求。所以我認為，服務還是我們的附加價值。"林谷隆強調。

家電是一種耐久財，記者好奇，作為總經銷，如何保證海爾的售後服務？對此，瑪麗認為，可以買到海爾產品的地方很多，但並非專賣海爾。作為總經銷的優勢，就是充分體現服務的強項，保證可退可換。這與許多大賣場，貨物一出門，保固就變成顧客與代理商之間的關係不一樣。

"而且許多華人語言不通，最常見的，就是東西買了卻不會操作，找我們服務、比較不用擔心。我們常接到客人打來的詢問電話，問如何使用的問題，甚至不是跟我們買東西的客人，也打電話來。我們都認為，海爾應該額外給我們一份薪水…" 她笑著說。

需求尚未滿足

與許多早期留學美國的台灣學生一樣，出生於台北的林谷隆，在1983年完成電腦科學的碩士學位後不久，選擇在法拉盛落地生根。當時他在今日的喜來登飯店一帶，開了一加小型的電腦店，販售台灣的組裝電腦，對象主要是留學生、一般家庭及公司。而隨著美國個人電腦市場的快速發展，他所創立的隆信電腦公司，也一度成長至月營業額4、500萬美元，員工最多時達到近150人的企業規模。

但隨著電腦銷售利潤逐漸下滑，林谷隆開始尋找新的商機，將事業重心轉向家電。2004年，他與其他3位股東簽下了美國海爾的美東經銷權。由於他是股東當中，唯一勉強算有家電銷售經驗的，所以順理成章地接下了經營的任務。對於這項事業轉變，林谷隆自認還算是符合潮流。

"20年前賣一部電腦可以賺3、500塊，但現在這已經是整台電腦的售價。與電腦相較、電器的利潤明顯較高。但雖然如此，一家公司可能買100台電腦，但會買幾台冰箱？最明顯的，現在連戴爾電腦都要開始賣電漿電視。因為電腦正漸漸成為家電的一部份，你說像數位相機的設備，是家電還是電腦？又好比微軟去年推出的媒體中心，希望將家庭的媒體整合。電腦與家電的區分在逐漸淡化。"他說。

經營電腦20多年，也許是割捨不下，林谷隆依舊看好電腦業的未來。目前家電及電腦兩項事業，約各佔據他一半的工作時間。此外，由於他深信一切東西，只要數位化，與電腦結合，就可以是新產品，創造新的需求。目前他也代理由電腦控制的門禁設備，以及監視系統。

　　他操作店內的一套設備為記者說明"每個員工都有自己的識別資料，包含刷卡、眼瞳、及指模等。而且因為配合電腦，可以快速搜尋。每個人什麼時候進來、離開都有紀錄，可以直接結合人事系統，設定出入權限，或是紀錄出勤狀況以便計算薪資等。"

　　談到對華人市場的期許，他分析美國海爾當初決定簽約時，不單單只是針對華人市場。美國海爾也需要一家店，能展示6成以上的海爾產品。海爾在美國的所有產品約有2500種，雖然自己目前只是只挑選一些華人感興趣的產品，大約100多種在店內展銷，但還是比一般大賣場要豐富許多。

　　由於自己也同時扮演批發商的角色，在他的規劃中，未來將藉此拓展銷售項目，跨足其它家電用品。而且因為需求類似，市場也將推展至美國的亞裔族群。他認為，貨品種類及市場目前看來不是問題，到時候的挑戰，應該就是如何管理了。

　　"海爾在美國的營業額不斷在成長，目前外州也有許多家電行來訂貨，所以我們覺得市場的潛力很大。華人市場的需求，與美國普遍狀況不同，而且目前尚未被滿足。未來我們將擴大營業面積，增加銷售據點，真正扮演好美東地區總經銷的角色，並朝有類似需求的亞裔市場前進。"對於未來，林谷隆滿懷期望。

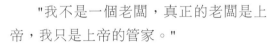

"我不是老闆
我只是上帝的管家"

－專訪太子行總裁、慈善家楊應瑞

多維記者　徐可

　　"我不是一個老闆，真正的老闆是上帝，我只是上帝的管家。"

　　"我不把掙來的錢都看成是我自己的，這樣我才能夠把錢拿去做善事。"

　　"做善事是可以培養的，當我和妻子不是很有錢的時候，我們就已經捨得給別人100塊錢。等有了錢的時候，給10萬也就不難。經常聽有人說，等我有錢了，我就會做善事。其實做善事是要從小處開始的。"

　　"做老闆是要為手下的夥計著想，你為他們服務，他們才會為你服務。"

　　這些話語出自太子行總裁楊應瑞之口。楊應瑞－一個社會工作者出身的跨國公司老闆，一個虔誠的基督徒。他和同樣為基督徒的妻子錢麗君過著儉樸的生活。錢麗君平時買東西都會用折扣券。夫婦兩人給汽車加油，都要比較過那家加油站最便宜。買衣服也通常會等

到減價之後。

　　就是這個把追求奢華的生活享受視為浪費的生意人，慷慨捐贈600萬美元，在天津建立了中國第一家由民政部門正式批准的，海外投資興建的孤兒院。他唯一的女兒楊欣怡，也是楊應瑞和妻子從天津收養的孤兒。在他的幫助下，有100多位美國夫婦從中國收養了孤兒。

　　"我曾經看過一張英文的海報，意思是說，100年之後，你住的是什麼房子，你開的是什麼車，都不再重要。但是如果你改變了一個孩子的命運，這才是真正的價值。"

　　楊應瑞1984年在加州灣區創立的太子行（Prince of Peace Enterprises, Inc）靠5萬資本起家，從一開始銷售自製的減肥茶，逐步進行資本積累。作為著名產品新加坡虎標牌萬金油的美國代理商，太子行打響了名氣。今天的太子行已經成為美國一家經營多種保健品、食品代理業務的公司。太子行的行銷網絡不僅僅深入美國東西海岸的亞裔聚居區，也延伸到像Costco、山姆店、沃爾瑪等美國超大型連鎖店。太子行每年在美國的營業額在3000萬以上。太子行在香港擁有十幾家零售店。

　　在馬來西亞和中國都有分公司。太子行代理的"太子牌花旗參茶"、意大利金莎朱古力、瑞士薄荷糖等商品在美國市場非常暢銷。楊應瑞也在90年代進入中國投資辦廠。太子行在天津創辦的合資工廠，專門生產銷往美國市場的大蒜片，非常受歡迎。

學社會工作的留學生

　　楊應瑞1948年出生於廣東汕頭。他在家中排行老四。幼年的楊應瑞家境非常貧寒。父親坐牢，母親要獨立一人撫養六個孩子，她不得不把兩個年幼的女兒送到別人家裡寄養。1959年，母親決定讓16歲的大兒子，帶著當時只有11歲的楊應瑞到香港投奔楊應瑞的外公外婆。

到了香港之後，楊應瑞和並不富裕外公外婆一起生活。哥哥則住在表叔的家裡。幼年的楊應瑞過起了寄人籬下的生活。只會講潮州話的他，聽不懂香港人講的白話，也跟不上同學們的英文水平。

楊應瑞的哥哥到了香港之後，一時間很難去適應陌生的環境，經常逃學，交友不慎，結果因為欺詐罪而坐了牢。那段時間裡，年少的楊應瑞經常感到彷徨和寂寞，而這些是年邁的外公外婆很難體察得到。楊應瑞感到幸運的是，他在香港教會學校裡的一位老師的影響之下，信奉了基督教。他回憶說，"這位老師把我們窮學生請到家裡吃飯，還帶我們去公園，這讓我非常感動。"

楊應瑞覺得是信仰的力量改變了他的生活，也造就了他的人生。他說，"如果不是信教的關係，我可能會和哥哥有同樣的遭遇。"

在香港的那段吃苦的日子讓楊應瑞感受到生活的艱辛，另一方面，他也倍加感激幫助過他的親戚朋友們。楊應瑞之所以日後決心到美國攻讀社會工作專業，是因為他發現自己生活的意義在於幫助別人，特別是幫助那些弱勢階層。楊應瑞說，"因為我自己吃過苦，我才能夠明白有許多社會問題需要去解決。"

60年代末，楊應瑞來到美國。1972年他從舊金山大學取得了社會福利學士學位。兩年後又從夏威夷大學畢業，專修國際社會政策，並取得了社會工作碩士學位。讀書期間一直都靠打工來維持生活。每天用自行車當代步工具，在學校、宿舍、打工的餐館三點一線運動。生活雖然拮据，但很充實。他還成立了夏威夷當地的一個華裔留學生的聯誼組織。他的普通話都是當時從台灣同學那裡學來的，沒想到對他後來到中國大陸發展有很大的幫助。他半開玩笑地說，"我在夏威夷大學學得最有用的知識就是我的普通話。"

70年代，港英政府急需從海外網羅社會工作方面的專業人才，楊應瑞本來計劃碩士畢業後，就回香港工作。但是由於楊應瑞的父母已經移民來美，他選擇了留在美國，成家立業，照顧父母。楊應瑞對記者笑著說，"我當年的同學現在都成了香港社會局的高官了。"

楊應瑞的第一份工作是在舊金山當地一家華人教會做助理。他組織當地的華人家庭去幫助剛到美國的越南難民家庭學習英語、找工作，以融入美國社會，落地生根。受益的越南裔家庭有100多個。楊應瑞說，他在教會裡面的貢獻，讓人們知道他是一個誠實和可以讓人信賴的人。他當年幫助過的越南難民，後來成了超市老闆。等他自己出來做生意時，給了他很大的幫助。楊應瑞說，"幫助別人，不是為了圖什麼回報，但自然就認識了很多人。"

楊應瑞工作久了就慢慢發現，加州華人社區左派右派涇渭分明，從事社會工作難以避免地要和政治掛上鉤，而喜歡做實事的他不好此道，再加上華人教會的待遇實在微薄，這些原因促成了他下決心從商。和華人教會所簽的合約結束後，他就開始到自己打過工的一家中藥店裡做了業務經理，一邊學做生意，積纍心得，一邊廣交朋友。

學習社會工作，有志成為社會工作者的楊應瑞二十年後成了一位成功的商人，使他積纍了投資慈善事業的資本，更為他回中國建孤兒院提供了人脈聯係。今天的楊應瑞沒有改變當年的初衷，幫助別人仍然是他生活的意義。但是他認為，經商給他提供了一個更大的平台，讓他可以實現他多年的夢想。楊應瑞把這一切都歸功於上帝奇妙的安排。他說，"是上帝帶我走了一個大圈，我現在所做的事業，比我自己當年所夢想的還要大。"

勿以善小而不為

楊應瑞不僅僅是一個成功的企業家，他還曾長期擔任北加州潮州會館會長，他目前擔任美國北加州中藥聯商會主席。楊應瑞還熱心於慈善事業。他投資650萬美元，和天津市武清區民政局合作，在天津武清建立和平之君兒童福利院、兒童康復中心，並於去年7月已經投入使用。太子行為東南亞海嘯國家捐助了5萬美元和價值10萬的消毒用品。

楊應瑞的親生父親就是一個被從鄉下賣到城市的孤兒。他自己從中國收養的孤女欣怡今年12歲，為他和妻子帶來了許多歡樂。在中國開展事業的楊應瑞，一直都想幫助中國建一所孤兒院。

在他看來，經濟高速發展的中國，可以在很短的時間內，就提高"硬件"水平，蓋出漂亮的摩天大樓，但"軟件"管理水平不可能一下子改進。楊應瑞在中國參觀過不少孤兒院，發現很多孤兒院的條件都不理想，主要是管理水平低。不是每個在孤兒院裡工作的人都能發自內心地去關愛這些孤兒。"我希望把美國的這一套管理方法介紹給中國做參考。在美國，每一個生命都是很寶貴的。中國有很多人，不是每個人的生命都被珍惜。這不是一下子就能改得過來，只能慢慢去做。"

讓楊應瑞深感欣慰的是，經過他六年的不懈努力，得到了中國民政部和宋慶齡基金會的支持。民政部還專門修改了規定，使得海外資金資助的孤兒院可以正式在民政部註冊。楊應瑞表示，他雖然沒有能力去建很多孤兒院，但他的努力為後人鋪平了道路。他也希望把天津武清"和平之君"孤兒院建成一個示範窗口。楊應瑞對記者說，他想把孤兒院建成一個培訓中心，定期培訓其他地區孤兒院的師資，以改進他們的服務。楊應瑞還發現在武清孤兒院附近生活著許多老年人。他想推廣寄養計劃，讓這些老年人把孤兒領回家一起生活，白天再送到孤兒院或者學校去上學。

讓楊應瑞感慨的是，中國現在有很多大款都到國外去賭錢揮霍，國內的慈善事業發展還在仰賴海外的資金。

楊應瑞在接受中央電視台采訪的時候，曾有感而發地說，"中國的問題很多，我們海外的人只能幫助一點，慈善工作不能只依靠海外。比我有錢的大款也有很多，只要我們每個人都盡一點力量，幫助身邊的人，這個世界的痛苦可以減少一點。"

做一個快樂的老闆

楊應瑞手下管理著近兩百位員工。他透露自己的管理法則是，"非以役人，乃役於人。" —以服務於人的心態去管理員工，讓員工有歸屬感，才會全力以赴為公司效力。他認為自己最重要的管理秘訣就是充分發揮每個員工的聰明才智，要不吝於把自己掌握的知識教授給員工。"只有這樣，你才會自由，才可以有精力去開發新的產品，去做自己想做的事情。"

居住在灣區的楊應瑞現在一個禮拜工作兩天半。他把工作之餘的時間用在陪伴家人。在中國的慈善事業也花去他不少精力。他每一年都要去中國三次。楊應瑞告訴記者，他的人生信條是，"信仰第一，家庭第二，事業第三。" 他說，"次序排好了，人就開心很多"。他強調，正是由於信仰的力量，可以讓他從容地對待生意場上的波折起伏。

　　楊應瑞對公司的長遠發展是如何打算的呢？57歲的楊應瑞告訴記者，他沒有考慮把公司拿去上市，因為那樣要佔用太多精力。他要做的事情還有很多，楊應瑞覺得自己還需要一個更大的平台，"我還想勤懇地再多做一段時間，打好穩定的基礎。這個事業不僅僅是我一個人的，也是我手下幾百個夥計的。"

我在美國當老板

帶你去佛州投資買房

——專訪大基房地產集團總裁沈衆

多維記者　呂賢修

佛羅裏達州讓你聯想到什麼？迪士尼樂園？邁阿密海灘？還是投資買房子？

根據美國房地產仲介組織（NAR）統計，2005年第2季單家庭房價上漲幅度，增幅最大的前10名都市中，有6個城市位于佛羅裏達。而根據佛州房地產仲介組織(FAR)的資料顯示，2005年9月，佛州單家庭房價中間值為12萬4千7百元，與5年前相比，成長了98%。

在一片看好佛州房地產市場的聲浪中，許多身處外州的投資者，是否曾有力有未逮的遺憾呢？

突破房地產在地行銷的傳統模式，透過與各地經濟人的合作，大基房地產集團將佛州房地產的銷售網擴張至全美甚至全球。兼顧了在數量上以批發取勝，並在服務上取得外地投資者的信任。在2005年10月於法拉盛的

一場說明會前，集團總裁沈衆及副總裁錢毅，對多維記者分享了他們的經營理念。

佛州地產的國際市場

談到美國度假勝地佛羅裏達的房地產投資，沈衆以另一熱門地點拉斯維加斯作為比較。他分析雖然拉斯維加斯90%以上為非本地資本，但主要投資者仍是美國人，尤其是來自加州的地理因素。但佛州迪斯尼的遠程投資區則有幾乎90%為歐洲人。

他說明大約在15年前 ，英國人因爲喜歡迪士尼和當地溫暖的氣候，而決定在離園不遠的地方購房，原本只是打算自己享用，但由于許多人在英國還有工作，這些房屋一年有大量時間不能充分利用。而隨著迪士尼旅遊業的發展和佛州對旅游業的政策變化，這些渡假房提供了遊客完全不同於旅館的家庭環境，短期出租收入的上升使英國人意識到旅遊業帶來的巨大市場潛力，渡假房開始成爲投資房。

由于短期出租房的短缺，刺激了房價的增長。但得利於房價起點低和出租條件的得天獨厚，佛州迪斯尼遠程投資區的投資風險，比拉斯維加斯低了很多。另外，因為佛州政府大力支持短期出租，迪斯尼平均每年吸引3400萬遊客。沈衆認為，如果營銷方式得當，出租收入相當高。價位低加上出租收入高使得投資人賣房的時機有了更多的選擇，既可做短線，也可以做長線。

他指出，兼具上述條件，佛州必然成為國際化的投資舞臺。而在地區間差異加大的今天，更是投資多元化的最佳選擇。他預計，這個市場在1至2年內，美國國內的投資額會有倍數成長，市場上升的空間也不容忽視。

然而，房地產投資環境的局部化，卻一直牢牢限制著遠程投資的可操作性。由于信息流動困難，加上各地法規不同，非本地投資人經常無法得到當地的投資資源(如經濟人、投資顧問、貸款、出租管理等服務)，多數市場仍主要為當地投資人開放，跨州投資的難度很大。不過，隨著近年拉斯維加斯和佛州迪士尼房市的熱絡，以及網路技術的成熟，遠程投資的服務逐步發展，給了跨州投資者更多選擇，也因而造就了大基房地產集團的崛起。

由投資轉經營

　　集團總裁沈衆，北京人，北大法律系畢業，1993年赴美就讀杜克大學，在得到統計學碩士後，任職于多家美國知名製藥產業，負責數據處理及統計分析的工作。2002年，沈衆在費城成立了大基房地產公司。2004年，他作出抉擇，放弃了待遇優渥而穩定的工作，選擇以佛州為據點，將公司朝集團方向發展。

　　從一開始單純的投資者，到兼職經營，乃至邁上創業之路。沈衆回憶在大約5年前，他剛到佛州時，當地房屋市場非常差，基本上每年增值6％至7％，相較於美國其它州，當時增長速度都已經在10％以上。

　　儘管如此，沈衆認為自己當時看到了發展的機會。因為當時人口已經在增加，以奧蘭多來說，人口成長的速度，在短期內會超越美國前3大城市。此外，工作機會也在增加。在2000至02年之間，美國經濟正在低迷中掙扎時，佛州是第一個就業率止跌反彈的地方。這些，在他看來，都是潛在的優勢。一但市場受到刺激，當時偏低的房價，將有很大的上升空間。

　　回想選擇佛州，他認為自己當時是極少數的華人投資者之一。"華人喜歡投資房地產是事實，但當時華裔的投資人在當地比例仍偏低，到現在也是一樣。記得有一個銷售員問我：你是哪個國家來的？我說：中國。他說：我差不多全世界得人都見過了，但從未見過中國人來這裡投資…"

基於自己與仲介往來的經驗，加上持續的學習，在摸清楚全套市場規則後，沈衆也開始已過來人的角色指引別人如何投資，隨而創業。並將別人的訣竅，應用在公司經營，提高效率。

因為公司並未自限於華人市場，直接面對的，就是許多美國及英國公司的競爭。但競爭對手的基礎雄厚，對于市場的瞭解也較多。在最初時，沈衆認為一方面必須與其競爭，但另一方面也要合作。

關于合作，他表示，這個產業需要許多週邊的支持，不單單只是銷售，而且也需要管理公司、貸款公司等。而由其中，大基也發展出一條龍的服務模式。

"我的心得是，面對投資人時，絕對不能光談銷售，因為客人多半會需要其它的服務。從購屋訊息、協助買房，到提供貸款、房子的管理、出租，到再度銷售，以及1031的交換，任何環節都不能疏忽。"他說。

他以大基為例，目前主要是投資服務公司，同時也有行銷的功能。至於子公司，則包含經紀公司及物業管理公司，並提供貸款服務。此外，也并購了一家網路旅行社，服務客戶來看房。

一條龍的服務概念，人人皆可行。但沈衆將銷售置於中心，各種服務圍繞著銷售來運行。在他看來，其它服務可以承擔獲利較少，甚至無獲利，但必須提供銷售最大的支持。此外，服務的質量較高，吸引了客戶，也造就了公司向前的動力。

　　與許多地產公司一樣，由銷售起家的大基，也曾是典型的區域型地產公司。從經紀人、客戶到相關服務都是區域性的，但將重點置於投資型的房地產。但他發現，以投資型而言，很多客戶並非本地人。想要成功，市場必須擴展至全美，甚至全世界。但在同時，還要能提供各種服務。沈眾認為：這是很大的挑戰！

Merge 的行銷概念

　　"我們真正在奧蘭多脫穎而出，是在去年。當時有一個建築商的房子十分緊俏，緊俏到要靠抽籤來決定買家。他共只有20多個單位，但大約有500多人抽籤。因為我們是全國性的，所以共收集了400多個客戶。而當地所有20多家仲介商加起來，也不過100多人…結果所有的公司，一下子就都認識我們了，因為他們從來沒聽過這樣的作法…"回想起公司的成長，副總裁錢毅眉飛色舞地說明。

　　大基房地產目前在美國約有200家仲介公司與其協力銷售，將各地有意投資佛州地產的客戶，交給大基服務。建立在網絡合作的基礎上，錢毅認為這種模式改變了業界的生態。

　　"這就像是賣一種產品，但我們是批發，而各地的仲介，就像是零售商。我們認為與其與小公司競爭，把他們擠掉，不如大家一起合作，大家都有利益，這是一種merge的概念。"她強調。

　　她補充，過去大基也曾試著直接接觸外地客戶，但發現困難在於，客戶傾向信任本地的公司，而不願意相信一個外地的公司。於是改變作法，先建立區域的關係，透過在地仲介的協助，在當地尋找買家的模式。而因為信任，客戶考慮的過程也縮短許多。

雖然提昇了效率，但沈眾認為累積信譽沒有捷徑，而找到合適的仲介人是其中的關鍵。所以目前大基花費大量時間，在全美各地辦理說明會，先讓各地的經濟人瞭解制度、可能遇到的問題、如何解決以及利益的分享，最後完成全行銷的架構，將投資核心集中於佛州。

透過這種創新的行銷模式，房地產投資不再受區域的限制。投資者可以安心地與本地仲介往來，並同時得到大基在佛州的在地服務。此外，對開發商或是銷售者而言，這也是一套互蒙其利的作法。

沈眾說明"比如說你有一個200個單位的案子，一般可能需要半年才能賣完。但我說：我可以幫你在一星期內全賣掉，但必須付我一定的佣金，以及獨家銷售的權利。因為可以發揮批發商的價格優勢，以及市場保護，所以高額佣金可以由各地的仲介分享。而且因為是獨家，所以合作的仲介不需要擔心競爭的問題。"

新作法立即引發市場需求，錢毅回想2004年初來紐約辦說明會時，許多人不看好。40多個人來聽，但最後只有1個人願意去佛州看房子。但現在大基已經有200多個合作仲介，以及近3000名客戶。

"以一個的經濟人來說，如果順利，一年也許可以完成40筆交易，但不可能有300筆。但我們可以很輕鬆地達到1年2000個客戶。"沈眾補充。

"到今年到10月為止，成交量大約有3000多萬。這在紐約也許並不算多，但佛州的房價只有10幾萬，所以等於是300多筆案子，平均每天都有成交，相信這不是每家都做得到的。"錢毅強調。

另一個有趣的情形是，據沈眾介紹，目前大基的成員中，許多都是與他相同，因為看好公司的前景，所以放下原有的專業，投入房地產銷售的領域。其中，更不乏許多高學歷、高科技人員。也因為多數人都不是房地產出身，加入了各種不同的知識背景，也造就了公司的多元。

　　"我們是最年輕的公司，但花最短的時間，卻有最多的客戶。對於這個傳統的市場，也是一種衝擊。"錢毅認為。

　　錢毅以自己為例，對多維記者說明"我本身是生化博士，過去在醫學、藥學領域工作。我來美國已經15年了，第一個房子也供完了。說實話，我這幾年財產有機會積累，都是靠買賣房子。這不是我故意的，因為每次換工作，就要買賣房子。當我發現買賣房子的所得，占我所有積蓄近9成時，原本的工作，看來似乎就不再如此吸引我了。在考慮投資時，我正好帶小孩到迪士尼，看到那邊的房子大，還有游泳池，又便宜。而且佛州的房子都是按天出租，就算自己不住，每個月的租金扣掉貸款，足足有餘，就像做生意。"

　　她分析現在許多投資者在中國、美國投資房市的利潤都已經拿到了，需要下一個投資目標。但拿到錢之後，她勸投資者不要再買上百萬的房子。因為雖然一定會漲，但有多少人能買的起？如果化整為零，投資幾個30萬的房子，結果就不一樣了。每個房子漲10萬，出售的機會要大的多，而且不需要同時賣，也分散了風險。

　　對於佛州市場，錢毅認為由於人口持續湧入，目前仍是求大於供。雖然近期的颶風，對投資人產生不利的印象。但事實上颶風只對保險公司不利，對房市反而是良性的刺激。因為被颶風破壞的，多半是老房子。而從保險公司拿到錢後，可以買新房子。這又造成勞工及材料的緊缺，刺激房價上升。

"部分房價受天災所挫是事實，但對一個投資者而言，懂得逢低買進，才是正確的觀念！"她樂觀地說。

　　在訪談過程中，公司成員對投資的熱誠，讓多維記者產生深刻的印象。也許這正如"大基"的英文名稱"Dobty"，原意是"Dollars Belong To You"。

攜大自然禮物
飛遍美國的華人

——專訪野花牌綠蜂膠

北美亞太地區總代理李江南

多維記者 林紫喬

"我來到加拿大6年多了，20多歲時就把自己的北美夢實現完了。有很好的車子，很好的房子，可以度假旅遊，把父母的生活都安排的很舒適。己立立人，己達達人。這時候我就在想，自己要開始做一些更有意義的事情。"野花牌綠蜂膠(Apiario Silvestre Green Propolis)北美亞太地區總代理商、加拿大皇家天然品有限公司戰略營銷高級副總裁李江南如是說。

蜂膠，被科學家喻爲"最完美的天然廣譜抗生物質"、"天然免疫增強劑"、"血管清道夫"、"糖尿病患者的保護神"、"抗癌防癌之寶"、"保肝護肝必備品"等等，近二十年來經由現代醫學臨床實踐證明，是極具保健效力的天然產品。長期服用蜂膠對癌症、高血壓、心臟病、腦血栓、動脈硬化、前列腺炎、肝炎、重症流感、白血病等患者有著顯著的醫療作用，也對預防和治療糖尿病、血管系統幷發症及視網膜病變有特殊療效。

"不過蜂膠十分稀有，全球每年產量僅占黃金產量的1/12，一般來說在采膠季節，每群蜂（5至6萬隻蜜蜂）每日只能生產蜂膠0.2克左右。"李江南解釋。全球的蜂膠當中，又以巴西米納斯及聖保羅州交界處的原始森林中限量出產的"野花牌綠蜂膠"，被公認爲蜂膠中的極品。

IT出身的李江南，如何帶著來自巴西原始森林的傳奇，用大自然帶給人類最珍貴的禮物，幫助北美與亞太地區的病患，提供他們另一輔助和替代療法，幷且創造出15%的持續單月銷售成長率？李江南說，在誠信基礎上的奮力拼搏是唯一的方式。

摸著石頭過河的移民路

李江南1997年從南京大學計算機系畢業，從中國來到加拿大，從一名科技人走入保健品領域，他笑稱這是一段摸著石頭過河、卻也踏踏實實的路程。

"南京大學是一所非常優秀的學校，我把握很多鍛煉的機會。像是一年級的時候喜歡唱歌嘛，參加比賽，結果拿了南京大學的十大歌星賽第一名。"李江南笑著對多維說，"因爲我做事情很認真執著，唱歌別人只是唱著玩，那次比賽我一首歌練了兩百遍、三百遍。"

"過去我知道我很內向，所以做什麼事情都勤奮一點，做任何事都很踏實很嚴格。又譬如二年級在學校參加辯論賽，拿到了南京大學辯論賽冠軍，隨後又拿到了南京市大學生辯論賽的冠軍。"回憶大學生活，李江南認爲就是這四年的紮實鍛煉，爲未來奠定了堅固的基礎。

大學畢業後，正好是加拿大移民政策廣開大門的時期，也就在這段期間，李江南在國內積極準備證書考試，微軟、Novell、Cisco、IBM、Sun…算下來一共考取20多張計算機專業證書。"當時大學畢業後出國前的一年，狀態特別好，學習考試過目不忘，因為可能是面對今後舉目無親在加拿大闖蕩的壓力，也同時為心目中的美好明天吧，我是一個理想主義者。不過究竟移民能否辦成，移民加拿大又是怎麼一回事，因為政策開放不久，清楚的人并不多，但我始終抱著積極的心態。那時候剛畢業很年輕，中間遇到無數困難，也都盡力克服，因為我無路可逃。"他說。

1999年初，李江南順利移民加拿大，當時正值IT行業發展迅速的時期，來加拿大一個多月後，李江南就在一家IT Startup公司開始了第一份工作。一年後，這家公司在那斯達克與多倫多證券交易所相續上市，李江南也因為工作能力極其突出，被提升為客戶技術服務部門經理。

2003年，李江南又進入加拿大安大略省政府，服務于房地產管理局，從事一份全職的技術管理工作。"現在強調電子政府化，我擔任項目經理，做的也是IT方面的事務。譬如房產資訊、道路資訊、藍圖查詢，現在皆全面電子化了。"李江南解釋。

身兼二職有如空中飛人

在安省政府工作的李江南，會投入巴西綠蜂膠第一品牌"野花牌"的代理與推廣事業，其中是有一段淵源的。李江南笑說，"投入這個行業，國內的說法叫做下海嘛！這個產品是我三年前接觸到的，當時有個朋友很瞭解我的性格與為人，便舉薦我參與了這件事。"

"當時廠商想進入北美的市場，我參與之後便提出一些思路、設想、以及具體的操作方式，隨後加入加拿大皇家天然品公司，自己也從事很多執行的工作，從最基層送貨幹起。兩三年來在我的參與指導之下，這個事業發展得很迅速，目前產品在加拿大多倫多、溫哥華、蒙特利爾、渥太華等以及美國的加州，德州，美東等地華人市場都銷售的非常好，知名度與社會信譽度也很優良。"

事實上，野花牌綠蜂膠是公認的巴西蜂膠第一品牌，創立於1982年。野花牌在世界最大的蜂膠消費國日本亦有20多年的歷史，日本市場98%的蜂膠產品都是自巴西進口，而"野花牌"的綠蜂膠更在其中佔有50%以上的市場份額。

作為北美及亞太地區唯一的總代理商，李江南不諱言，同時兼顧政府工作與蜂膠事業，過程相當的辛苦。雖然工作辛苦，但李江南對於每個環節卻絲毫不馬虎，事業做得很有章法。他在推廣野花牌綠蜂膠之初，連一份廣告都沒做，而是花了一整年的時間，聘請許多醫生、診所、及專家進行臨床觀察和實驗室實驗，論證野花牌綠蜂膠產品的效果究竟如何。

"論證下來的結果，證明一年的時間并沒有浪費，研究證實野花牌綠蜂膠確實是對健康極有功效的產品。"李江南帶著他特有的坦誠的微笑說道。

他說，接觸野花牌綠蜂膠三年以來，自己也保持使用的習慣。雖然由於年紀還輕，身體狀況相當健康，但是體力精神各方面的提升，仍讓他明顯感覺到綠蜂膠的好處。"去年一整年包括週末在內，我平均每天只睡六個小時，但感覺精力還是夠用。"李江南說。

為了野花牌綠蜂膠事業，過去兩年李江南利用週末和休假時間把美國親自跑遍了，包括西岸各大城市如洛杉磯、舊金山、矽穀、拉斯維加斯、西雅圖，還有中部達拉斯、休士頓、芝加哥、底特律等，以及美東紐約、新澤西、大華府地區等。平時還要上班的他，必須趁週末加上稍微請點假，往返奔波。遠一些還跑到香港、北京和巴西去，他笑稱自己成了"空中飛人"，並具有"跨全球迅速機動作戰和快速反應能力"。

陪同李江南采訪的父親則補充道，"我們Alan很有激情，他爲了與公司的醫學專家討論臨床成果，今年五月份可以一口氣從多倫多開14個小時的車，聽著美國鄉村音樂，前往南部田納西州Nashville，和醫學專家組開一整天的會之後，連夜又開車14個小時回加拿大。報紙上的每一篇文章，他也親自審查內容，每天從晚上忙到深夜，第二天一早又精神抖擻地去政府上班。"

聽到父親這麼說，李江南點頭附和，"湖海洗我胸襟，河山飄我影蹤。這幾年真的非常辛苦，但我想這樣的創業過程，我一生只要這麼一次，多了就吃不消了，哈哈！"

錢就是客戶的選票

從三年前一份廣告都不做，到成爲目前加拿大華人保健品市場廣告第一大戶和保健品最熱銷的品牌，李江南說這麼做，是爲了好產品能讓更多人能夠知道，"即便是知名品牌，如可口可樂和IBM，仍需要打大量廣告來保持領導者地位。"他笑著比喻。

然而支持李江南投入更多推廣活動的，卻是他對野花牌綠蜂膠堅實的信心。他告訴多維，"從臨床的角度探討，野花牌綠蜂膠實實在在地幫助了很多人。蜂膠有幾大功效，例如降低血糖、預防與治療糖尿病及各種幷發症，還有對癌症放療化療之後的輔助治療，消除放療化療引起的副作用，抑制癌細胞生長等，效果相當顯著。美國NIH，NCI等關於蜂膠的全部幾百篇英文論文原文，我都深讀過。"

事實上根據醫學的研究，綠蜂膠對於肝癌、肺癌等癌症末期的病患，亦提供很好的功效。李江南說，就在前些日子，有個臺灣朋友特地打電話道謝，原來這個朋友的父親是肝癌末期，使用野花牌綠蜂膠兩年多，八月份離世時，走的時候心臟搏動以及其他臟器都非常好，思維也很清晰，相較於許多人在癌症末期時必須打大量嗎啡和受著極大的病痛折磨，這個朋友說他父親走的相當安祥。

李江南也積極贊助各種研究或社區公益活動，例如多倫多大學，多倫多養老中心、醫學研究中心、糖尿病及抗腫瘤的機構等。今年六月得到美國國立癌症研究院（NCI）100多萬美金研究經費的北卡大學，目前正致力研究巴西綠蜂膠對抗腫瘤的情況，包括對放化療副作用的消除和治療的直接功效，皇家天然品公司亦開始與其進行交流與合作。

"以前時常強調雙贏，但現在我們講要多贏。生產廠商要有所盈利與發展，經銷商也要有盈利，同時有信譽，提供好的服務才能做得長久。但這個鏈條的最後一環就是客戶，必須讓客戶買到最優異品質的產品，獲得最良好的服務，企業才能長期生存發展壯大下去，建立良性循環。我理解客戶在選擇產品的時候，事實上錢就是他們手中的選票，我相信每一個客戶都會很慎重地投他們的選票的。"

強調多贏的李江南，去年到今年的一整年間，野花牌綠蜂膠的單月成長率，皆超越15%以上，這從事實層面證實了產品的良好品質和企業戰略的有效性。

企業思維觸類旁通

李江南分析北美的保健品市場，他表示，其競爭可謂非常慘烈，淘汰率也很高，只要打開當地報紙就能明顯地感覺到。

"譬如說一年前的保健品廣告，許多現在可能已經消失了，一般來說第一到第二年，會是一個產品的門檻。像北美這個市場，啓動比較慢，對於誠信的要求很高，必須踏踏實實地提供產品與服務。"他說。

李江南估計，北美市場保健品的淘汰率在50%以上，而當地的保健品又以肝病、心臟病、心腦血管、減肥、降脂、抗癌、糖尿病等常見疾病多發病爲主，這是因爲北美華人人口基數不多的原因。

他認爲，在中國人口很多的情況下，廣告效果是很明顯的，哪怕是沒有信譽和品質的產品，所有人吃一次，它的收穫也很可觀，這造成了很多企業行爲短期化；但北美市場的特點是，產品很多，客戶很少，因爲人口不多，圈子小，產品資訊傳遞起來很快速。"因此誠信和用戶的口碑非常重要，當今中國出了一大批年輕優秀的企業家，有熱情有能力，但更重要的共同點是要有誠信。"李江南再次強調。

基於日益激烈的競爭與拼殺，以及價格較爲混亂的市場現況，野花牌系列產品的定位，始終確定在最高品質和最優良服務上。

"我堅持在市場中打出品牌，而不是一種蜂膠產品搞出很多濃度系列，讓客戶感到困惑，究竟是吃濃度高的好，還是低的好？野花牌綠蜂膠在市面上的只有一種最高濃度（84%）。我們不打、事實上也無法打價格戰，因爲我們在巴西數千平米的正規生產車間全按國際藥品行業生產規範GMP認證通過，產品有巴西聯邦政府合法的出口檢驗證書，在美國也通過FDA嚴格的註冊審批和進口檢驗，因此我們無法與不合格產品或水貨競爭價格。"

李江南笑著說，幾年前他圖便宜買過水貨手機，後來用了幾天不好用就扔了，但是水貨的保健品造成後果可能就嚴重多了。他認為，野花品牌有責任和義務確保客戶服用安全有效的綠蜂膠，獲得健康。"既然野花牌是一個真正的名牌，我們不需要做低檔次的產品，我們相信市場絕對有這樣的承受能力。市場并不缺錢，它缺的是好產品，與好的服務。"

2000年到2002年間，在多倫多大學攻讀電信與計算機管理碩士的李江南笑稱，他對品牌也一直是用心學習的，菲力浦．科特勒的市場營銷和品牌管理經典著作通讀了無數遍。而且管理中許多理論都是相通的，如何把一個計算機的渠道、銷售、與市場品牌做好，這都可以觸類旁通地應用到保健品領域和理念上，因爲同樣"一切以人爲本"。

"這麼多年來，我雖然是學技術的，但是對於經濟學、管理學、市場營銷、人力資源、MBA課程、以及現代企業的思維方式，我都很用心去學習，去積累，并且努力做一些踏踏實實的事。目前市場和新老客戶們給我們的良好反饋，讓我很感動，也更加充滿信心與豪情，讓我知道自己雖然很年輕，但爲自己選擇的做人做事的方式是正確的。"他微笑地說。

帶著愛心生產製造

訪談的過程中，李江南不下十次地強調"踏踏實實"的概念。遠在巴西聖保羅市，生產野花牌綠蜂膠的廠商巴西野花蜂業國際在這一點上，雙方可說是共識與默契十足。

巴西野花公司成立於1982年，是世界上最早致力於蜂膠產品研究開發與生產的公司。當時蜂膠產品真正的應用剛剛開始，尚未形成產業化。23年間，野花公司與各國生物學家和醫學家緊密合作，持續爲世界的蜂膠科研機構提供頂級的巴西綠蜂膠以茲研究。

同時野花公司不斷將科學家的科研成果產業化，優化新的蜂膠萃取生產方法和工藝，在公司首席科學家，巴西國家蜂膠重點實驗室權威，聖保羅大學食品科學碩士，生物學和昆蟲學博士Dr. Esther Margarida的領導下，在巴西業界第一家推出高濃度高純度超臨界無酒精綠蜂膠萃取方案，並開發出各種具有良好療效的綠蜂膠產品。不斷領先與創新，讓野花牌始終成為業界的領導者。

　　十幾年前，巴西野花公司的總裁Mr. Fabio來到紐約，當他看到某個品牌的維他命包裝上，印有一行字：帶著愛心製造，他覺得特別感動。李江南告訴多維，"Fabio常說，現在他和我所做的綠蜂膠事業，也正是這樣的一件事情。因此我們在產品的包裝上，用英文寫了我們的共同理念'there is no substitute for quality, manufactured with love.'（品質沒有任何替代品，帶著愛心生產製造。）"

　　說起這位同時有著德意志和義大利血統的巴西合作夥伴，李江南充滿讚許，"他就是這樣實實在在地領導整個工廠，在國際市場上打出品牌。而且從不因為產品做出名氣來了，生產時候就偷工減料。整個團隊帶著一種關愛與合諧、懷著能夠幫助別人的心情，踏實地生產最高品質的綠蜂膠，幫助這個地球上更多需要幫助的人們。"

　　他還透露，Fabio很欣賞中國的老子與莊子，在巴西他雖然是最著名企業家，卻也常看英文版的道德經，講求保持一顆平靜無為的心。"他在巴西非常有名望，也非常有錢，但他覺得世界上有許多的戰爭、自然災害、疾病，還有很多政客腐敗與醜惡的嘴臉，很多情況下完全沒有正義可言。因此他說，他只是希望作為一個善良的人，盡一點微薄的能力，用自己的產品幫助更多的人和家庭，讓人類少一些痛苦，讓家庭多一些健康。此外，他的工廠有不少員工都跟他一起幹了二十多年時間，他希望把他的產品生產更好一些，讓他的員工們可以過舒適安定一些的生活。我覺得他這樣身份的人，對生活的要求其實比我從前想像的要簡單多了，這其實就是一種做人的最高境界吧。海納百川，有容乃大。壁立千仞，無欲則剛。"李江南若有所思地說著。

3 到5年掛牌上市

　　三年前，從一個北美沒人知道的品牌，到現在在北美每週90萬人次以上的廣告能見度，李江南覺得這樣還不足夠，明年他計劃辭去政府職務，全力投入野花牌綠蜂膠的發展事業。

　　"下海一方面是年輕人在事業上要有所追求，找到自己的定位與成就感，另一方面也是一個造福人類的事業。"李江南告訴多維，"像是晚期癌症客戶，若因為我們的產品能幫助他們延長一些生命，讓癌細胞發展緩慢一點，讓病人減少一些痛苦，這都讓我和我們的團隊感到很安慰。但我也要強調，這產品不是萬靈丹，我們應該對它有合理預期與理解。從藥理學及生理學上，我們公司投入了大量的研究經費，確實地起到了很好的結果，減少病人的痛苦。而且我們的產品宣傳也有嚴格的道德底綫，全部都是基於臨床事實和現代醫學研究的基礎上，而不會編造、過度宣傳和誤導我們的客戶。我們野花團隊所有成員完全是在用自己的責任心和道德感去做一項有意義的事業。優秀的產品加上良好的服務，從而帶來公司的長足和迅速的發展，這是當今時代的商業公理和遊戲規則。"

　　事實上在美國主流社會，癌症患者使用草藥或其他天然健康品作爲輔助治療者，高達85%以上，也就是說除了放療化療之外，他們亦希望能找到一些替代又有效的治療方式。

對于未來，李江南已經描繪了一張藍圖。目前該公司已積極與許多合作對象洽談，討論進一步加強研發、宣傳與銷售的力度，幷且計劃利用3到5年的時間，讓公司在多倫多證券交易所TSX掛牌上市。

加拿大皇家天然品公司從多倫多起步，其後進入美國地區，目前更在中國、臺灣、香港、東南亞等地都已布好銷售網絡。李江南說，將野花牌打造成國際性的健康事業與品牌，是公司致力進行的長遠目標。此外，公司的銷售對象目前雖以華人爲主，但在加拿大地區，野花牌綠蜂膠產品早已經推廣到其他各族裔，下一步融資後就會開始對主流市場投入更多的努力。

對于自我的深造，李江南也沒有稍加鬆懈，他計劃明年九月份攻讀多倫多大學的執行MBA。之前就曾利用業餘時間修習碩士的他，早已知道兼顧課業與事業的辛苦。他回憶說，"那時總是利用夜晚或週末的時間念書做論文，但是做人總要懷著熱情與活力，而且我希望自己能自我實現自身的價值。心如明鏡台，無處染塵埃。簡簡單單，坦誠地做一個好人，做一些好事，我希望這樣就會有好運的到來，也無愧于自己的青春和一生！"

"人生多大的成功才叫做成功？其實沒有一定的定論。名和利又算得上什麼呢？過眼雲煙。但是哪怕你就是一個普普通通的人，懷著很善良的心，去幫助別人，每天能生活在很坦然的心境當中，這樣的每一天都會是生命中很有意義的一天。我這樣要求自己，也很尊敬這樣的人，所以肝膽相照的朋友很多。"李江南訴說著自己的人生哲學，"我從小開始看了太多的書，名人或企業家的自傳尤其多。當自己去回顧這些人類中最傑出最優秀者的一生，看別人20歲在做什麼，30歲在做什麼，40歲在做什麼，以及當他們走到人生的盡頭時，對自己的子女說了什麼樣的話，是怎麼去思考的，去理解生活的⋯

我把自己融入這樣一個角色裏，經由很多人的經驗，就可以很自然體會到人生的意義在何方。明確了人生的意義和使命，無論風風雨雨，順流逆流，矢志不渝地向目標前行，因為兩點之間直綫最短！"

許多朋友都說李江南的思想與年齡不太相符，他自己則笑著說，"從前很年輕，自己和父母都很健康，很多事情還不能體會，常常以為自己永遠都不會老，就像劉德華唱的，'曾經年少愛追夢，一心只想往前飛，行遍千山和萬水，一路走來不能回'，哈哈。但現在年紀漸長，三十而立，平時總喜歡多看多思考，通過工作接觸很多病人與年邁之人，許多想法自然更加深刻實際了。"

李江南知道，他在推動全人類健康事業的這條路上，不僅僅是摸著石頭過河了，因為他已經找到全速前進的方向。

捕捉永恆的喜悅

——專訪真愛一生婚紗攝影負責人趙原

多維記者 呂賢修

"走進主流市場！"似乎是越來越多的華人商家，在面臨同業削價競爭時，不約而同會興起的念頭。2005年10月，曼哈頓百老匯與204街口，掛起了淡紫色的招牌"True Love"（真愛一生），也象徵著華人婚紗攝影跨入了一個新領域。

誘因不足，人才難覓

在"真愛一生"負責人趙原的眼中，攝影是一門藝術，公司要成長，只有追求品質。然而，華人商界普遍"薄利多銷"的風氣，卻讓他感覺是在開倒車。與10年前相比，婚紗攝影"一條龍"服務的市場價格，已經從3600元一路下降至目前的2300元。

"大家都喜歡完美的事物，不是嗎？為什麼要在自己一生最重要的事上退讓呢？"他不解。

出生於台灣，趙原在1992年來到美國。剛來紐約時，為求餬口，他曾在餐館批發公司當搬貨工。但因自年少便喜歡攝影及暗房技術，很快地，他找到自己未來的定位。他先在曼哈頓中城，為一家快速沖印工廠沖洗照片。然後到法拉盛的百合花相館，負責相片沖印。

回想當時，法拉盛只有2家婚紗相館。而位在故鄉台菜旁的"百合花"，便是其中一家，他因此有機會接觸到婚紗攝影這個領域。與台灣相較，他發現當時紐約華人圈的婚紗攝影相當簡陋。商家主要經營相片沖印，順便做一些簡單的婚紗攝影。風格上一成不變，設備、服裝也都相對落後。他相信這對自己是一個機會。

1994年，地點在38大道，趙原與友人合資開設自己的婚紗攝影店，"望家"。他表示，由於引進許多新風格、新想法，並且堅持品質。與自己的預期相符，開業之後，生意一直很好。他也很快地在異鄉一圓老闆夢。

然而，夢醒得很快。現在回想起來，似乎仍有許多感慨。自喻"年少輕狂"，不久後，他便把自己的店給輸在牌桌上了。

1996年，趙原離開了自己熟悉的環境，選擇來到華埠。還是做老本行，他在老字號的"花嫁婚紗"擔任攝影師。回憶當時，華埠大概有花嫁、新娘之家、家園等，大約3至4家婚紗相館，主要以廣東人經營為主，都是老字號。以新娘之家為例，當時已有10幾年的歷史。至於攝影師，許多都是報社的攝影記者，及業餘的攝影愛好者，利用空閒時兼差。在他看來，缺乏誘因是主要因素，不論是攝影師的待遇，或是拍攝一組作品的價格，中外相差超過1倍，因此很少有人願意更進一步地鑽研這個領域。而一直到現在，他認為缺乏人才投入，還是同業追求進步的隱憂。

價格戰成為主流

　　人像攝影，講求風格。因為喜歡創新，很快地，趙原在一年多的時間內，累積了許多客戶的口碑。更重要的，因為工作，他學會了廣東話。他認為，做這個行業，語言是一項利器。而學好了廣東話，他可以更了解廣東人的習俗，知道他們想要什麼。

　　習慣在拍照時與客人閒話家常，營造輕鬆的氣氛。他覺得"一個攝影師，如果不能讓客人感覺舒服、自然，一定拍不出好作品。"

　　熟悉了華埠的環境及市場，趙原創業的慾望再度再度興起。他發現當時華埠的市場不但大，而且競爭不算激烈，客人對於品質的要求也不算太高，每一家的生意都很好。1997年，他東山再起，在包厘街上掛起了淡紫色的招牌，開了自己的第一家"真愛"。

　　攝影依然是競爭的核心，他引進台灣的新觀念，強調風格自然、清新，打破一定要擺某些姿勢拍照的傳統，加上燈光的創新，吸引了許多年輕人。很快地，"真愛"便在老字號林立的華埠站穩了腳步。

　　1997到2002年，在趙原看來是事業的平穩發展期。然而，2002年開始，華埠陸續多了4、5家新對手，與其它行業的後來者一樣，講求薄利多銷的經營模式，市場也因此引發一場價格戰。他分析，與97年相比，市場原本3600元一套的服務，現在已經跌到2300元。趙原承認，因為堅持不在品質上讓步的個性，成本難以降低，自己在當時受到很大的挫敗。

競爭失利，危機感油然而生。他評估華埠市場已不如往昔，加上在911之後，法拉盛的開發腳步急起直追，他決定將事業主力轉回法拉盛。

曾經在法拉盛創業，也失去一切。重回法拉盛，趙原似乎有著許多感慨，"我到美國的第一天，就是到法拉盛。14年後，今天的感受真的完全不同。相信再過10年，這裡還會更繁榮。"

回到法拉盛後，他選擇當時新地標之一的法拉盛購物中心，租下2樓整層的店面，想要打造華人圈最大的婚紗攝影中心。不久，一面面淡紫色的招牌再度被懸起。而看著新店一天天成型，心中本當有著許多期待。但他沒想到，另一次挫折就在眼前。

也許是好勝心作祟，趙原回憶，自己放太多的心思在市場上，但卻忽略了當時攝影技術正處在一個由傳統轉入數位的關鍵點。新店開張後，他投資一批20餘萬元的全新沖照設備，打算利用華埠店面位於曼哈頓的地利優勢，野心勃勃地想成立一家照片沖洗中心。然而，在同行已逐漸轉向數位沖印的同時，他卻選擇了傳統的器材。

"這是完全錯誤的決定…"他感慨。然而，在關鍵點投資失利，並未讓他舉躊不前。2005年，他大膽地買下一套價值40餘萬的最新沖印設備，成立一間全數位化的後期製作中心。這點，與同業目前一般並不負責照片沖印，而是將後期的沖印及相本製作，全外包到中國，利用當地低廉的人工，在美國進行價格戰的作法，完全不相同。

對於這項大膽的投資，他分析，目前業界仍普遍使用噴墨方式輸出數位照片，但品質與真正的相紙沖印相比，仍然有一段距離。而自己投資的設備，率先採用雷射感光技術，因為使用的是相紙，不但可以保存百年，而且有與相紙同等豐富的細膩感。

雖然科技的變化，一日千里。但他認為，數位相機雖然一直在變，但在解析度上，目前可說已經到了成熟期，可以捕捉與傳統底片幾乎相等的細節。至於更高的解析度，則已經超出人眼能夠辨別的層次。全數位化之後，前期及中期可以發揮數位攝影的優勢，後期製作速度快，節約人力及原料成本，又可以保留傳統感光相紙的優點。因此，他敢打包票，商業攝影，將來一定是數位的天下。

技術與科技保證品質

"這是目前全世界最好的沖印機，只有好器材，才能產生好品質…"在趙原看來，科技與技術，是品質的不二保證。而談到這，他也似乎有聊不完的話題。

他回憶近2年來，攝影界正處於傳統與數位的磨合期。而自己也在其中不斷試驗、學習。不可諱言，他也有很長一段時間無法適應。經常是手裡的相機，拿起來一樣，但拍出來的結果卻和原先想的不一樣。從相機的操作，到專業改色，器材要變，觀念要變，員工也要再訓練。目的，仍然是為了更好的品質。

"一個傳統的攝影師，如果不願意在這方面學習，遲早會被淘汰。"他認為。

比較兩者，趙原舉例，在光線及色溫上，數位攝影更講究。傳統底片有寬容度，如果曝光過度，事後在沖洗時可以修正。但數位攝影，拍壞了就無法挽回。而在修片時，傳統底片最多在事後加上柔焦，可以說只要拍得好，沖出來就漂亮。但數位相片則必須經過處理才好看。此外，傳統攝影，就算只有1個人，都可以包辦一切，拍出好照片。但因為牽涉到後期設計，數位攝影需要更多分工。

除了設備，"真愛"還有一項獨家競爭利器，結婚當日的全程紀錄。趙原說明，這是由服務西方客戶時所累積出的經驗。不像華人偏好唯美的影樓及外影，卻忽略了結婚當天的真實感動。西方人不喜歡在攝影棚內拍攝一組組僵硬的結婚照，而喜歡婚禮當天臨場的Candyshot。但如何捕捉感人的剎那，比如說接吻、目光，或是新人及家屬的情緒，以及婚禮氣氛的變化。這不是每個攝影師都能做到的，也不是在棚內可以發生的。

捕捉情緒，需要大量的拍攝。這點，數位相機有很大的優勢。他解釋，以往通常以底片張數計價，婚禮當天只拍300張。但採用數位拍攝後，則完全沒有限制，現在可以在婚禮中拍攝1千張以上的相片。這不但改變了攝影模式，也加速了這項商品的推廣，可以單獨製作出一本有紀念意義的相簿，客人對此的接受度也很高。

數位攝影，除了讓攝影師有更多的資源捕捉自然的照片，在後期沖印及相本的製作環節，也可以有更大的設計空間。趙原強調，目前許多同業將相本設計製作外包大陸，雖然利潤增加了，但缺點也伴隨而來，尤其是在品質控管方面。但"真愛"則是從頭到尾包辦。

因為對品質的堅持，趙原認為自己沒有辦法在價格上退讓。" 大家都喜歡完美的事物，不是嗎？為什麼要在自己一生最重要的事上讓步呢？"他不解。

定位新市場

大膽投資新設備，趙原想完成自己的美夢，一家全數位後製作中心。在他的計畫中，後製作中心除了負責自己公司的照片沖印，也對外營業。以高級設備，但相對較低的價格，吸引主流市場。為求效率，在在管理上，他選擇將沖印中心與婚紗店分開經營。

"你要喝牛奶，何必一定要養一頭牛？"他打趣地比喻。

由於華人市場日趨飽和，2005年10月，趙原進一步跨入主流市場，他與拉丁裔友人合作，在百老匯及204街口，開了第3家"真愛"。

過去在服務拉丁族裔時，他發現該族裔婚紗攝影的品質，較華人落後至少5年，但價位卻比華人高。而拉丁裔的消費觀念及能力，也讓他印象深刻。他認為，拉丁裔對於婚禮十分重視，認為這一天就是應該花大錢。此外，女孩16歲時的成年禮派對（Sweet 16），也習慣請攝影師拍照留念。他覺得這個市場潛力很大，尤其是自己所定位的拉丁裔中上階層客源。

對於這行，趙原認為，婚紗攝影，其實利潤不高。從下訂單、拍照時化妝、髮型、選服裝、試裝、換裝、結婚當天拍照、事後挑照片、沖印、到完成相本，整個服務期經常會長達近1年。全套服務下來，利潤經常只有2百到4百元，等於只有15％的利潤。看起來不錯，但因為涉及太多細節，不單單只是買賣。所以與其求量，不如求質，這與傳統華人做生意的方式，可能不大相同。

而以一般淡旺季而言，法拉盛的旺季，與美國普遍的情形相同。每年大約從5月，天氣轉暖後開始，一直到12月。而在華埠，除了每年2月的春節，以及4月的清明生意較淡，基本上都是旺季。

與其它服務業一樣，婚紗攝影需要不斷求變。不單是技術、設備，比如新娘造型、禮服，每年都要跟著流行走。而目前流行的全套服務，包含棚內拍照、外景拍照、新郎、新娘、伴郎、伴娘的化妝，髮型及服裝，甚至到花童、花女與雙方主婚人的服裝，加上結婚當天的花車、拍照及錄影，牽涉到很多不同的行業，也需要請很多人。

要求要高，品質要精，趙原認為是這行的原則。對於未來，他計畫一步步拓展非華人市場，在紐約選更多的點，試著多開發幾家"真愛"。

參加過無數次的婚禮，與新人分享喜悅。他認為這也是工作中無形的收穫。而如果把工作比擬為樂趣，他相信"我就是喜歡把照片拍好，看到成果讓客戶滿意，就是我的樂趣。同樣的，按下快門的剎那，知道自己捕抓到了一些東西，就是最大的成就感！"

我在美國當老板

雙手捧出9千新生命

——專訪婦產科醫師施純泰

多維記者　林紫喬

"從醫以來，我接生過8、9千個嬰兒，病歷累積四萬份，許多小鎮的人口大約就是這個數目，可以說我醫診過的病人及接生過的嬰兒，能夠組成一個城鎮了！"婦產科醫生施純泰對記者笑著說。

事實上，施純泰醫生更曾為他所接生的人再接生他們的下一代。這名來自菲律賓的華僑，就這樣以26年的時間，見證了將近9千個新生命的喜悅及四萬個婦女病患的支持，而他所行醫的診所，是現今紐約規模最大的華人婦產科中心。

不黯廣東話 立足唐人街

"我從小生長在菲律賓，家裡有九個兄弟姐妹，只有我對醫學有興趣，原來我父親並不同意我離開菲律賓，因為老人家都希望孩子住在身

邊，但因對醫學有濃厚的興趣及行醫的目標，我堅持前往美國進一步深造。"出身於大家族的施純泰醫生回憶學醫的點滴，他記得當他臨行前，父親只告訴他：記住你是中國人，不可以到了美國就變成了美國人，你一定要不斷幫助當地的中國人！

　　帶著父親的訓勉和自己的信心，施純泰醫生就這樣隻身一人到了人生地不熟的紐約來，艱苦、貧困的行醫之路就這樣開始了。他告訴記者，一開始他在紐約布碌崙，布朗士等多家醫院做過駐院醫生，從外科、內科到手術科，他廢寢忘食的專注於整個醫科上。終於在1977年，他獲得美國紐約州正式行醫執照。1980年，他打算在唐人街自設診所，他笑著回憶著告訴記者："一開始靠自己創業都是比較難，特別是他又不會說廣東話，因此當時許多同業或朋友都質疑，連廣東話都說不好的施純泰，怎麼能在唐人街開設婦產科診所。但是我相信以純熟的技術、誠實的醫德，以及我父親所說的一顆幫助人的心，仍然可以立足於唐人街！而且，語言絕不會成為我行醫的障礙。"

誠實是行醫的唯一準則

　　一口不甚標準的廣東話，不僅沒有成為施純泰醫生服務華人的阻礙，他的醫術更經過口耳相傳，吸引許多外州人士前往尋求治療。施純泰醫生細數自己的病人，有的來自波士頓、有的來自卡羅萊納州、更有遠從佛羅里達來的，此時他的太太忍不住開口告訴記者，"很久以前我們尚未結婚的時候，有回我在舊金山的姊姊家中，詢問附近是否有較好的婦科醫生，沒想到遠在西岸的姊姊的朋友竟然回答，在我們這看婦產科？妳還不如回紐約去找施醫生吧！"

　　施純泰醫生成為極具公信力的婦產科醫生，除了經驗、技術、與齊全的項目及設施，他認為誠實才是最重要的因素。譬如時常有病人在某些不合理的情況下，如懷孕初期便想請產假，或是懷孕八個月卻想坐長途飛機…等，向施純泰醫生提出開立證明的要求，甚至以若不答應便轉往別的醫生作為要脅，施純泰醫生告訴記者，"每次碰到這種情況，我總說你想轉就轉吧，我也沒辦法！因為這些證明不應該是一個循規蹈矩的醫生可以開的，我實在無法幫他們作到這些無理的要求。"只是這些口中嚷著要轉出去的病患，每當身體真正遇到狀況的時候，還是會去找不幫他們開醫生證明的施純泰醫生。

"很多事情應該怎麼做，就要照規矩做。譬如取出子宮環這種小程序，美國所製造的多半附有線頭，十分好取，有的醫生卻收費350元，但就這麼一下功夫便可做好的事情，我真的不明白為何要收這麼多費用。"施純泰醫生笑著說，他取出美國製造的子宮環只收5元，結果有病人不敢相信這個價格，還誤以為他是無牌的醫生。

"然而大陸製造的子宮環因為沒有線頭，許多更是留在體內多年，已粘黏著子宮內壁，取出的難度大為增加，情況自然又另當別論。"他解釋，"這種狀況美國醫生多半無法處理，我就曾在醫學期刊上，看見某位醫師發表一篇文章，題為永遠不能忘記的事情，寫著他幫病人取出子宮環的經驗，而這個子宮環我大概取過幾千枚，哈哈！"

最危急的情況仍不放棄

對於施純泰醫生來說，三年前為一名高齡產婦接生時所面臨的危急狀況，才是他永遠不能忘懷的事。他回憶，該婦女因為年紀較大無法懷孕，因此採取試管嬰兒的方式受孕，懷孕期間皆由施純泰醫生負責檢查與照護，然而就在即將生產的時候，產婦發生胎盤前傾的狀況，必須立即進行剖腹生產，產婦在生產過程中大出血，並兩度面臨生命的危險，當時情況非常的危急，孕婦出現血流不止，而且因血小板問題，鮮血洶湧流出不能凝固，在施純泰醫生連夜超過十小時緊急搶救後，此孕婦終於猶如死過翻生般的救了回來，媽媽及一對可愛的雙胞胎一切平安，我記得第一次搶救直到當晚十點多，這名孕婦的情況才穩定。

"我11點半回到家，以為她已經沒事了，但不到半小時醫院便緊急來電，告訴我那名產婦再度出血！"施純泰醫生立刻趕回醫院，但醫院半夜只剩幾位實習及住院醫生，而產婦已進入休克狀態，連一名外科醫生查看之後，都認為她已經沒有呼吸了，只有施純泰醫生仍不放棄搶救，他在手術室中經歷了一整夜，直到早晨尚未出來，而他自己的診所人員皆無法與他聯繫上，這前所未有的情況讓所有人都相當擔心，整間診所便一起為這位危急的產婦祈禱。直到中午12點多，終於一通電話響起，施純泰醫生向自己的職員回報，該名產婦終於渡過了危險，產婦及雙胞胎都平安無事。

"我為她輸了二十幾袋血，她體內的血液幾乎整個都換過一回了！當時的危險若稍有差池，此孕婦的生命絕對是回天乏術了"施純泰醫生回憶當時的情況，仍然心有餘悸。而被他救回性命的病人，心中則是感激萬分，在自己臉色仍然蒼白、體力尚未恢復的時候，便堅持抱著平安出生的雙胞胎給施純泰醫生及診所人員看。當時這位媽媽還向診所每位工作人員細說當時施醫生搶救的一些過程，帶著泛著淚光的雙眼及充滿感激的眼神，一直感激不盡地握著施純泰醫生的手不停的道謝："是你救了我們全家！"

"每次看到病人病情好轉了，或接生小孩時，看到媽媽們喜悅的神情，都讓我感到滿足。"

施純泰醫生說。而病人對他的信任與感激，更是讓他溫暖在心中。譬如某回診所的電梯卡住了，施純泰醫生的病人中，有位跟了他10多年的老太太困在裡頭，過了20分鐘後才被人扶出，老太太就在臉色發白、驚魂未定的時候，連診所人員遞給她的水都來不及喝，第一句話便是提起手中的橘子說，這是給施醫生吃的！

也曾有個即將生產並一直渴望施純泰醫生能親自接生的孕婦，得知迎產當日是施純泰醫生輪值後，便摸摸自己的肚子說，"小寶寶你要爭口氣，今天是施醫師值班，你可要今天出來阿！"結果孕婦到了第二天才生產，施純泰醫生為了不使她失望及感激這位孕婦對他的期望，即便當日並非是自己輪值，仍然去醫院幫她接生。

回憶從醫以來的點點滴滴，施純泰醫生說，"好幾次病人問我怎麼這麼忙，我就開玩笑說，是阿，我太忙了，所以我打算要退休了，沒想到病人聽了，竟然連眼淚都掉下來了，害我趕緊解釋我是開玩笑而已。"因此雖然施純泰醫生常常想著退休或是減少工作量，但想起這麼多依賴他、信賴他的病人，他除了捨不得，也太熱愛這份工作了。

夢想在渡輪上當醫生

事實上，施純泰醫生已為自己勾勒出一幅退休後的情景圖象，他說因為他很愛坐船，如果可能的話，他希望去渡輪上當醫生，可以一邊渡假，又可以一邊幫助人。他略帶靦腆地笑著說，"我可能是個工作狂吧，就算不用工作的時候，我也閒不住。"

他太太在一旁點頭，對記者說，"施醫生真的是閒不下來，他手術做得好的原因，其實是因為他的手很巧，你一定不相信，他可以作一束玫瑰花送我，診所內所有的裝置擺設也都是他親手釘上，就連掛一幅畫，我們一般人大概量個位置就好，他卻是用水銀尺去精準測量！"

熱愛工作的施純泰醫生，必須暫時將輪船行醫的夢想收起來，因為往後的他可能會更忙碌。今年二月份，當他回去菲律賓為母親慶祝90大壽時，太太便透過一個偶然的機會，在紐約東百老匯租下一間診所，完成他在該地段設立第二家診所的心願。

"這個想法是三年前就有了，因為東百老匯是外州巴士總站，也是許多福州人聚集之地，在那裡成立診所可以幫助更多的人，讓他們更加方便。"施純泰醫生解釋。此外，為了加強醫學知識的宣導力度，協助更多婦女獲得健康，他自行出版婦女須知、產婦須知等著作，其中連插畫都是出自施純泰醫生的手筆。

施純泰醫生除了是一位盡忠職守的稱職醫生外，還每年參加各大慈善募款活動，只要與醫學研究相關或是能助人救人的項目，施純泰醫生都會不遺餘力的付出，行醫救人，秉持一位醫生應有的醫術道德及品德來行醫是施純泰醫生一直以來的宗旨，也就因為他這份誠摯及精湛的醫術，施純泰醫生已是一位最成功的婦產專科醫學博士。

完成你投資外彙的夢想

——專訪外彙交易經紀商MG金融集團

多維特約記者　陳瑋

　　很多人都聽過外彙，卻不見得知道這項投資工具是現階段豐富投資規劃的好選擇。投資外彙可守可攻，既有保值資產的作用，還可能為你帶來比銀行存款更高的獲利。但是到底要如何投資外彙？拜科技之賜，現在投資人可以透過電腦網路，直接投資各式各樣的外國貨幣。成立於1992年，世界上個人外彙交易行業資格最老的金融集團之一的MG金融集團，即可幫助所有的投資人簡單實現投資外彙的夢想。此外MG金融集團也是第一家成功獲得"誠信債券保險"的外彙交易經紀商，MG金融集團的執行總監Marla Miller代表MG被任命為美國全國期貨協會(NFA)"保護客戶特別委員會"委員，而MG也是唯一入選此委員會的外彙經紀商。凡此總總，再加上不收費又無限期的網路實習帳戶，大大幫助了想要從事外彙交易的新手投資人，最重要的是為了服務亞裔，MG金融集團已於2002年增設中文交易平臺，如此想要投資外彙市場的華裔，將不在會有投資進入障礙了。

MG金融集團歷史可追溯到1992年，是在外彙交易行業中資格最老與最有聲望的公司之一。鑒於當時外外彙交易市場正處於蓬勃發展的階段，MG金融集團於1997年4月開始推出其第一版在線交易平臺。此外彙交易平臺使得交易商能夠查看外彙實時報價，執行外彙交易，並跟蹤未結頭寸。自從采用交易平臺後，許多重要功能，諸如實時圖表分析等已被逐步添加。同年年中，MG金融集團創立了一個新聞/研究分部。成立此分部的目的在於向MG金融集團的客戶提供及時準確的外彙市場信息。到了2000年1月30日，MG金融集團開始采用了最先進的Java"Push"技術，這一技術能夠立即將最新信息"推入"用戶計算機，自動更新用戶屏幕。Java技術的運用增強了系統的整體性能，加快了運營速度並縮短了指令的執行時間。爾後，MG金融集團又添加了Desktop和HTML的DealStationTM版本。和同業相比，MG金融集團的線上交易平臺在技術上保有相當的領先優勢。到了2002年，有鑒於亞洲勢力崛起，華裔生活水平日漸提高，MG金融集團開始聘請專人將現有的交易平台中文化，並貼心的設置中文簡體與繁體兩個版本，讓華裔也可輕鬆投入外彙交易的市場。

　　此外投資理財最怕碰到的就是詐騙問題，對此MG金融集團早於1998年，成為第一家成功獲得"誠信債券保險"的外彙交易經紀商。這個保險由一家在紐約證券交易所上市的保險公司的子公司承保，保護MG的資產不因本公司成員欺騙或挪用而蒙受損失，投保金額超過公司當前財產的總金額。有了這一系列自律性保護公司和客戶利益的措施，相信所有MG的客戶都可以安心。

外彙交易=高風險+高報酬

　　到底什麼是外彙交易？簡單來說外彙交易（FOREX）市場是一國貨幣與另一國貨幣進行兌換的場所，也稱為"Forex"或"FX"市場，是世界上最大的金融市場，平均每天超過1兆美元的資金在當中周轉－相當於美國所有證券市場交易總和的30倍。所謂"外彙交易"是指同時買入一對貨幣組合中的一種貨幣而賣出另外一種貨幣。外彙是以貨幣對的形式交易，例如歐元/美元(EUR/USD)或美元/日元(USD/JPY)等。與其它金融市場不同，外彙市場沒有具體地點，沒有中心交易所，而是通過銀行、企業和個人間的電子網絡，展開貨幣交易。由於缺少具體的交易所，因此外彙市場能夠 24 小時運作，橫跨主要金融中心的各個地區。

　　在傳統市場中，投資者進入外彙交易市場的唯一途徑，是通過進行大量商業和投資性貨幣交易的銀行。久而久之，交易量開始迅速增長，特別是在 1971 年允許彙率自由浮動後，交易量的增長更加迅猛。此時，MG 金融集團將低保證金和高融資融為一體，從而革新了銀行間貨幣市場的運作方式。MG 金融集團通過向小額投資者敞開外彙交易之門，向他們提供進行獨立高效交易所需的專業工具和服務，從而成功地實現了這項革新。目前MG 金融集團對全球 100 多個國家和地區的客戶提供服務，其中包括投機商和戰略交易商。無論是尋求短期收益的短線交易商，還是欲要對沖美國境外資產風險的基金管理商，都能從外彙交易中獲取利益。進出口商、國際有價證券財產管理者、跨國公司、投機商、交易商、長期持股人、以及對沖基金等，能利用外彙市場的收益來支付商品和服務、交易金融資產，或者通過對沖貨幣來降低貨幣波動帶來的風險。

　　不過外彙交易究竟是一種較高風險的理財方式，許多投資人可能祇是略懂皮毛，甚至不太懂外匯交易的方法與意義，在一切尚無確實把握下，真的要付諸投資行動的確需要些勇氣。多維記者即在MG金融集團的網站上發現一個功能，叫"實習帳戶"，並分成免費實習帳戶和競賽實習帳戶。前者可供初次用戶免費無限期使用。後者供用戶參與MG金融集團的實習交易競賽。這項功能對於想要從事外匯交易的入門者是一大福音，因為可以通過實習交易虛擬 25,000 美元，增進其交易技能。MG金融集團的客戶部經理Ming Eng對多維記者表示，參加實習帳戶無須承擔任何費用，一切都是虛擬實習，所以也不用擔心輸贏問題，此實習帳戶的目的，在於希望幫助外匯交易的新手，得以有實戰練習交易策略的機會，並且適應併掌握交易軟件的使用。最重要的是實習帳戶沒有時間限制，投資人可以練習到完全有把握再正式開戶，加入投資外匯的行列。實際上多維記者在MG金融集團的介紹中也發現，MG金融集團不斷建議所有投資者，無論是新手還是老將，都有必要在開設交易帳戶之前，試用實習帳戶交易。畢竟所有在實習帳戶中的資金損失或收益都是假想的，實習帳戶用戶不用承擔任何風險，就能熟悉交易程序，比如投放市價、止損、限價等。此外，MG金融集團每天還有免費的新聞分析、與免費圖表及分析軟件等服務。總而言之，這項貼心的服務，不單是可以幫助新手投資人瞭解外匯投資，也可以讓老將熟悉網路的操作。

除了上述貼心的服務外，MG金融集團還有一項更令多維記者關心的措施，即是全面中文化的政策。MG金融集團的客戶部經理Ming Eng對多維記者表示，一直以來MG都在用心留意華人客戶的需求，加上近幾年亞洲經濟崛起，讓MG發現亞裔客戶潛在的實力，為此MG特於2002年開始，聘請專人將MG集團內所有外匯投資交易平臺、交易帳戶、分析評論等，全面翻譯成中文版，方便世界各地的華裔朋友。Ming表示， MG金融集團的華裔客戶是遍及全球各地的，換言之有來自中國大陸的朋友，也有來自港台兩地的投資者，當然也有在美國的新移民，MG 集團即為重視華裔的權利，故有計畫地將公司所有資源中文化。另外也增聘中文客服人員，專門接聽華裔投資朋友的電話。另外投資首重資料的分析與收集，有良好的研究基礎，才可能有豐碩的收益，因此有關外匯新聞的收集與資料分析，還有到底在MG金融集團開戶與其優勢在哪，亦是多維記者關心的話題。Ming表示，MG金融集團的優勢，在於MG是美國首家外匯經紀商，一直以來持有非常好的聲譽以及誠信謹慎的經營風格；交易平臺穩定且有專業的技術部門。與其他公司不同之處在於，MG的平臺技術為自行開發，所有客戶服務人員都需通過美國Series 3考試；MG金融集團的執行總監Marla Miller代表MG被任命為美國全國期貨協會(NFA)"保護客戶特別委員會"委員，成為唯一入選此委員會的外匯經紀商。在交易服務部份，MG一直都持有業界領先的技術：首家提供網上交易平臺，手機/PDA交易，多貨幣帳戶等。並提供優惠的交易條件，如無手續費，低點差，靈活的融資比例等。MG的客戶大都是長期客戶，且極大部份的客戶都來自朋友的介紹，顯示MG優質服務已有相當的口碑。

看你適合不適合？

　　另外面對亞裔市場，MG金融集團的客戶部經理Ming Eng對多維記者表示，MG金融集團不單隻是放眼在美國的亞裔市場，MG 金融集團服務的對象是全世界的亞裔。未來MG將持續擴大對於亞裔市場的投入，不但將更進一步提高服務質量以及中文教育，且也會繼續提高平臺及技術上的革新；MG將按照各地區的法律以及針對各地區的差異性提供不同的市場開發及客戶支持。例如，目前提供從中國、台灣、澳大利亞、美國、加拿大、日本的免費電話以方便客戶聯係MG等。MG金融集團誠懇的表示，目前亞裔投資者為一個無法被忽略的投資群體。從投資人數，投資實力以及對於投資的熱衷，使得他們逐漸成為外彙投資的主流參與者，所以面對未來，MG金融集團將會以苟日新、日日新、又日新的態度追求改變。Ming表示，由於先前在香港、台灣、中國、日本地區等地外彙行業缺乏政府規範，有許多地下公司和客戶進行對賭甚至收集客戶款項之後逃跑，因此有一部份投資者對於外彙交易缺乏信心。針對這個疑慮，MG不但盡力教育投資者有關美國的監管制度，並且是外彙行業中最早也最積極協助監管機構立法及製定保護投資者條例的公司。

MG會碰到的另一項挑戰是如何能在激烈的競爭環境中保持誠信及謹慎的經營風格。有些公司為了發展業務，不惜采用欺詐的手段吸引客戶。MG在激烈的競爭中仍然采取嚴格自律的經營方式，例如，謹慎的開戶審批標準，並且提醒客戶此投資的高風險性。為保護客戶，如果MG認為某客戶無法承受外彙投資風險，MG將拒絕客戶的申請。對於合作夥伴例如推薦經紀人等，MG不但在選擇上非常謹慎，且定期審閱宣傳材料。在廣告方面，MG不使用過於誇大不實的廣告用詞吸引客戶，同時對於廣告商的質量有一定要求，希望能真實傳達MG的服務內容與品質保障。

總結投資外彙交易的優點頗多，例如有以少賺多，本小利大，24小時皆可交易，無漲跌幅限制，多空皆可等優勢。此外外彙交易市場是全球最大金融市場，人為干預不易，並且投資人可透過彙差、換彙息差雙重獲利；再加上變現容易，資金調度靈活，與杠杆操作，以小博大等優勢，使得近年來有許多投資朋友相繼投入外彙交易的市場中。但提醒所有投資朋友注意，目前多數外彙保證金交易的杠杆運用可達本金的400倍，投資1萬美元就可以做400萬美元的交易，的確有機會以小搏大，但須考量自身所能承受的風險，若將杠杆比率訂為一倍，投資保證金的風險就與投資一般外幣存款一樣，但若想追求高一點的報酬率，就得將杠杆比率提高，風險自然跟著提陞。故此Ming也再次強調，MG金融集團的外彙交易，和一般的理財工具有些不同，外彙交易的投資風險其實比較高，所以MG金融集團也很謹慎的選擇客戶，且希望能教導客戶瞭解這項屬於高風險但也高報酬的投資工具，畢竟投資理財是一件慎重的事情，MG 金融集團與所有投資人一樣都以慎重的心情對待。MG金融集團的客戶部經理Ming Eng在訪問結束時特別強調，MG金融集團的宗旨是以能傳達最正確的外彙理財觀念，並提供最全面與快速的外彙理財交易資訊為己任，希望可以讓所有投資朋友，在外彙交易市場中成為真正的贏家。

我在美國當老板

廚具世界也精彩
—— 專訪紅星鐵工廠何廷生

多維記者　呂賢修

　　紐約華埠的包厘街有兩多，南側有早期猶太人留下的燈飾店，北側則是華人餐館用品的集散地。從鍋爐到杯盤一應俱全，吸引許多有意在外州創業的新移民前來朝聖。走在街頭，只見貨車忙碌地進進出出，吆喝聲中，爐台、冰箱一一上車，運往某家不知名的新餐館。約略可從中感受，華人餐飲業在全美各地蓬勃發展的盛況。

標示著記憶的地圖

　　走進紅星鐵工廠的門市部，各類中西廚具讓人目不暇給。店員介紹，一間廚房，大到爐台、抽風系統，小到廚師身上穿的、手裡拿的，至少有上百種用具。紅星目前陳設500多樣商品，絕對綽綽有餘。

　　側身穿過貨架，在樓梯旁一個不起眼的角落，掛著一張美國地圖。褪色的地圖上標示著許多紅色三角旗，

而從破損的邊緣看來，這張地圖已有一段歷史。也許，一切應該從這張地圖說起。

指著地圖，公司負責人何廷生表示，10多年以前，每完成一筆外州訂單，他就在地圖上畫一個旗子，但最近已經很久沒畫了。"你看，整個東岸都有，西到科羅拉多州，德州我也常去，最遠到西雅圖都來我們這來訂做。"他自豪地說。隨著福州人餐館勢力的擴張，他的客戶也遍佈全美27、8個州，平均每個月都會接觸15到20家新開張的餐館。至於南美洲，比如墨西哥，一年大約也有1、2單，但這還只是一家餐具供應商而已。

1977年，18歲的何廷生跟隨家人來美。剛來時住在威廉斯堡橋頭的柯林頓街上，與很多人一樣，他做過餐館工、調酒師傅等工作。由於父親在中國曾從事金屬加工行業，透過同鄉會介紹，後來分別在華人圈第一及第二家廚具工廠星輪、中南工作。

1979年，父親帶著他及弟弟創業，工廠在亞倫街及布隆街的路口開張，成為華人業界中的第三家。一開始資本不到5萬元，所有的設備都是買舊貨、倒店貨，只做基本的湯爐、排骨爐等產品，還有一些小型板金。簡單的家庭工廠，也沒什麼分工，原則上父親、弟弟負責生產，他則主要管理財務。3人經常為了趕貨，一起加班到深夜。

他回憶早期，一樣的爐頭，在中國人的店只賣500，但在美國人的店要1200，因為不可能不買，而且競爭不大，大公司的架子很高。客人根本不敢嫌貴，否則老闆出錢叫車送客人回家。有些客人被老闆趕出來，想買都不好意思自己來，還要透過朋友訂貨。

何廷生表示，有一次接了1張華府來的大訂單，有個廚師一口氣訂了9個爐眼。做好了，準備出貨，結果貨還沒送出去，餐館的大廚已經換人，新來的廚師一看，說這些爐眼的尺寸不合他的需求，要重做。

　　"喔…我們所有的資金都壓死了，你知道嗎？為了留住這筆訂單，結果一共做了18個爐眼。原本的9個，只有以成本價出售。"他說。

　　當時主要的零配件，必須跟美國人買。但因為公司小，買的量少，別人都不想理。他回想，比如處理硫酸的刷子，一盒50支，別人是一盒一盒地買，但對小公司，50支？何時才用的完？爐頭的火圈，別人一進貨都是近千個，自己一次只買2、30個，要在店裡耐心地等，求老闆，等商家忙完了，才有時間理他，而且愛買不買，不可能還價。

　　至於同行，當時相互排擠嚴重。他記得有個客人來買東西，額外需要2個油爐，但店裡東西不夠齊。同行一聽客人是在紅星買東西，因為紅星沒有這項產品才來買，他們竟然不賣，氣死客人了。然而，何廷生認為，同行互相排擠，對他是一種機會。很多時候，既使沒有利潤，只要客人需要，他還是幫客人買。當時連貨車都沒有，經常是用推車從幾條街外拉回來，然後統一託人運送。

　　服務至上。他相信幾年下來，因此累積了信譽。因為福州人的特性，只要照顧好1個客人，將來他開第二、第三家餐館，還是會回來找同一家公司，而且也會幫他介紹要創業的同鄉。因此，公司的成長，幾乎全靠口碑。許多人也許不知道，費城的知名酒家醉仙樓，在20年前，就是由紅星訂做廚房。

紅星商標彰顯信心

從同行中最小的一家做起，紅星隨後開始快速發展。何廷生發現，工廠留在唐人街，地方小，租金貴，發展有限。1981年，他將工廠遷移至布碌崙，門市改設於包厘街。後來，華埠許多工廠也陸續跟進，遷往布碌崙。雖然布碌崙土地便宜，但治安堪慮。倉庫遭小偷，而且工廠分成4層樓，對這一行方常不方便。1991年，他在新澤西買下8萬平方尺的廠房，更進一步拓展事業，目前廠房有員工近50人。生產的廚具，有許多是批發給代理商。他說明，代理商的眼光很精，產品不好，他們是不會要的。

何廷生分析，同行中現在作得好的，多半都是有歷史的幾家老字號。但很多以前作招牌的，後來也來做這行。加上有人賣新貨、有人賣舊貨，也有人翻修舊貨當新貨賣，所以讓客人很沒信心。此外，還有很多人，賣一些未通過認證的產品，賣的時候都說沒問題。這些廚房設備，多數與瓦斯、電有關，客人買回去，等到當地的衛生局、樓宇局、消防局來檢查，才發現不合格，都不能用。此外，生產這類設備，如果不具備認證，不但餐廳拿不到執照，一但產品釀禍，生產商要負很大的責任。

談到業界的變化，他認為，這些年來，東西越賣越便宜，最受惠的還是客人。比如一個中式爐頭，現在的價錢只有過去的一半，等於是半買半送，幾乎沒有利潤。必須靠全套的服務，包含設計及維修來取勝。

對於設計，何廷生說明，主要原因是，中國酒樓以大廚為主，爐頭都要依大廚的偏好訂做。但每個師傅的習慣都不一樣，很多廚師都嫌之前師傅訂做的設備不好用，因此要常要修正。

廚房裡需要訂做的器具很多，他一一數來：中國人的習慣，在煙罩下方，所有跟燒煮有關的設備，像排骨爐、中式爐頭、燒烤爐、油爐、飯鍋爐；到上方的排氣管、煙罩，背後的工作台、保溫台、飯鍋台、儲藏架；另一邊，像洗菜的水槽、大冰箱，依照廚房尺寸，和廚師喜好、需求，都可以訂做。

其中，爐頭是一家餐館的生命線。他舉例，舊金山當地，有很多廚具工廠，但客人還是來紐約訂做，但光是運費就不少錢。因為很多人是從東岸過去開餐館，已經習慣了東岸的爐頭設計。他比較兩這差異，西岸的爐頭，設計簡單，手工漂亮，但價錢高。最大差別在於，爐頭前方缺少一排隔熱裝置，廚師站在爐前，溫度實在太高，很不舒服。至於東岸的爐頭、缺點是笨重，但隔熱效果好。

除了爐頭，抽風系統應該是最重要的。何廷生表示，中國菜因為油煙多，而現在很多地方對於空氣品質，以及消防要求嚴格。因此，餐館抽風系統管道，煙罩的設計，抽風機的尺寸，都必須先由專人計算、訂做，才能符合標準。

再其次，中國人喜歡做叉燒排骨，所以排骨烤箱的好壞也很重要。他說明，好的排骨爐，穩定性是關鍵。排骨烤箱，就像一個櫃子，加熱系統在下方，叉燒醃好後，就掛進去烤。燒雞、燒鴨也一樣，穩定性好，顏色才漂亮，也才不會一邊燒焦了，另一邊還沒熟。

從爐頭到冰箱，目前紅星都可以訂做。以冰箱為例，他指出，很多客人要求特殊規格的冰箱。有些客人，想要冰箱與保溫台、廚師台合為一體，

長達20幾尺，電跟瓦斯都在一起，這需要訂做。有些客人，為了節省廚房空間，會訂做一些非傳統形狀的冰箱。因為

工廠可以做板金，只要裝入一顆壓縮機便可，但並不便宜。

他相信，做這行，產品重要，但售後服務更重要。既然是自己的品牌，一定要不惜代價保住信譽。目前紅星與全國各地提供維修的商家合作，提供售後服務。在保固期內，全由公司負責。

"不敢說有什麼產品，我們做的就一定比別人好，但我們的服務肯定是最好的。既使賠本，都要做好服務。"

何廷生記得一次在北卡，因為爐頭在運送過程中震動損壞。雖然不是公司的責任，他仍然馬上派人，帶著工具去修。最遠連佛州都派人坐飛機去，就是希望客人滿意。

在他的經驗中，外州的客人，最擔心的，就是器材出狀況怎麼辦？其次才是價格。如果可以滿足第一點，就可以留住客人。此外，因為內行，有時客人拿了別人畫的設計圖來訂做，公司看了有問題，都會先建議改正。

"有能力提供全套器具，而且保障售後服務的，其實沒有幾家。因此不管是自己開分店，或是自己的親友創業，我們的生意都是一家介紹一家來的。"他指出，公司生產的商品，都印著紅星的商標，這表示對自己的產品很有信心。

中國設廠放眼美國

由於美國人工費用上升，加上市場價格競爭大，2000年，何廷生選擇在中國設廠，投入生產線。他認為，中國人工便宜，適合慢工出細活。而產品，也是依美國的規格做，不內銷中國。雖然中國目前有產線，但設計的人並不瞭解美國華人使用者的習慣，所以爐頭部分，目前還是以在美國設計、製作為主。

回中國設廠，在他看來，是策略之一。更重要的是產品路線，如果照目前許多同行的路線作下去，只有死路一條。他指出，美國的公司在中國委託生產一些零組件，已經是趨勢。目前在他福州工廠生產的，都是西式餐廳每家必用的廚具用品，比如燒烤爐、大油爐，目前已經投入生產2年。掛上紅星自己的品牌，通過了美國的各項認證，比如衛生、瓦斯、電路安全，在價格及品質上也都很有競爭力。

比較兩者差異，他表示，中式爐頭，多半用圓底鍋，爐眼的洞較大。西式平底鍋，用的是梅花式的6眼爐頭，火力集中，所以完全不同。做美國人的廚具，比較簡單，因為全部都是格式化，產品線單純。不像中國人，到鐵工廠來，樣樣東西都要訂做。他做爐頭20年了，從沒做過完全一樣的爐頭，要不就是爐眼一樣，尺寸不一樣，要不就是爐眼調來調去，沒辦法大量生產。此外，美國人的產品每年都在漲價，所以如果是針對美國人市場的產品，競爭力強，利潤也高。他透露，近期也計畫讓大陸工廠接OEM訂單，代工生產國外的品牌。

目前何廷生已逐步與美國各地廚具商接觸，他準備參加紐約每年11月的廚具秀，預期可以接觸到許多同行，可以代理紅星的產品，也可以幫經銷商生產特定的廚具。此外，針對商用廚具，從設計到製造，他也希望在主流市場創造自己的品牌，不再侷限於華人市場。

從父親手中接下的事業，從設計、加工到回國投資，何廷生正努力擺脫外界認為紅星只是一家鐵工廠的印象。在訪談最後，他半開玩笑地說"現在4個孩子都大了，我打算將家族生意傳給第三代，過幾年準備退休了。"

我只在意生命
——專訪法拉盛醫學影像中心胡曉江

多維記者 林紫喬

"我曾經聽人說過,上帝太忙了,沒有時間照顧好每一個人,因此送了一些白衣天使給人類,負責治病救人。"胡曉江並不是很相信上帝,卻覺得這話說的挺有道理。

胡曉江回憶起小時後,由於母親身體較弱,時常生病,父親總是念叨著,家裡要是有位醫生,該有多好有多方便。他時常聽爸爸說:當醫生好,有飯吃,又可以幫助人,他很早就下定決心,將來要走上醫師這條路。

真的如願當上醫師後,這條路他一走就是多年。"從醫以來,只覺得能夠幫助病人真是很開心的!"胡曉江說。尤其是,每當見到病人康復後,回來千恩萬謝的樣子,對胡曉江而言,這就是最好的回報。

不知道是否真是因為家裡有了位醫師的

我在美國當老板

原因，她母親的身體果真越來越硬朗起來。雖然父母人在大陸，但距離阻擋不了關心，胡曉江總是根據自己的專業，盡其所能地越洋傳達醫學知識與建議，"媽媽之前總說，若能活到60歲就滿足了，現在她已經74歲，看起來還是相當健康！"

選擇不斷更新知識的專業

自從決心從醫的那刻起，胡曉江的每一步就按照她的目標進行，她先是畢業於西安交通大學醫學院，曾任中國醫學科學院腫瘤醫院放射科、紐約醫院皇后醫療中心、新澤西醫科牙科大學放射科、以及愛因斯坦醫學院放射科的醫師。而目前的她，不僅擔任艾姆赫斯特醫院放射科主治醫師、西奈山醫學院放射醫學系講師，更一手創建了紐約華人社區規模最大的放射診斷中心。

這家"法拉盛醫學影像中心"，是胡曉江在大陸6年的臨床經驗與在美多年的住院、主治醫師經歷，共同累積出的果實，中心提供各種醫學影像與放射診斷服務，開設短短一年多以來，服務過的病人已經到達上萬。

然而她很坦白的告訴記者，放射專業的學習相當辛苦，不僅知識內容較多，課程也較累，由於技術不斷在更新，因此不象其他專科的醫師是越老越有經驗，相反的，必須不斷吸收最新的知識才行。

"華人的放射科醫師的確較少，因為在成本上，由於機器設備昂貴，往後的投資會很可觀；就專業來說，放射科也是挑戰較大，知識較先進的領域，若選擇在醫院任職，待遇也比較好，因此放射科一直是比較搶手的專科，進入的門檻與比其他要高，華人一般較難進入，對像我這樣從大陸過來的醫師則又更難。"胡曉江解釋到。

丈夫是左膀右臂

　　選擇一門困難的專業還不夠，胡曉江似乎還給自己更多的任務。在自己主持的醫學影像中心裡已經忙得分身乏術的她，每週還需安排一天，前往艾姆赫斯特醫院工作。究竟如何才能兩邊兼顧？胡曉江笑著說，"老公對我來說相當重要，就彷彿我自己是右手，而他就是我的左手一般，幫了我好多的忙。"

　　事實上，胡曉江的丈夫為了全心支援該中心的運作，目前已辭去原本優渥的銀行工作，"我現在全力為老婆打工"，她的丈夫在採訪前，就已如此跟記者昭明自己的心志了。

　　胡曉江的丈夫儘管沒有醫學專業背景，但在大力協助該中心的過程中，彷彿成為半個專家。

　　他細心帶著記者參觀中心5000余尺的環境，一一解說著電腦斷層掃描、超強靜音磁共振掃描、三維立體超音波掃描、大型電子X光、高敏度骨質密度掃描等不同儀器的不同功能，像CTA或MRA血管造影檢測、Diffusion/Effusion早期腦栓賽檢測、CAD計算機輔助診斷這樣的專有名詞，這個銀行人已能夠為您說出個來由。

精確診斷要靠先進儀器

　　看著專業又精密的儀器，記者隨意開口詢問價錢，答案卻令人咋舌，一台斷層掃描機就要100多萬，而對面房間內的核磁共振機則需花費200多萬。擁有這樣的設備，法拉盛醫學影像中心才能夠提供精密的醫學影像，承擔各種復雜的放射診斷項目。

　　但一位醫師如何能擁有巨大的財力物力，創立這種高規格的醫學影像中心？胡曉江相當坦白的笑著說，"所需資金全數是向銀行貸款來的，還好我過去信用相當好，所以現在我們還在還債當中。"

　　也許胡曉江可以選擇一條更輕鬆的路，例如在醫院擔任主治醫生，享有優厚的待遇、也無需面對如此沉重的壓力。但是想起華人因為語言的障礙、以及老舊設備的限制，總得不到精確的診斷，更遑論在下一步接受適當的治療，她不希望更多的華人因這些不便而耽誤病情，儘管面對著需要五年才能還清的大額貸款，胡曉江未曾動搖過她的信念。

　　"華人需要更好的醫療品質與更正確的醫療觀念。"胡曉江說，有病不查的逃避心理，是華人最大的問題。亦有人認為照片子會對身體造成不好的影響，但胡曉江堅信，與病人因為不診斷而耽誤到的病情相較，後者對身體的傷害更大。

　　"幾千萬人中，沒有幾個是因為照了片子而導致傷害，卻有更多數的人因為照了片子，作出正確診斷而得到良好的治療。"胡曉江極力的解釋，就深怕有人不能理解其中的道理，但讓她相當欣慰的是，許多現象她的中心成立之後，由於語言的障礙獲得消彌，再加上華人間的口耳相傳與互相導正，不少錯誤的觀念都已經逐漸改善。

　　目前，許多身體不適的病人，願意重視自己的問題，自動走進來尋求診斷。有位病人幾次檢驗出的結果，竟然是腦出血的問題，胡曉江解釋，"病人的顱內已有許多血擠壓到腦子，萬一壓迫到呼吸中樞，這會造成相當危急的狀況。"事實上許多嚴重的問題，一但經過診斷之後，就可以採取適當的解決，譬如針對腦出血的症狀，就要施行手術將血抽出。"關鍵是當身體覺得不太舒服、似乎有點問題的時候，往往一檢查很可能就診斷出背後的大問題，病人理解了這點，就明白定期檢查的重要性了。"胡曉江語重心長地說。

有許多急性病也是如此，譬如胰腺炎、腎炎等，都須經過CT的測試與診斷，才能看到問題，找出病因。放射科其實就是在醫學當中，扮演精確診斷的角色。

救人不是做生意

當許多病人對胡曉江說，為什麼這個中心不早點開呢？身上某個部位已經疼了很久，現在才診斷出原來是怎麼一回事！這是最令她開心的事。除了先進的儀器技術，及精確的診斷結果，語言的暢行無阻是法拉盛醫學影像中心或得病人信賴的重要原因。

在這中心裡面，胡曉江堅持要僱有精通普通話、粵語、韓文、西班牙語等多種語言的員工，因為她確信華人許多錯誤的健康觀念，就是導因於語言的障礙。看著這裡所提供的優質醫療環境、以及資深的醫師群與親切的員工，這一切，很難不令人聯想到胡曉江夫婦所背負的五年貸款。

究竟是什麼動力推動著胡曉江？一心為華人付出的她，不能否認的說，自己也想要擁有一些事業的成就感。"每個人來到美國，都有一份自己的夢想，有多大的本事，都想要盡量使一使。"胡曉江也不例外，也許在醫院擔任主治醫師真能夠比較輕鬆，"但現在這份成就感，是更珍貴的！"她說。

至於賺錢，真的不是目的。"說實話，前五年根本不可能賺錢，五年後頂多也只是鬆口氣罷了。"因此每次聽見別人說她一定賺了很多錢時，她只覺得真是不可思議，"這家醫學影像中心的開銷真的是令人難以想像，我從來沒有繳過什麼幾百塊的帳單，全都是成千上萬的。"

"一次病人問我，門口停的奔馳轎車，一定是妳的吧，我哈哈大笑跟他說：我們沒有奔馳，我只有一台小Nissan。"胡曉江打趣的解釋著自己的財務狀況，但過了一會，她正色地告訴多維記者，"我實在不希望太多人跟我談錢的事情，因為這對我來說，是個行醫救人的專業，而不是生意。"

世上沒什麼事情讓我煩

平時胡曉江在中心裡，主要負責看片子與作出診斷報告的工作，雖然她總不忘說起另一位負責儀器操作的技術主管，是這個中心裡面多麼不可取代的人，也總不忘記提起哪位員工或醫生人有多好，然而事實上，在放射科的專業領域中，看片子仍是最關鍵也最困難的核心部分，"放射科醫師在擔任主治醫師前，所要經歷的住院等訓練一共長達6年，是其他專業的2倍。" 胡曉江說明屬於放射專業的高標準要求。

只是若無胡曉江將放射專業所給予的壓力細細道來，真的很難想像，眼前這位神采奕奕的女性，不僅是一週堅持工作七日的醫師，更是已經擁有兩個孩子的母親。"過去尚未開設醫學影像中心的時候，我經常利用送小孩上中文學校的等待時間，學學跳舞，打發打發時間。跳舞認識的朋友知道我是醫師後，都相當訝異，認為我看起來一點也不累，一點也不操勞，覺得我與他們想像中的醫師不同。"

但在記者看來，即便現今的胡曉江為了她一手親創的醫學影像中心，付出比從前更多的時間與心力，她給人的感覺仍與她跳舞朋友的眼中無異。"可能是因為我從來不煩，這世界上沒有什麼事情會讓我煩的，碰到問題去處裡就好了。"胡曉江說，維持這個中心真的很不容易，儘管一開始的時候，時常工資都快發不出來了，就算如此，她仍然不覺煩憂。

"我對我女兒也是這麼說的！"胡曉江說她那位14歲的女兒

煩惱可真不少，總是抱怨：媽媽，妳現在陪我的時間越來越少，我功課又多又難，加上我還要拉琴，妳忙的時候我還要幫忙做飯，事情這麼多，真的很煩。

"這種時候我都告訴她，妳看媽媽事情也很多，桌上報告疊成這麼高，但我都不多想也不煩惱。"認為只管盡量去做的胡曉江說，沒有盡力才會叫人心煩。聽著她說著這些與女兒間的家常對話，在無形中好像一股魔力，她臉上那開朗進取的神色，讓週遭的空氣都莫名的輕盈起來，彷彿任何事情原本就不足為苦。

熱忱對待生命

唯一能使胡曉江稍感不快的，就是少數病人的誤解。從專業的角度來看，她總是建議病人採用最好最先進的檢查，任何病徵才不會有所錯漏。但有人認為CT檢查比X光檢查要價昂貴，建議病人選擇貴一點的檢查，醫師大概是為了賺錢。

對於這樣的誤解，胡曉江感到相當無奈，"我對自己的父親也是一樣，之前他說胸疼，我擔心是肺炎，依然趕緊請他去做CT檢查，後來我看他寄來的片子，斷定是肺結核，現在沒什麼大礙了。"認為在健康上面絲毫怠慢不得的胡曉江說，"我希望家人可以受到最好的醫療照護，對待病人當然也是如此，為了省一點錢，耽誤的健康怎麼值得？世界上沒有比健康還要重要的東西。"

做醫師的，對生命必須要有熱忱，這一點在胡曉江的身上很快就能感受到。就當夫妻偶有爭執時，每每丈夫說她：妳這也不在意，那也不在意，妳究竟在意什麼？"我只在意生命！"這是胡曉江的標準也是唯一的答案。

...

有空來坐坐

—— 專訪故鄉台菜老闆娘陳盈吟

多維記者 呂賢修

從一棵扁樹說起

看到記者來訪，老闆娘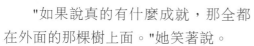手，口中不斷唸道"沒什麼成就…沒什麼成就…"然而，耐不住記者的好奇，她還是透露了一個小秘密。

"如果說真的有什麼成就，那全都在外面的那棵樹上面。"她笑著說。

一棵樹？記者半信半疑地走出店門，繞著門前這棵貌不驚人的行道樹走了幾圈，試著從不同的角度來看這棵樹。但不論遠看、近看或是蹲下來看，就是看不出一個究竟。

"到底奇妙在哪裡？"記者一頭霧水。

原來10幾年來，這棵樹從當初的一棵小樹，硬是被Nancy給靠扁了。

Nancy回憶，打從1993年故鄉台菜開張以來，自己每天靠在這顆樹上，看著店裡的客人。但沒料到，這棵小

我在美國當老板

樹後來居然就這麼越長越扁。

"台灣的東海大學，學校裡有樹是被談戀愛的人靠扁的。故鄉的這顆樹，是被我自己靠扁的。"她打趣地說。

準時休息，不開分店

　　說著一口親切的台灣國語，Nancy與家人在1977年移民美國。

　　"10多年前，這條街上哪有什麼人！"她指指門外。

　　Nancy記得，剛開張的那段時間，法拉盛幾乎所有銀行的便當都是她做的，這還包括一些華爾街的銀行。

　　回想早期，她感慨地說"我都還記得第一天做了90幾塊…那時沒事的時候，我就靠在門前的樹上休息，經過的人看到我，都會跟我說：唉呀！Nancy妳好辛苦啊！"

　　過去學的是成本會計，Nancy坦承，其實自己並不喜歡做菜。但當初與先生相識時，由於先生就是做炒鍋的，所以跟著走上了這一行。

　　"剛開始我們兩個人開了一家外賣店，我每天騎腳踏車送外賣。有一次下大雪，跌了一跤，我覺得很委屈，坐在地上就哭了。當時我就發誓，以後絕對不送外賣。"她解釋為何店內有許多外帶的生意，但卻從來不送外賣的原因。

　　看著法拉盛的新餐廳，一家又一家地開。為何故鄉依舊維持著小小的店面，還要讓顧客忍受排隊的不便？

　　"開分店的確可以賺多一些錢，但我認為人和才是更重要的。你看許多店是親友合資，後來又拆成不同餐廳，他們真的很有成就感嗎？本來親戚朋友不要談到錢都很快樂，後來為什麼要分家？"她質疑。

別人的生意不斷在擴大，營業時間一直延長，直至深夜。看在自己的眼裡，她淡淡地認為"只能說我很知足，只要做這一點點生意就好了，這是一種生活。"

經營餐館，她覺得風水、口味都不是問題。

"事實上都是人的問題…許多餐館，菜很好吃，但是經營困難，問題都是人。員工之間有嫌隙，不能齊心協力。因為要賣宵夜，結果工作人員要分3班，早班的人走了，交接不清楚，髒了也沒人要掃，都推給後面的人。幾年下來，往往鹽罐子裡面也裝了糖。"她說明。

Nancy認為，店開晚了，不但大家都累，有時候遇到喝醉的客人發酒瘋，更麻煩，不如讓大家早點回去陪家人。

"因為我知道自己很渺小，所以想多留點時間給自己和家人。"她解釋自己的抉擇。

店裡的大家長

故鄉的員工近30人，來自中國、香港、台灣、馬來西亞及墨西哥等地，但大家相處十分融洽，彼此並無隔閡。對此，Nancy認為，員工有各自的意見，那很正常，但都是自己這個作家長的來幫他們溝通，人和才會萬事興。

"來…我帶你到樓下繞一圈，你就知道了!"她熱情地招呼。

剛走到樓梯口，迎面來了兩位小妹，Nancy問道"妹妹，你來自哪裡？"

"福州、溫州。"兩人大方地回答。

兩位小妹都還是高中生，利用放學後及假日來店裡打工。

"剛來的時候，因為很多事不懂，常常被客人罵，老闆娘就會出來保護我們。"其中一人說。

"古道心腸！"另一人順口說出自己對老闆娘的看法。

走進故鄉的地下室，原來別有洞天。切菜、炒菜，一群師父及助手，各自低頭做著手邊的工作。

"大姊，你的家鄉在哪裡？"她問。

"河南、青島、我是廈門、我是浙江…"大伙兒七嘴八舌地說。

"這是我們國寶級的川菜師傅…楊師傅，你為什麼喜歡在故鄉工作？"Nancy為記者介紹店內的鎮山之寶。

楊師傅認為，老闆娘待人誠懇，大夥就像一家人，每天都很快樂。

"做餐館的，本來就有很多煩人的事。但我覺得在這裡很平穩，大家有緣在一起，彼此有事多溝通，像個大家庭。"

另一位上海師傅說。

"他很體諒員工！"有人接著說。

"說實話，我舉個例子。我說我們這個當家的，不但對員工要求嚴格，如果客人覺得菜不好吃，一定退回來重做。進貨的時候，也絕對不買市場剩下的爛東西。這點，讓我很佩服。"

楊師傅補充。

Nancy指著旁邊一位正在清潔冰箱的員工說"別人的廚房裡的人，一閒下來，往往就在賭錢，但我們的人閒下來是在清理廚房。"

原來，故鄉每天晚上9點準時休息。晚上店裡打掃乾淨，師傅開出明天的菜之後，大家就可以回家了。因為可以早一點回家，每個人都全神貫注在上班的這幾個小時。有時候，老闆娘還會在下班後，帶大家一塊到其他餐廳吃宵夜。

"我們店裡員工做事的時候，都是十分快樂、認真。在我們這兒，不是事情歸誰做，而是有事大家一起做，這樣不是很好嗎？"她認為。

在儲藏室的一角，有個人躺在紙箱上睡著了。"這是我先生，他這30年來都是這樣子，過得很簡單。"Nancy悄悄地說。

討厭的客人，喜歡的客人

Nancy是個直腸子，從她對客人的喜好分明就可以看出來。她回想，自己常常看到很多客人，有時候一群人進來，對店裡的小妹呼來喚去的，認為自己是大爺。她有時候忍不住了，就會罵人。

"現在大家都想當醫生、當律師，還有人願意煮飯給別人吃，大家應該覺得很感激了。我不認為開餐館是低層的工作，但許多客人好像有這種觀念。"她激動地說。

在故鄉吃飯，排隊是司空見慣的事。然而，老闆娘的原則是，遇到刁難的客人，就會故意讓他們等久一點。但換個角度，如果覺得客人把吃飯當成一種享受，那就讓他們少等一會兒。

故鄉的菜單其實作用不大，因為很多客人進來前就已經知道自己要吃什麼了。有時候Nancy會問他們：這樣夠嗎？客人說：夠了！夠了！吃不完還打包，這樣店裡晚上也少一點垃圾。

"這種實實在在過生活的人，是我們故鄉最喜歡的客人。遇到這樣的客人，我就會馬上把我的寶貝泡菜和滷蛋端出來招待他們！"她興奮地說。

對每家餐館而言，如何處理剩菜，的確是一個麻煩的問題。然而，Nancy的作法，卻十分另類。

"有些客人一進來就叫了一桌菜。我說：太浪費了！你看阿姨今天又要讓你請客了！"她笑著暗示。

對於吃剩菜，她的解釋是，這個習慣其實已經很久了，以前一邊唸書一邊打工的時候，因為美國人吃中餐都是拿到自己盤子裡吃，所以很衛生。她問客人要不要打包？客人說不要。她就告訴客人自己要帶回去吃了。她還跟客人說：我是學生，弟弟妹妹唸書還需要錢，所以吃你們剩下的菜。

"有些客人認識久了，他們以為我愛吃那道菜，每次都特別點那道菜，還故意剩下。"她回憶。

後來自己開店，一方面是吃慣了，一方面剛開始時也是怕自己的菜不好吃，所以客人吃不完。Nancy依然維持這樣的老習慣。

"很頭痛啊！我會變這麼胖，都是被這些人養的。我以前真的身材很好，是做餐館把自己養胖的。"她無奈地抱怨。

在故鄉不能叫太多菜，這是一項不成文的規定。有時候客人點太多菜了，Nancy會問為什麼？像4個人叫8道菜，她就會不高興，告訴客人吃不完要帶回家，否則不讓他們叫那麼多菜。她告訴客人，吃飯絕對跟有錢沒錢沒關係，而是不應該浪費！

對此，Nancy堅持"我這樣做，可能很多人會說我是神經病。希望客人少點一些菜，那妳開餐館幹嘛？我認為做餐館是要捨得給別人吃，但不是浪費。也的確，有些人第一次被我罵會生氣，但是後來還是會回來。"

有空常來坐坐

攤開故鄉的菜單，不難發現這是一家綜合了台灣小吃、台菜及川菜的餐廳。從雞捲、蚵仔煎、三杯雞，到麻婆豆腐、魚香茄子和宮保雞丁。

Nancy認為，故鄉的菜單很簡單，從10多年前，每天都是都是三菜一湯。到後來慢慢地演變出的兩張菜單，其實並沒有多大的變化。這點，她猜想說出去可能很多餐館的老闆都會生氣。

"我覺得我們在做菜，就像煮給自己的家人吃一樣。有時候，沒有錢人的家裡，吃的東西反而比較豐富，因為用心去做。"她解釋。

雖然標榜台菜，但店裡有兩位大廚，一位精通上海菜，一位擅長川菜。Nancy以涼拌海蜇皮為例，認為自家的海蜇皮，一定比廣東餐館的好吃，因為這是一道上海菜。

"客人來點川菜，我會告訴他，故鄉的川菜是台灣口味，比較清淡，但師傅是四川人。如果你想吃真正的川菜，你要告訴我，我會請師傅做道地的川菜給你吃。"她點出另一道玄機。

店內人聲漸，雜轉眼間，已近晚餐時間。隔壁兩桌來了10幾位客人，大人坐一桌，小孩坐一桌，典型的傳統台灣風格。

這群客人來自波士頓，下榻在隔壁的飯店。他們說，昨天來沒吃到，所以今天又跑來了。

"會來這邊吃，因為店名取的好呀！味道呢…很不錯，很像台灣的口味！"一位小姐主動為記者介紹。

"我喜歡吃豆瓣魚，還有小魚乾。"一位客人如數家珍地說。

老闆娘這時端上了自家最愛的小菜，魯蛋、香腸及泡菜，立即引起一陣驚嘆。她一邊開玩笑地說："我是大廚，我先生是二廚，樓下的人都是我的徒弟。"

雖然生意正好，但記者並未受到冷落。Nancy問："你想吃什麼？你吃一個涼拌海蜇皮、滷肉飯、魚丸湯好了。還要什麼？你喜歡吃什麼？炒臘肉吃嗎？那個是蚵仔煎，你吃個蚵仔煎好了！"還未待記者反應過來，她已經點好菜了。

"弟弟，好不好吃？"她問一個小朋友。

"我最愛吃滷肉飯！"他回答。

"這個阿姨胖胖的，很可愛！"另一個小妹妹對記者提出自己的觀察。

看著老闆娘忙碌地穿梭於客人之間，記者中斷了訪問，提出照相的要求。

"不要拍啦！我太胖了！"她有些不好意思。

酒足飯飽，是該道再會的時候了。

"只要你經過這裡，不是寫文章都沒關係，就進來坐坐！"她熱情地跟記者道別。

走出故鄉，記者又繞著門前的那棵樹走了幾圈，試圖透過鏡頭，描述這棵"扁"樹。

在回家的路上，猛然想起一件事。"剛才沒喝完的魚丸湯，忘記打包了！"看來，又要害Nancy長胖了。

靠信念不靠狂熱

—— 專訪Expedi Printing老闆陳憲中

多維記者 徐可

1997年5月26日釣魚島水域附近，17艘漁船載著200名保釣者及記者，向釣魚島駛進。其中有一位來自紐約的保釣人士，紐約保釣聯合會會長陳憲中。

陳憲中等人坐的漁船只有日本巡邏艦的三分之一快，船隊在離釣魚島還有20海里左右的地方就遭到60艘日本海灘巡邏艦和6架巡邏直昇機阻攔。1996年一次震撼全球的保釣行動中，香港人陳玉祥乘"保釣號"登釣魚島，不幸溺水身亡，掀起了一次全球華人的保釣浪潮。台灣保釣人士於同年9月成功地登上釣魚島。之後，日本對釣魚島附近海面加以嚴密防範。陳憲中和同行的保釣人士經過7小時的抵抗後，仍然無法靠近釣魚島，只好撤回到台灣基

我在美國當老板

隆。陳憲中回憶起往事，用"情緒激昂"來形容自己坐在漁船上，面對日本軍艦四面阻攔的心情。

陳憲中70年代初期就開始參與發起於紐約的海外華人保釣運動。30多年的歲月裡，他對保釣運動一直不離不棄。雖然這一次，坐在小漁船上的他只能遠遠地遙望釣魚島。陳憲中卻認為他不是無功而反。

"我覺得保釣喊了這麼多年，不管怎麼樣，總是要去（釣魚島）一下"，陳憲中這樣說道，"只要有機會，我還是會去。"

陳憲中還有一個頭銜就是紐約Expedi Printing公司的老闆。這家位於布魯克林的印刷廠，一週7天，一天24小時不停地把150份週報和日報印成鉛字，紐約人每天讀到的日報Metro，New York Sun， 供律師們讀的New York Law Journal都是出自陳憲中的印刷廠。

在接受多維記者訪問的時候，他剛從中國旅行回來不久，此行是專門為和紐約皇后社區學院浩劫中心聯合舉辦的"南京大屠殺圖片展"搜集資料。這次圖片展將於7月10日在紐約皇后社區學院開展，預計將展出三個月。許多圖片資料來自南京大屠殺紀念館，是第一次在美國展出。

陳憲中表示，希望可以利用紐約皇后社區學院浩劫中心的影響力，向美國主流社會介紹日軍南京大屠殺的歷史。陳憲中認為這樣做很有必要，"我們做了這麼多年都沖不出中國人的圈子，很多美國人還是不知道，"他正在爭取在擴建後的皇后社區學院浩劫中心開闢一間專門介紹二戰日本侵略歷史的亞洲展廳。他還希望可以把"南京大屠殺圖片展"向全美國學校推介。陳憲中正在聯合美國各界的華人組織，把多年來收集並整理的關於日本侵華歷史的資料寄給聯合國所有理事國代表。

首批保釣人士

　　陳憲中祖籍台灣新竹，1939年出生于廈門。陳憲中的哥哥姐姐都是在日佔時期的台灣學校裡讀書，會講一些日文，而陳憲中自己是在抗戰勝利之後的第二年才開始讀書。他坦承自己和父母兄姐對於日本有著不一樣的認識。他一直拒絕學日文，陳憲中到現在都操著一口流利的普通話，把中國大陸叫做"國內"。他把自己對於中國文化的認同，規因於早年所受到的學校教育的影響，他說，"我就讀的學校裡的老師和學生以外省人居多，我受到的教育都更接近於中國文化"。

　　陳憲中畢業於台灣政治大學新聞系，留校做了兩年助教之後，來到美國留學，在加州修讀攝影專業。畢業之後就開始從事印刷行業。陳憲中一開始參加保釣運動時，負責的是文宣工作。

　　談起當年參加保釣運動的動機，陳憲中說，來到美國之後，發現很少有人提及日本侵華的事情。究其原因，"一是侵華歷史時隔久遠，二是，有人覺得，已經在美國的人，還去關心日本侵華歷史幹什麼？

　　日本從上個世紀70年代就開始修改教科書，掩蓋戰爭罪行，陳憲中覺得難以容忍，就開始參加保釣行動，之後就一發而不可收。

1985年抗戰勝利40週年的時候，陳憲中等人成立了對日索賠中華同胞會。1987年陳憲中在紐約蘇豪區舉辦了紀念南京大屠殺畫展，《紐約時報》對此做了專門報道。1991年成立了紀念南京大屠殺受難同胞聯合會。紀念南京大屠殺受難同胞聯合會在林肯中心和卡內基音樂廳舉行過紀念音樂會，並且協助拍攝過記錄片《馬驥的證言》和《奉天皇之命》。每年的12月13日，南京大屠殺紀念日前後，聯合會都會舉行特別的紀念活動。他還發起成立了亞太事務研究中心。

陳憲中回憶，80年代的時候，不要說在海外，在中國大陸談日本侵華歷史的人都非常少，當時南京市的大屠殺紀念館只有一個小房間。日軍731部隊細菌戰的歷史也是由陳憲中領導的紀念南京大屠殺受難同胞聯合會最開始研究。陳憲中承擔了播種人的工作。"德不孤必有鄰"。1992年，世界抗戰史實維護聯合會在加州成立，現在美國多個城市設立有分會。據陳憲中說，目前在美國有30個研究日本侵華歷史的民間組織，成員都是以華人為主，全球共有5、60個類似的華人團體。

在被問道在美國從事這樣的民間活動，最大的困難是什麼時，陳憲中想了想說，"剛一開始最困難，在中國人的圈子裡都找不到共鳴，大家來美國闖天下，都不容易，擔心的都是怎麼活下去的問題，隨著大家的經濟好轉，這個事情好做一點了。"

他接著說，"我們現在最大的困惑是，做了很多保釣活動，像到日本領事館前抗議遞信，卻石沈大海，沒有得到很好的回應。看得出來，日本是應付我們。不管中國政府講什麼，日本照樣參拜靖國神社，照樣修改教科書，愛做什麼做什麼，對中國政府都可以不聞不理，海外華人沒有什麼根基，他們更不放在眼裡。"

但是陳憲中強調說，日本雖然對亞洲國家的聲討置若罔聞，但是對英美的意見卻很重視，日本覺得自己屬于西方陣營，尤其怕在英美面前丟面子。

基於這個考慮，陳憲中說，現在美國華人民間組織開始走向主流，表現在集中力量爭取當地民意代表的支持和西方輿論的關注，將在皇后社區大學舉行的圖片展覽就是一個實例。

為受害者打氣

紀念南京大屠殺受難同胞聯合會和中國的民間團體有不少合作，陳憲中一年也要去中國兩次。他坦言，"國內團體希望我們能多做一點，因為我們可以在美國可以自由地發表言論，他們卻不能。"

陳憲中到湖南常德和浙江義烏訪問了不少日本細菌戰的受害者和他們的親屬，鼓勵這些受害者要求日本政府賠償損失，為他們打氣。陳憲中說"日本並不是賠不起，而是面子上下不來，我覺得爭取賠償是讓日本認錯的一個手段，賠償不是目的，不是說收到賠償了，我們就成功了"。他認為日本政府目前都是以慰問金的名義給予二戰勞工和慰安婦經濟補償，但都不是真正意義上的賠償。

陳憲中認為，日本至今沒有就戰爭道歉，是受到文化和民族性等因素的影響，但更重要的原因是天皇制度所致。他分析說，天皇是二次世界大戰中，日本最大的罪魁禍首，天皇可以逃脫罪責，別的人是"奉天皇之命"而去打仗，就都不是戰犯了，本來應該是戰爭罪犯的人戰後卻做了高官，因此他們不可能去否定過去，主動認錯，只會說自己受了挫折，有機會還要重來。"歸根結蒂，是制度的問題，制度不打破，這個問題（道歉）就會沒完沒了"。

4、5月間，中國學生和民眾在中國舉行一連串示威遊行，抗議日本再次修改教科書以及反對日本加入聯合國常任理事國，當時陳憲中剛好在北京。他很高興看到中國的年輕人參與到自己堅持了數十年的行動中。他說自己毫不擔心日軍侵華歷史，會隨著自己這代人的老去，而被人們所淡忘。

針對於中國大陸的遊行中出現的打砸搶的非理性行為，陳憲中說，適度的民族主義是需要的，但做法上要更文明和理智。對於抵制日貨的做法，陳憲中則認為，要區別對待。對於徵用奴工的三菱公司、鹿島公司和日本細菌戰骨幹成立的綠十字制藥公司，就應該加以抵制，"不加選擇統統抵制，會讓人覺得我們在亂來"。

不熄的信念

陳憲中為了保釣和紀念南京大屠殺受難同胞聯合會投入的不僅僅是心力，還有金錢。這位全職社會活動家還要兼顧一個大型印刷廠畫夜不停的運轉。陳憲中說，自己不在美國的時候，生意要靠女兒和經理們來打理，"公司有150多個員工，所以多我一個，少我一個沒有所謂，"陳憲中笑著說。

他認為，賺錢固然很重要，也要做自己認為應該做的事情。他不同意這樣的說法，"等我賺夠了錢，我再來做我應該做的事情"。陳憲中的哲學是，"錢沒有賺夠的時候，你有多少能量，就要做多少事情，否則就永遠沒有時間去做事情。"

陳憲中還談到了中國的民族性。他說，"日本從70年代開始修改教科書，一步一步走過來的，非常有制度和計劃，中國人鬧一陣，然後就沒有聲息了。猶太人受到宗教的影響，中國人沒有宗教，5分鐘熱度的事情太多了，不夠堅持，靠狂熱是不行的，如果可以有一種類似宗教一樣的信念，就能堅持得更長久。"

信念是他的源動力，陳憲中這樣解釋他的信念，"在一個美好、和平、和諧，有正義感的世界裡，是非曲直講的清楚"。

他坦白地說，到了現在仍然有很多人覺得我們是在反日，我一直在強調我們不是在反日。我們的目的不是在於復仇，如果當年日本可以像德國一樣認錯，我想也不會有今天，錯了就是錯了，越是不承認，要追溯這個事情的願望也越深。我們是想探討怎麼能夠不再重演歷史，怎麼去建立一個長久和平，共同發展的亞洲社會。

"只要人的心還是在燃燒，就怕火熄滅了，再燃就難了"，陳憲中像是在告誡別人，也仿佛是在激勵自己。

其實我不是老板
——專訪三峽東方皇家旅遊船
美國公司總裁王茜

多維記者 鄒興睿

我在美國當老板

"我是先被扔到商海裡，然後學會游泳的……"東方皇家旅遊船美國公司總裁王茜這樣形容自己到美國後的工作經歷，但她承認，正因為如此，才迫使她有了更廣闊的舞臺和成長的環境，獨立自由、淋灘盡致地發揮自己的能力。

她笑著強調說，你們是老板专栏，可我并不是老闆，只是在海外代替中国老闆在美国作用的人，是有幸被當老闆的伯樂賞識，而扔到了商海裡，"可能董事会相信我在海裡學會游泳的潛質。"

王茜來美九年，在北美的遊船市場可謂從零做起。儘管，來美之前曾有4年在東方皇家旅遊船公司工作的經驗，但被公司派來美國腳落的那一天，她舉目無親，沒有一個客戶。九年過去了，她獨當一面，為公司完成了驕人的業績，和美國

和加拿大的200多家旅遊公司建立了長期穩定的合作關係，成為對旅遊市場較为熟悉 的業界年轻人士。

王茜是位謙虛的柔弱女子，她說，"茜"是一種 紅色的草，"由于草的特性，我對工作环境的適應能力还可以 ， 但其实更爱享受生活， ，我绝不是女强人，只是一名有较有独立事业追求的女性， 生活中还小女孩呢。

兒時記憶埋下夢想

20年前，才十幾歲的王茜曾和爸爸盛夏乘船出去玩，她清楚地記得那時家裡經濟條件不好，他們坐的船上既有遊人，也有渡船做工的農民，還載著動物和貨品，他們買的船票也僅僅是四等艙。更不談有空调。

不久，迎面駛來一艘大遊船，豪華而氣派，船頭站著的海員竟是王茜爸爸的學生，兩船靠近時，海洋從艙內拿出冰鎮的水果飲料和其它小吃遞過來，夾帶著船艙內的冷氣迎面撲來，在火炉武汉家裡連電扇都還沒有的炎热夏天，這一切給王茜留下深刻的印象，对美好生活的追求是最真实的原动力。

王茜說，童年時偶遇的二星級遊輪和現在她工作的東方皇家五星級遊船相比，當然差了太多，但是那個兒時的記憶，在她內心生了根，她決心長大後要到這樣优越的環境去工作，這對她日後選擇自己工作的方向時，起到了導航的作用。她感嘅："激勵努力工作 的原動力就是對美好生活的嚮往。"

初試茅盧嶄露頭角

王茜在華中理工大學讀的是理科自動控制，父親也是教理工科的老師，畢業的時候恰逢第一個四星級的武漢亞洲大酒店全面招考，王茜和兩百名考生從8000应试者中脫穎而出。被錄用後，總經理总是將各种新型挑战性不同工作交給剛剛20出頭的王茜，不断试验其对新工作的适应性，讓她在最大強度上得到锻炼并協調和處理整個酒店的工作，王茜說自己有幸被培养干過前台、客房部、餐飲部、採購部、工程部、甚至裝修驗收部門。

這並沒有把王茜嚇住，而使得她將自己的潛能充分發揮出來，令加拿大華裔老闆謝俊明更有培养信心，并授权給王茜在兩个月内独自完成一本书的编写：武汉亚洲大酒店运行管理程序，此书直至现在还是该酒店管理运作的蓝本。

1993年，中國第一家五星級遊輪開始在長江三峽開通，船公司的香港老闆在旅游会议活动的接觸中瞭解了王茜的幹練和能力，邀請她來主持游輪的市場開發工作，喜歡挑戰的王茜又一次站在了起跑線上，不過這一次卻讓她實現了童年的夢想，站到了更氣派的豪華郵輪上。她工作的"東方皇帝"號和"東方皇后"號具備多種設施，是按照國際標準的、中國僅有的兩條五星內河遊船。

王茜說，她见到来美国的新移民中非常出色人才太多，，而自己的幸运 是因為被老闆识才善用到合适的岗位，一直在外資企業工作，在開明的工作氛圍和管理方式下能 ，挖掘出了自己的潛力。她深知，想永遠把握機會，沒有能力光靠運氣是絕對不行的，实干和能力才是"正戲"。

十多年前在武汉進入船公司销售部负责，她又拿出了玩命的幹勁，為爭取更多旅行社客源，她連續不斷地出差，常常飞机落地後時差還沒倒過來，就每天走訪四個五个陌生客戶的記錄。最初兩年，三峽旅遊遇上低谷期，開發新船市場比較艱難，她独自在不到兩年内，在没有广告情況下，把公司兩条船—————东方皇帝，东方皇后在中国和东南亚，日本都快速打开知名度，皇家旅遊船從名不見經傳到聞名遐邇，王茜深感欣慰。

船公司董事会看到了這個中國"小"女子的潛能量，又一次把她推到了風口浪尖上……

獨自赴美大海撈針

九年前，被公司派到美國來开发市场，是王茜想都沒想過的事，她一直認為自己沒親戚，沒關係，更沒機會，上學時根本沒有想過要出國。她感叹，每個人的未來都是不可知的，但每個人都可以通過努力來改變自己的未來。

1997年5月，王茜到達洛杉磯。住處和辦公室還沒有安排好，她就馬上開始去拜訪一些旅遊公司，先结识了一些华裔客户，同时开始尝试进入一些美國人的旅行社走访。她在媒體上刊登了廣告，開始參加一些推介會，並在會上做演講和宣傳，陸續得到了一些客戶名單。回到办公室，每天电话或邮件跟踪解释过的客户，不断发游船资料，强化客户对自己公司的印象。

半年過後，功夫不負有心人，逐步有客户因她持续努力及诚意感动，尝试给皇帝皇后公司一些团队，有了一定的營業收入，此後服務細致，使客源便穩步增長，8年下來，她積累了2萬多客戶名單和資料，和200多家旅行社，批發商，零售商建立了穩固的關係，而這些，"是在那些沒有回信、沒有電話、無人理睬的日子裡，靠不洿努力地奔波換來的。"

　　王茜說，"師傅領進門，修行在個人"，要用心的去體會別人的需要和市場的供求，憑著她對國內市場的瞭解和對遊輪上每個細節和服務設施的熟悉，她博得了很多同行的接纳认同，接受新客户较慢的美国人公司，也在几年内喜欢上她的船产品。　并认同這張年輕的面孔。

　　1999年，公司開始將市場開發重心從西海岸的移到了東海岸，以期開發更多的客戶。王茜搬到了新澤西，從業務到辦公室事務、直到新人培訓都要親自兼顧，她說，"我自己就是各個部門"。

　　多年的經驗讓她做事有條理，也雷厲風行，她說，自己已經學會合理安排時間來化解工作量和強度，而整個工作的"架構"在不斷完善，做事也就更得心應手。

經手外國遊人20萬

　　如果不是記者提及，一直在談工作的王茜可能壓根就忘記了要提那些給公司抓來的名人団體生意，雖然手裡有份整理好的名單和名人在船上的留言，她說，其實，每天都要處理很多事情，一些有意思的人和事還來不及回味，就已經被新的业务所吞沒了。她"對客戶一視同仁"，不過，爭取這些名人的過程要比其他客戶難上加難，這樣的客人看中船好服務好！而這也是王茜來美工作的一部份重點，所以，有收获後便格外值得欣慰。

　　比爾.蓋茨95年遊長江三峽，坐的就是東方皇家旅遊船公司的遊輪，是王茜在大陸工作期間和外交部聯係成功，並竟標成功的一個典型例子。96年基辛格訪華同樣選擇了他們。而中央電視台大型節目《大江截流》節目組，更是把他們的船當成了直播間和拍攝指揮部，把各種設備和技術、工程、景點的變化消失，都在距離截流僅100米的　東方皇后號上現場直播，"那一天，全世界看到的鏡頭都是從東方皇后號上傳出來的。"王茜為自己的船公司　自豪。

　　王茜來美後，成功地聯係了IBM員工訪華，Ebay和華納的包船以及麥當勞綜合部門每兩年的休假商務獎勵，一些美國的參議員及州長的訪華都和東方皇家旅遊船美國公司掛上了勾。美國和加拿大一些考古團、學術團、大學研究所、博物館、生物學家、以及金融會議團等多種攷察隊伍和旅行團隊，也成為東方皇家旅遊公司的一個重要部份，按王茜的話說："是在給公司客源結构不斷換血。"

　　王茜率眞地說，自己是那樣的愛那兩條船，他們已經是自己生活的一部份。在美國的九年，經她销售而选乘坐過東方皇帝號和東方皇后號的遊客，已經有7萬多人次。加上在大陸以前的業績，足足有20萬。作為一位華人，能幫助讓這麼多外國人到中國去旅遊，去見識中國的自然山川和傳統文化，并为旅游业创汇，王茜很欣慰。她說，外國人對中國的瞭解相對來講，要比對歐洲和其他國家的瞭解差了幾10年。她對那些美國學者試圖保護長江三峽面臨遺失的生物和自然古蹟的努力，深感敬佩。

　　王茜分析起中国旅遊市場的未来好有信心：亞洲的軟硬件齊全，價位適中，發展態勢持續看好，而隨著外界對中國的瞭解，加上對2008年奧運會和世博會的宣傳，中國將更受矚目，美国人去中国旅游业必定更加兴旺。步出前兩年的低谷，05到08年的亞洲旅遊市場將會顯著上昇。至於三峽，很多人以為，截流後已經沒有什麼可看，但三峽截流其實分三個階段，最後一個階段在09年，三峽經過兩次截流後，可謂雄姿略減，秀色更添，江水　變深，江面更寬更壯闊，有另一番景像，還可以看到一些截流文化的內容。另外，一些寶貴的歷史遺跡還是保留下來了，從發展的角度來看，三峽秀麗景色和文化遺產吸引的遊人仍舊不減，所以她對北美的市場相當有信心。

愛工作更愛生活

王茜對工作玩命，對生活的態度卻一點也不含糊。她說自己非常爱美也讲究生活品质，爱做居家设计装饰，讲究着装等一切女人所爱。她剛剛作為評委，參加完在中國大陸賽區環球小姐的評選，她說，這只是自己旅游業務客源延展的一個方面，因为环球中国小姐组织也计划组团上我们皇帝号旅游。

她的言談舉止處處表現出一個講究生活品位的女人，而她本人發出的女人氣質時時能影響到旁人，難怪客戶會推薦她做環球小姐評委。

不過，王茜說，更想踏踏實實的做一個不是老闆但是做著老闆工作的人，而且"比我出色的人有很多，我只是同樣具備努力而已。"

她說，對生活的熱愛是一個女性發自內心的聲音，把加倍努力付出在工作上的精力回報給自己熱愛的生活，活出一個女人丰富的顏色。

購屋貸款不求人

——專訪新美貸款銀行總經理陳名岷

多維記者 呂賢修

　　"有土斯有財"，許多華人在海外成家立業，都將這句話奉為圭臬。然而，走過這段路的人也都知道，貸款購屋，雖談不上困難，但說是煩惱卻綽綽有餘。13年來，新美貸款銀行所累積的服務經驗，或許能就此提供一臂之力。

入行純屬無心插柳

　　初見新美貸款銀行總經理，一張娃娃臉，但說話時習慣掛著口頭禪：Basically如何如何，卻是出人意料地條理分明。陳名岷，許多人習慣叫他陳邁克，1954年出生於四川。在歷經文化大革命的上山下鄉後，他畢業於湖北財經學院，隨後任職財政部基本建設司，即日後的中國人民建設銀行，負責中國建設工作的放款工作。

　　鄧小平南巡，中國的改革開放才剛開了個縫。得到世界銀行以及國際基金組織的協助，發展的經費是有

了，但當時懂英文的人不多，國內嚴重卻缺乏金融人才。自大學畢業後，陳名岷自學英文。當中國人民建設銀行派人到大連外語學院進修英文時，他是北方考試的第一名，因此順利入選。

他回憶那段苦讀英文的日子，大連很冷，每晚都要用熱水泡腳，他連這點時間也不浪費，一邊泡，一邊背單字。他總共背了4本字典，而為了了解西方文化，他也讀聖經。後來，他組織情境對話小組，同學們一起說英文。結果，也因此結識了後來的陳夫人。

之後，陳名岷進入中國投資銀行擔任放款審核工作。他翻譯了當時世界銀行的項目審查指南，供全銀行職員使用。隨著各省分行陸續成立，開始出現管理人才荒。世界銀行提供培訓課程，而經過遴選，陳名岷被選派到華府受訓。他因此第一次接觸到西方經濟學，以及與中國截然不同的生活環境。課程結束後，他回國擔任種子教師。此時，他也暗下決心，將來一定要回來。

1年後，他申請公費留學獲准，5個學期，他兼打3份工，還讀完60個學分。1988年，他自德州大學獲得企管碩士。畢業後，陳名岷來到紐約，當時他心中的世界金融中心尋職。記得當時他寄了100份履歷，卻沒有令人滿意的回音。為了維持身份，他在紐約市立大學，又讀了一個經濟學碩士。在這期間，六四事件發生，他也順理成章地留了下來。

90年畢業後，陳名岷投入房屋貸款工作，一開始先在當時的美東專家貸款公司擔任經理。1993年，新美貸款銀行成立，他成為經營團隊的一員。回想當初，他根本沒想到自己會做房屋貸款的工作。許多人笑他"做貸款，哪裡需要MBA？"也許他更沒想到的是，自己日後居然會成為箇中翹楚。

創業於市場谷底

1993年，新美貸款銀行成立時，當時很少有貸款銀行願意跟華人打交道。陳名岷說明，申請貸款主要有4個條件：信用調查、收入調查、資產調查、房屋狀況。但早期的華人，根本不借錢、查不到信用歷史；而收入，多數人拿的是現金，沒有收入紀錄；至於資產，怕被查稅，很多人要不把錢放在保險箱，要不變成mattress money，藏在床底下，銀行怎麼敢借錢？但他認為這是因為銀行對華人了解有限。

分析早期的情況，陳名岷指出，只有花旗銀行敢冒險借錢。作法就是像貸款的大盤，只要是律師、房地產經紀人，會填表，就可以做貸款。當時華人律師約有200人，每個人都是貸款經濟人，算是額外的收入。

但在86年，由於供過於求，美國房地產開始走下坡，一直到94年跌入谷底。花旗銀行在收款上面臨挑戰，加上跨行經營貸款保險，因此受到很大的衝擊，損失慘重，幾乎倒閉。

新美貸款銀行，就是是成立在房屋市場最低迷的時候。陳名岷與猶太人的銀行接洽，告訴他們：花旗銀行對華人的房屋貸款批發不做了，希望他們能接下來。他相信，猶太人了解中國人，知道中國人就算是餓肚子都會還貸款，因此與他合作，給了一筆4千萬的專款。

有了錢，但缺少人才。陳名岷逐一拜訪這200位律師，希望承攬所有的貸款文件作業，一個案子只拿0.125％。由於當時平均的房貸申請是10萬，他的佣金只有125元。從申請填表到結案，都是一個人做。他每2天坐火車到紐約上州，跑猶太人的銀行申請，最高紀錄是1天填了13張表。

不料，2個月後，4千萬發完了。光靠華人？猶太人也嚇一跳。但錢發完了，問題也隨之而來。他回憶，當時華埠十分閉塞，銀行打電話到衣廠找客人，往往電話一接通，"啊，鬼佬…" 就掛電話了。無法證明貸款人是否在此工作，銀行很不諒解，否決許多貸款。兩面不討好，對他是很大的挫折。

1998年，轉機出現。保險公司大裁員，許多華人保險銷售員因此失業，陳名岷吸收了許多其中的菁英。他當時拿出美國商業週刊，98年第2名熱門的工作是貸款銀行，平均年薪15萬。他問這些人：賣保險，是你求別人。但做貸款，是別人來求你。你們為什麼不來幫我做呢？

陳名岷記憶中的另一個轉折點：一個上海客戶，後來轉而成為員工。他說"你手邊有這麼多客戶，為什麼不分一些給我們？" 陳名岷認為合理，這樣他可以專注於管理工作，以及市場開發。而事實上，他指出，公司也是自此才真正開始發展，至今每年營收都以2位數成長，甚至超越主流同行的龍頭Countrywide Financial。

多些人做，公司自然發展地快。這樣的理念，一直維持至今。陳名岷說明，他看過一個電視劇，有人解釋自己如何成功，於是拿出1張1元紙鈔，撕成兩半，大的一半給公司員工，小的一半給自己。對此，他深有同感。因此公司對員工、客戶，一切透明。為了鼓勵員工，獎金不設上限。公司的淨利，70％給員工。目前公司有100多位員工，大家感覺是為自己在工作，每天晚上，辦公室裡總是有人自動加班。

大膽投資掌握先機

對於風險，陳名岷表示，這一行的風險與房市好壞，或是房子被拍賣無關。由於絕大多數的貸款案，都還是轉給銀行放款，如此周轉速度快，風險也低一些，但還是可能遇到有人造假騙貸款。一旦發生這種事，公司必須從銀行買下這筆帳，然後再追討。這影響公司現金流量，而且會賠上公司的信用。因此，公司有3個人專門負責審核，並採多方估價，避免作假。

　　至於競爭，他分析，這一行分3類：一般銀行，由於人事、房租開銷偏高，所以利息低不下來。加上銀行受政府管制嚴格，批審過程漫長，對借款人只有壞處。一關一關審核，不管核准與否，都要4至6週後才知道結果。如果被否決，只有重找一家銀行，一切重新來過。不但申請費、信用調查費要再交，時間也浪費了。

　　但以房屋貸款專業銀行而言，他強調，效率高，最快30分鐘，就可以批准。當許多人想搶同1間房子時，通常誰先拿到貸款，房子就是誰的。新美貸款銀行可以預先批貸款，有這份文件，就可以簽約。

　　除了效率，他補充，貸款過程有許多費用，估價費、申請費、信用調查費、產權調查費、律師費，總共2、30項。但新美貸款銀行只有2種費用，新澤西288元，紐約388元，而且一費到底。

　　陳名岷回憶，一開始，他要去找銀行，請他們提供貸款方案。而為了得到較好的條件，往往必須把所有的雞蛋放在同一個籃子裡。但漸漸的，公司的客戶多了，信用也建立了。所以現在變成銀行來找他，主動提供較好的條件、利率，希望爭取客戶。

　　他說明，銀行貸款方案很多，比如 Green Point，有80多種；Countrywide 則號稱有800多種；匯豐銀行、比較保守，只有10幾種方案。但就像用框框篩選蘋果，各有條件限制，如果貸款人條件不符，都會被拒絕。

　　"因為是大客戶，銀行很重視我們。對於銀行，我的條件是，簡化申請填表的程序，還要有自己的估價師及律師。這樣，就算客人被一家銀行拒絕，換到別家銀行時，也不需要重新繳交各項費用。我與100多家銀行打交道，所以你可以想像我手中有多少方案。比如匯豐不准，2天後就轉到別家銀行。"陳名岷表示，每個人的情況不同，他的工作，就是根據客戶的實際情形，為客戶找一個容易被批准，而且條件對客戶最有利的貸款方案，避免浪費時間、金錢。

至於第3種，房貸經紀人。陳名岷指出，雖然也可以仿效這種作法，但金額太小，就算1年做1千萬，分散到各家銀行，根本無力與銀行談判。此外，很多人現在拍胸脯保證一定貸得到錢，但這是違法的。依法，經紀人不能以這種承諾做為競爭手段。而新美貸款銀行，因為有銀行執照，分行經理就有權批准貸款。

分析10多年來這一行的變化，他認為，整體而言，程序逐漸簡化，而且標準化。此外，條件審查的重心也有所轉移。過去依序是信用、收入、資產。現在最重要的則是信用和資產，而且許多方案都不需提出收入證明。

他補充"還有貸款金額變高，過去平均每筆10萬元，現在則是3、40萬元。過去平均只批准75％到80％，現在，因為銀行錢太多了，有時信用紀錄不好，都可以貸到100％。這對借款人來說，是好事，也是壞事。借了100％，如果事後還不起怎麼辦？"

陳名岷舉例，最危險的是，很多銀行，完全不考慮借款人利益，只想如何讓申請通過。現在有廣告說利息只有1.25％，一個人原本買不起房子，但如果利息低就可以。借款50萬，利息只有1.25％，說是鎖定利率，但只鎖第1個月，之後恢復市場利息，約7％。銀行然後告訴客戶，前1年可以只付每個月最低的額度，但沒還的部分，變成本金。1年後，本金越積越多，除了利滾利，30年的貸款也只剩29年能還。事實上，這種方案只對短期可脫手的房地產商可能有好處。

公司得以順利成長，陳名岷認為，90年代後期至今的房市漲潮是因素之一。短期來看未來，他認為房地產市場將走下坡。對這行的影響，大公司會因此裁員，小公司則是倒閉。但對他而言，他打算利用這個機會，吸收更多專業人士，繼續開分行，等待下一波機會。

陳名岷目前正爭取合約，與一般銀行平起平坐，直接由 Federal National Mortgage Association 拿錢。如此，也可以拿到更好的利率，嘉惠借款人。而談到自己的座右銘，他記得過去在中國財政部工作時，1位處長常說：做事，只要不出大錯就好。但另一位副處長則認為：如果一年做不出2、3件大事，那還不如不活了！

最近剛得到亞美商業發展中心所頒發的"50傑出亞裔企業家"獎項，陳名岷表示，按照計畫，他每年都要有一些進步。比如開發新的商品、設立分行、建立新制度。他指出，新美貸款銀行，是唯一一家華人的房屋貸款銀行，目前在紐約華埠、法拉盛及新澤西愛迪生市皆有分行。今年也即將在新澤西李文斯頓，以及加州蒙特利公園增設分行。未來，更將成為全國性的華人房屋貸款銀行。

新美貸款銀行網址：www.smb-mortgage.com。

身不由己江湖行

—— 專訪藤氏建築工程公司 Mike

多維記者 張立春

我在美國當老板

　　最近半年多來，在許多媒體上都可以看見"藤氏建築"的大幅廣告，年輕的老闆Mike藤忠躍,也和新聞界成了好朋友。多維記者在一年多以前，因為一個社團的宣傳，曾經采訪過他，也去過當時非常熱鬧的"藤家園"餐館，還見過他還未滿週歲的兒子，對於這樣一個醫科畢業，來美國以後，跨越了如此之大的行業改變，Mike已經深有感觸。

　　Mike還象去年那樣忙，忙得沒有時間到辦公室接受采訪，在改變多次采訪時間以後，還是跟蹤到了藤氏建築的工地現場，位於新澤西北部的――一處剛剛翻建的獨立住宅。

　　驅車近一個小時，來到這個三千多呎的住宅前，站在還沒有完工的草坪上，Mike就說：看到這棟房子，就應該體會到，這一年來的變化確實不小。就從最簡單的廣告詞"百萬保險"變更到"千萬保險"這一項，就可以看出，藤氏建築這一年來的施工規模已經增長了十倍。

藤氏建築偶然出世

Mike原來在中國時學的是醫科，91年來到美國。作為一個中國畢業的醫科學生，要想在美國當醫生，實在是一件非常困難的事情。為了生存，Mike先後在密歇根、紐約經營餐館業務，開始是和人合夥，後來到了新澤西，在愛迪生的1號路，Menlo Park Mall附近，買下了一家餐館。開始自己動手，改建餐館。從設計餐館店堂到采購建材木料；從找裝修工人到施工排期；從土、木、水、電手續，到政府驗收檢查，每一步都是自己去跑，自己去辦。整整半年，獨具中國特色的"藤家園"餐廳，China Buffet正式對外營業了。漂亮的彩色拼花的玻璃龍鳳吊頂、和清式的仿紅木桌椅上下輝映，吸引了附近商業辦公區的很多老外，如果是中午去用餐，80％以上都是老外客戶。

Mike告訴多維記者，"藤氏建築"是在非常偶然的相遇中醞釀的。有一天中午，一個在餐館就餐的客人說要找這個餐廳的設計者，服務員馬上就找來在廚房的Mike，當這個客人瞭解到整個餐廳的佈局設計和具體實施都是Mike負責實施時，遞上一張名片問"是否願意合作"？看著這張名片，著實讓藤先生驚訝不已。眼前看重自己設計的是美國大西洋地產連鎖公司主管建築事務的負責人。就是這大西洋地產，給Mike提供了一展身手的舞臺，也造就了藤氏建築工程公司，並且有了最初的建設項目。用Mike自己的話說是：我自己都沒有想到，會這麼輕而易舉的改變了自己的職業，踏進一個完全陌生的建築圈子。

美國政府更官僚

以前總是聽人指責，中國的辦事效率底、官僚主義作風嚴重、腐敗行為盛行。進入建築這個行業，mike才深深體會到美國的政府官僚作風更加嚴重。因為對他們來說，分工就像是劃分了法律的界限，不歸我管的，我即使再清楚明白，也不會告訴你半個字。他們的政府公職人員在工作上過分強調規章和程序，導致行為非常僵化、辦事效率低下。很多時候的僵化行為，到了讓人不可忍受的程度。你要碰釘子自己去碰；你要走彎路也讓你去走。

對於這些釘子和彎路，Mike是深有體會。去年，Mike 接受一個朋友委託，裝修一個醫生診所，但在驗收過程中就是一而再、再而三的被要求返工，甚至還被要求更換設計方案、更換建築材料等等，經過多少次的反覆，到最後，Mike才搞明白，這些被要求修改和變更的，只不過是用詞方式的差異而已。Mike 的工程隊拉長了工期且不說，給客戶還帶來了很大的不便，儘管責任不在自己，但每每提到這個診所項目的驗收，心理還是有很多歉疚。

中國習慣改不了

在美國生活的許多華人，平時的生活內容都非常簡單，和外界接觸也不是很多，因此，越來越多的家庭，在自己的生活空間中追求個性化，新穎的外觀框架、獨特的室內格局、多功能的生活環境，為住宅建設提出了更高的要求。

在談到在中文媒體上作廣告這個想法時，mike說，自己當時的想法非常簡單，就是希望可以幫助更多的中國人，在美國造出滿足中國人生活習慣的房子。他是要讓更多的華人知道，在美國，也有很好的中國建築商。在新州有這麼多的中文報紙，上面有各種各樣的廣告。衣食住行，幾乎什麼都有，雖然也有建築裝修之類的廣告內容，但大多隻是黑白的小豆腐乾或是分類廣告裏面的幾行信息文字，這種廣告，和造房子的實力懸殊太大了。Mike手上拿著許多份中文報紙，不斷的翻弄著廣告，講述著他的廣告意圖，"我要幫中國人造符合中國人要求的房子了"。就憑這短短的一句話，和一張名片，第二天，記者再次在新州中部的一個建築工地，碰到了Mike。

這是Mtuchen老城區中間的一處華人住宅，可以看到，剛剛做完大規模的改建。在這裏的Mike，話立刻就多了起來，不斷的向記者講述客戶當時對他提出的要求。從門廳到樓梯、從臥室到走廊、從廚房到衛生間，Mike滔滔不絕的向我們講述著每一塊空間的安排，每一個角落的設計想法。中國家庭對廚房的設計非常特別，要有窗戶、要有外排油煙機、要有多的櫥櫃、要有便於清洗的灶具，這種種特別的要求，祇有華人建築商才可以體會得到。Mike 說，當報紙刊登第一個整版彩色廣告以後，引起了不小得反響。Mike的電話一個接一個，有人提問的、有人詢價的，也有人打探消息的，僅僅二周，Mike就接到了近二百萬的承建訂單。以後的時間，越來越多的華人家庭和商家找到Mike，"藤氏建築"慢慢的走近了華人家庭。Mike非常驕傲的說：我做的工程"從地基開始，三週完成架構並通過水、電、氣檢驗"完全不是吹的，我把我的各種檢驗證書都貼在建築物門口的玻璃上，這說明了一切。

相互協作 走進主流

Mike還告訴多維記者，因為實在太忙，現在已經把"滕家園"轉手了，希望這樣好全心全意的來經營"藤氏建築"。然而，整天奔波在幾個工地，家裏也照顧不上，孩子還小，索性就送回中國了。本地的項目加上外州的項目，日程已經排到明年了。

如今年紀青青的 Mike 已經開始笑稱自己，"人在江湖，身不由己"。

談到現在的北美建築企業間的市場競爭，Mike認為，行業競爭是必然的。在美國的建築市場中，有那麼多的美國人建築商，他們已經形成建築的連鎖企業，無論從規模還是從實力來說，比大多數華裔建築商都要大。而華人企業，發展的歷史都不長，祇有相互協作，相互支持，樹立良好的信譽，才有可能可以走進主流，為客戶提供高標準的的技術和完善的系統服務。Mike 也告訴記者，最近已經和幾個華裔建築協商，希望在新澤西成立一個地產、建築商協會，用這樣的方式，給大家設立一個行業間相互交流的平臺，也希望更多的人，可以加入到這個協會來。

Mike也向我們展示了"藤氏建築"正在規劃的網頁，在首頁中，我們看到"客戶的滿意度使我們更具信心，堅持一貫的誠信服務精神，提供高標準的專業技術服務"這樣一條作為企業宗旨的和經營理念文字，"藤氏建築"也希望遵循這種經營理念，為更多的客戶提供服務。

我在美國當老板

最美的手工在你的腳下

—— 專訪真善美地毯公司

多維記者　張立春

　　沿著新州東布朗士維克的主要交通要道18號，到中國超市買菜，都會在18號路和Tices Lane交界口，看到一塊很大的"真善美"地毯的廣告牌，這塊廣告牌雖然經過多次整修，但在這裏已經屹立了十多年了。

　　因為看到"真善美地毯25週年"的活動預告，決定走訪一下這個堪稱"新澤西無人不知的老字號地毯公司"。

店名緣于台灣早期電視片

　　第一次拜訪"真善美"地毯的女主人，多維記者對"真善美"這個字號的來源作了詳細的瞭解。女主人張太太告訴多維記者：原來"真善美"來源於台灣早期的一部電視片，內容主要是講述人性的真善美品德。張先生24年以前由台灣來到美國，再紐約皇后區，從做房地產開始，到做沙發套和窗簾，又順便做地毯。"真善

美"發展到現在，已經成為新澤西屈指可數的地毯和窗簾經銷商。

張太太說：選擇"真善美"這個店號，完全是來源於最單純的"好聽"、"好記"。而現在，"真善美"這個店號已經用"真誠服務、善待客戶、美化生活"為自己做了更加貼切的詮釋，這個詮釋，也成為"真善美"地毯經營25年來一貫遵循的商業標準。以至於後來在紐約皇后區陸續出現了許多家用這三個字作為字號的店面，包括餐館、美容院和影像商店。許多商家也都借"真善美"這個人性最完美的品德，宣揚自己的商業道德。

家族企業奠定優勢

很多人以為，家族企業經營，從商業角度看，有著很多的弊端，張太太認為：對"真善美"地毯來說，就是這種家族企業的經營特點，為"真善美"的銷售和服務，創造了最好的競爭優勢。

在海外的很多華人企業、商家，大多都是家族企業。他們早期舉家移居美國，他們大多是采買、銷售、服務和財務一把抓，精心的計算每一個細節，他們都非常注重"口碑"和"回頭客"。家族企業之所以被稱為家族，就是這個家族企業裏面的所有人，都把這個企業看成自己的家，像經營家一樣的經營企業；像愛護家一樣的愛護自己的企業。

"真善美"就是家族企業，我們是用我們的真誠來做回頭客。銷售行業有許多特別的地方，家族企業是由經營者自己充當銷售的角色，這和通常老美商店聘請專職的銷售人員不一樣。"我們也看到，老美企業請的銷售，第一任務是把地毯賣出去，只要地毯銷售成功了，佣金就有了"。在完成銷售以後，另外一個負責安裝施工的人就會出現，整個後期的安裝服務和銷售本人就再也沒有關係了。而在"真善美"，張太太就扮演了銷售這個角色。而張先生，則主要負責直接上門和客戶打交道。他們考慮的不是賣出地毯拿佣金，而是要全面考慮客戶的要求是否可以實施、是否可以給客戶提供更合理的建議、是否為客戶提供更好的服務，對"真善美"這個家族企業來說，銷售與服務，這一條龍，需要游刃有餘、需要相互支持和配合，在客戶那裏就可以建立非常好的口碑，而這個客戶，也就是"真善美"的最好的廣告樣板，而這個客戶的親朋好友，也就自然的成為"真善美"的新的客戶。

喜歡的不一定適合

巡視店裏，多維記者看到許多琳琅滿目的地毯樣品，隨便選了一種，"這種地毯什麼價格啊"？張太太沒有直接回答這個價格問題，張太太說：一般來到店裏的客戶，看到合適，大多都是先問價格，實際這是一種錯誤的想法，我們首先會問客戶"你想要把這種地毯鋪在哪裏？你們家裏有孩子嗎？有老人嗎？"張太太非常客氣的解釋說：不是你喜歡的地毯，就一定適合你的。

地毯銷售和其他零售行業不一樣，並不是單純的銷售商品，而是要銷售一整套的服務，張太太說：我們的銷售服務，是在售前就開始了。

一個客戶打電話來或是到商店來，他可能祇有一個概念，就是要買地毯。他們有的放在臥室、餐廳；有的放在走廊、樓梯；有的是放在辦公室或是其他商業場所，而對張太太來說，她先要瞭解的是：原來的地面是什麼情況？地面的邊緣是如何處理的？銜接關係是什麼？這個牽涉到地毯在鋪設時的技術問題。客戶的色彩愛好、牆面的色彩、傢具的色彩？采光情況如何？等等，這些關係到地毯鋪設以後，房間的整體效果。因為在貨架上看到的樣品，和真正完工以後的感覺會不同。甚至於還包括家裏是否有老人？是否有幼小的孩子？家族成員是否有過敏性疾病？有老人的家庭，在公用部位，不應該鋪設太軟或彈性太大的地毯；有孩子的家庭，不應該鋪設纖維太長的地毯；有過敏問題的家庭，必須注意地毯的成分……；而對於窗簾，也有很多講究，睡覺時怕光的和不怕光的選材不同、大人房間和孩子房間選材也不同……。

這些地毯和窗簾購買和使用的中的關鍵知識，似乎從來也沒有被人注意過。而這些銷售前的"服務"才能夠讓客戶體會到"真善美"的真誠服務。

" 手工"決定"口碑"

張太太說：凡是和"真善美"打過交道的人都知道，"真善美" 手工是無可指責的。"真善美"完成施工以後的現場，幾乎可以說是一塵不染的。"我們有自己的施工隊伍，合作已經很多年了。這組施工人員是我們商業上的合作夥伴，我們組成一個相互支持的團隊。施工中手工技巧的好壞直接影像到"真善美" 商店的聲譽，也影響到施工隊伍的經濟收益。

現在，有些電視廣告，畫面就是介紹，你祇要一個電話，第二天，家裏的地毯就可以全部完工了。提到這則廣告，張太太以為，如果真是這樣的施工方式，在沒有做好前期的地面情況調查之前，是根本沒有辦法決定真正的手工時間的。張太太說，很多客戶不懂，做到最好的地毯手工需要的基礎，"真善美" 會陪同客戶到商店，講解一些必要的手工處理技巧。對於一些舊地板改鋪地毯的客戶，還免費加固地板上的基礎釘。就是這種真誠，贏得了許多客戶的信任。

至於價格，是許多客戶購買地毯時候非常在意的一個環節，對"真善美"來說，沒有什麼季節性的特別促銷價格，而"最好的品牌、最好的價格、最好的服務"是他們一貫奉行的宗旨。

對很多家庭來說，花了幾千美金鋪了新地毯，可能要維持五年甚至十年，而地毯鋪設時候的手工又是在地毯下面不會被人看到的。手工的好壞，往往會在使用一段時間以後才會感覺得到的。而這種感覺會持續到再次更換地毯的那一天。"真善美"和這支固定的施工隊伍，已經一起走過了十多個年頭他們之間的這種默契，就像家族裏的血緣關係，是一種長久的、共同生存的扶持。

用真誠服務、善待顧客、美好生活詮釋的"真善美"理念，會成為海外的華裔家族企業共同追求的目標。

名牌大學喜歡
什麼樣的學生？

——專訪長春藤申請咨詢公司總裁張晨

我在美國當老板

多維記者 鄒興睿

"長春藤大學招生辦公室最不喜歡的就是那些'亞洲書獃子'，那些不知道自己喜歡什麼的人，而是喜歡錄取那些在自己長項上突出，能對社會工作有貢獻，100年以後能在本學校或各個領域史冊上留下名字的小孩。"這樣一句與眾不同又透著深諳長春藤大學申請個中奧妙的話，出自華人首家長春藤申請咨詢公司的總裁，23歲剛剛在哥大畢業兩年的高才生張晨。

這家長春藤申請咨詢公司（Apex Ivy Consulting）僅僅成立了不到兩年的時間，卻取得了令人矚目的成勣，他們運用"兩個點"的入學申請系統，不僅獲得了2003年麻省理工學院創新獎的優勝者，更吸引了老牌韓國著名學習中心Enopi總部的巨頭，他們專程從韓國飛來美國想高價收購這個項目。

儘管韓國學習中心的大將們驚訝地看到，該長春藤申請咨詢公司的領軍人物都是年輕的長青藤同盟學校畢業生，但對他們的專業的申請系統和他們

的工作能力非常感興趣。張晨他們的大學申請入學研究項目使用的系統獨特而具實用性，是目前各家長春藤學校正式招生中學院入學許可辦公室所使用的，他們模仿並綜合各家學校招收學生的每一個步驟，可以為申請的孩子在有針對性的申請中，全面提高申請資料的百分點。不僅獲得了哥倫比亞大學的現任教授和教務長的認可，更由有多年在長春藤學校招生，有實際經驗的人擔綱為孩子們擬定完整的入學申請。

他們去年在重視教育和昇學的韓國市場聲名鵲起，是因為僅為二十幾個孩子做全面的申請材料，幾乎儘數申請到了理想的長青藤學校，包括哈佛、哥大、耶魯、斯坦福、杜克、麻省理工和普林斯頓等著名大學。其中一位僅來美四年的韓國男孩，SAT僅為1250，高中前兩年成勣一般，資質尚未顯露，後兩年才趕上來，他們為其寫了一個非常好的Essay，並指出他的潛力在不斷提昇，使他在最初申請系統中只有59分，到最後提昇到74，申請到了在全美排名前三的公立大學 University of Virginia的全額獎學金和更為出眾的一所私立大學。從實際情況考慮選擇了有全獎的公立大學後，他的父母可以不用為孩子上大學付一分錢而異常開心，專門來要請他們吃飯並到處宣傳。

飯雖然沒去吃，但是張晨和另外幾位在美國長大的中國韓國朋友，都為自己的工作感到十分欣慰而更有信心。做足一年調查工作，又有了近兩年的實踐，他們今年對華人市場首次對外提供獲獎的大學申請入學研討會將在8月到11月推出，還成為今年父母子女教育研討會年會的主講人之一，他們為能回饋華人社區提供這樣的服務感到非常高興。

張晨告訴記者，在美國有一些老牌的長春藤大學申請公司專門幫小孩子看申請計劃和材料，一個case在幾十萬左右，而做申請的人都是四五十歲的老學究。經過他們的實踐，覺得完全可以由有實際經驗的年輕人勝任，而且他們和年齡相仿的孩子更容易溝通，"也希望通過我們的工作讓普通家庭有機會享受同樣的服務。"而目前他們也是唯一一家有自己的評判系統的專業咨詢公司，可以為家長和孩子提供前後變化的數字和每一項指標的點數。

　　SAT亞洲學生都可以考得很高，GPA的成勣大家也都差不到哪裡去，什麼才是決定走進長青藤大學的關鍵呢？一進入哥大張晨就在思考這個問題，9歲來美國的他說自己屬於晚開竅的孩子，成勣在最初沒有其他那些學習刻苦的同學好，但在最後申請的時候他拿到賓大、哥大、康耐爾等多家知名大學的offer，而那些一向比他成勣好的同學去的學校卻並不理想。所以張晨看到哥大招生辦公室在找志願者時立刻就報了名，"先是厚厚的一大本書給你看，講的是學校250年的歷史和什麼樣的人形成了這所學校。"這也就是他們招人的標準，比如最開始提到的不要"書獃子"，而是能名垂史冊的人。

　　靈活豐富，有領導能力，能把書本知識用到實際中，對自己的專業有熱情而又具創新精神，這些都是招生辦公室注重的項目，張晨說，兩年的哥大招生辦公室工作中，他深切體會到美國大學所需要的是什麼樣的學生：那些SAT數學考滿分，語文卻明顯很低的學生是在頭一輪就會被淘汰掉的，除非有非常強的專業強項；專業的技能比如音樂方面又會被認為應該去考朱麗葉學院；除了學習以外沒有什麼別的愛好的學生更是名校最不喜歡的類型；如果做過自己喜歡的專業團體的主席或者社會活動，加分的機會立刻提昇，而如果參加了各種雜項的社會活動反而會被認為沒有突出的方面被淘汰；四年成勣全部優秀反而不如一直呈遞昇狀態的孩子被認為有更大的潛力……

以上來於實際的經驗實用而具操作性，這只是他們工作中總結出來的簡單內容，更為深廣和對每個不同孩子有針對性的內容在他們的設計中得到了認可。比如張晨認為佔很大比重的Essay，就對每個小孩子有非常大的影響，根據大學的不同有很大的分別。分三步走的申請中，首先如果總分低於80分太多即會被長青藤大學打回，第二步中針對個人條件來選擇，Essay中的個人陳述就變成極為重要的部份，進入第三步選擇者會為每個入選的學生寫一段內容，提供給各專業以及部門的教授以及專業錄取者5到10的工作組打分評定，綜合成勣才能決定是否進入該校。

　　那些尚未進入大學的孩子們僅僅經歷過有限的校園活動，對他們來說，如何去表達自己可能很簡單但同時也非常難，因為他們不知道這樣的表達會給他們帶來什麼樣的未來，也不知道是否在他們的申請中是否能得到自己心儀學校的青睞，或者更不清楚什麼樣的學校更適合自己的水平。家長們對此更是最為關心，將孩子送入理想的大學是多年來辛苦培養他們各個方面能力的一個分水嶺，因為孩子的未來就是他們的未來。張晨提及那些即將面對大學和社會的孩子，以及為此費盡心思的家長們非常感慨，他說這個目前有 6 個人的咨詢公司，每個人都有自己的全職工作，但希望能為這些孩子和家長提供他們9到11年級面臨申請的服務，讓天生資質出色的亞洲人更好更容易的走進美國名校，他們提供的咨詢費用和幾十萬的美國公司比起來也更能為華人接受。

　　很多在美國住了很久的人仍舊需要做足夠的工作才能瞭解怎樣為孩子申請到理想的大學，新移民更需要瞭解美國大學的申請程序，為有潛力甚至表現平常的孩子找到他們最好的學校。張晨說，除了開辦四個月的研討班外，他們提供的一對一輔導針對性更強，會給每個來咨詢的孩子提供3個專業測試，從而知道他們的實際情況，為他們step by step的設計出需要的申請內容，他們這個團隊中個個都是精英，對入學申請更是有豐富經驗。

目前Apex Ivy Consulting在東岸和加州都有分部，明年的目標是到台灣、大陸和韓國開設分部。將來還為申請所在學校的學生提供與導師實習的機會，並為從大學畢業的學生提供工作機會，"雖然很早就來了美國，但是希望能為中國做點事情。"一點也不浮誇的語調，卻很鑒定的表達，在美國長大的張晨非常希望能儘心的為華人的小孩子進世界頂尖大學做點事情，"也許以後我們可以在國內開一所私立學校，讓華人的孩子從本科開始就感受一流大學的風范！"
Apex Ivy Consulting被邀請參加8月27日即將在新州愛迪生客來瑞安酒店舉辦的"父母子女教育研討會"，近期他們在華人社區的講座吸引了近百名家長，會後即有幾十個電話追蹤詢問，為此多維時報專門做以介紹，他們的聯繫方式如下：電話：201-255-5716，地址：Apex Ivy Consulting 605 Broad Avenue, Suite 206, Ridgefield, New Jerssy 07657網址：www.apexivy.com

讓北美木板石材
走進千家萬戶

——專訪北美陽光國際貿易集團

多維記者　牛新莉

　　住在新澤西的華人朋友們對北美木板石材並不陌生，這不但是因為他們在許多報紙上都登有醒目的廣告，而且還因為他們木板的價格好，公司的信譽高，因此在華人中間越傳越廣，北美木板石材就這樣走進了華人的家庭。近日記者在採訪中得知，該地板公司的產品不但深受華人的喜愛，而且現在已進入美國人家庭，在美國人的廳堂房屋大放其彩。

高質量低價格　六年間迅速發展

　　創辦才六年的北美陽光國際貿易集團是一家頗具實力的木地板石材經營公司，該公司之前曾經以經營竹地板為主，隨著市場的發展和客戶的大量增加，特別是在北美地區主流社會對木地板的大量需求，使得該公司逐漸開始向所有木地板領域拓展，並進而發展到經營石材，由於其嚴格的質量把關，再加上價格的優惠，很快在地板石材行業佔有一席之地。說到該公司木地板的質量和價格，北美陽光國際貿易集團總裁Tony Wang不無自豪地說，由於

我們的供貨商在中國，廉價的勞動力成本決定了我們產品的價格比其他家要低，在質量上，我們從原木的採購開始，嚴格檢查，一直到原材料加工成成品，一條龍的服務都有專人在旁監督，同時對每一批貨都要進行地板耐磨程度測試，油漆要求用德國漆，而且要用6道漆，即2底4面，從而保證了產品的質量。木地板以中國東北為主，而紅木則是從印尼進口的。

　　總裁Tony Wang在接受多維時報記者的採訪時說：''保證質量，薄利多銷，滿足需求，產品大眾化，這就是我們的經營理念。'' 正是因為秉持了這樣一個經營理念，使得公司的生意更上層樓，今年年初，公司在費城開設了分店，新張伊始，就獲得了生意滿堂紅。不但如此，由於他們出色的服務，和上乘的產品質量及穩定的貨源，使得美國零售商對其非常青睞。

美國人公司瞄上了我們

　　Tony Wang告訴記者說：''我們現在公司的發展又有了新方向，目前正準備在Kansas City開設新廠。''Tony 介紹即將開業生產的新廠，是和一個規模相當大的美國人合作共同組建的，主要是進行木板上漆工作，只要是客戶能夠提出希望和傢具、擺設等相匹配的顏色來，運用高科技的電腦調色，可全部滿足消費者的需要。''要知道，我們要做的，是目前美國一些大型商場如Home Depot、Lower's等都無法做到的！"

說起和該美國公司的合作，也是一段很有趣的過程，"和美國人打交道，他非常注重你的信譽，我們為這家公司供貨超過了三年，三年來，由於我們穩定的質量和優惠的價格，彼此之間建立了良好的友誼。而這家有50多年歷史的老廠家，是一個綜合性的大公司，公司經營種類繁多，有建築、裝修、浴缸生產、石材生產、地毯生產等等，他們一直在尋找一家可靠的木板經營公司開闢新的產品領域，因此找到了我們。目前，工廠已全部準備就緒，開業日期將近，到時，我們的服務不但有零售和批發，而且客戶在極短的時間內可以拿到自己滿意和期望的各種顏色的地板，對我們公司來說，增加了新的商機，對消費者來說，我們將可以提供更貼心的服務。"

滿足客戶需求　是服務的最高水平

北美陽光國際貿易集團總經理楊鍵 (James)是Tony的合伙人之一，也是事業上的好夥伴，說到即將開業的新公司，楊鍵認為，在多年經商的過程中，他發現，許多客戶關心的並不是價格的高低，而是服務的好壞，特別是在木地板經營方面，客戶關心的是顏色，特別是美國人，非常講究色彩的搭配，例如木地板和房屋整體色調、傢具、窗簾、性格等等，是否一致協調，如果滿足了他們的需要，那麼生意就會有更大的潛力，將來在市場上也將有更大的競爭力。

Tony和James都認為，6年的生意經，"念"起來說容易也容易，說難也難，容易是因為你只要掌握了客戶的需求，用心來關心他們，生意就好；難是因為你要不斷提高自己的服務質量，不斷滿足不同客戶的需求，要與時俱進。

這兩位白手起家的經營者，有著福州人不怕吃苦的精神，也有著福州人經商的敏銳嗅覺，更重要的是他們身上踏實、善良、純朴的一面，使得許多的客戶，變成了他們的好朋友，並進而為他們提供了很多的商機，又變成了生意上的好夥伴，因此不論是在社區還是在同行業，都有非常好的口碑和極佳的信譽。

回饋社區不遺余力

生意上成功了，發展了，Tony和James兩位老闆並沒有忘記回饋社區，回饋消費者。在木板和石材的價格上，在新澤西和費城兩地，都可以說是最低的，特別是仿古地板要平均低於市場價$1.00/Sqft，而複合地板等均低於市場上其他家。另外，這幾年，但凡社區有什麼活動，只要條件允許，他們都積極參與，並給予適當贊助。即將在9月9日舉行的父母子女教育俱樂部的第三次年會，當兩位老闆聽說這是一個非營利的機構，需要社會各方面的支持時，二話不說，當即表示，教育是關乎我們下一代的大事，這個活動我們一定支持，並作為黃金贊助商贊助這一活動，令主辦單位非常感激。

在談到公司的管理和合伙人之間的關係時，Tony認為，公司和員工是一個整體，大家的利益是一致的，目標是一樣的，公司充份相信每一位員工，而員工也對公司兢兢業業，衷心耿耿，把公司當成了自己的家。許多美國人看到我們公司內部和諧團結的氣氛，稱讚我們是用"感性化的管理方式來經營公司"。而我們合伙人之間彼此信任，彼此坦誠相待，遇到大事互相商量，小事完全可以一方說了算，因此，合作這麼多年來，我們從來沒有大的分歧和意見，彼此非常愉快，而且還將繼續合作下去，將整個公司打造成一個在北美的品牌公司，讓我們公司經營的木板石材走進千家萬戶。

我在美國當老板

沒有 "成功"
只有是否 "圓滿"
—— 專訪飛達運輸公司

多維記者 鄒興睿

　　有一種基因，叫做"漂泊"。 漂泊的
基因能成就什麼？小時父親從湖南到台灣
逃荒，自己25歲從台灣跳船拿著沒有回頭
路的單程票來美國，從巴爾的摩到紐約，
從新州到加州，最初的幾年平均三個月換
一個地方打工，全美國幾乎都跑遍了。孫
雄生說自己的骨血裡可能生就一種"東漂
西蕩"的成份，也因為這樣的經歷遍嚐甘
苦，對艱辛和吃苦從來不在話下，可能就
是這樣一種基因和生活的歷練，成就了他
的飛達搬家運輸公司20年不僅跨州過海走
遍全球，還把300多家同類公司中的第二
第三名遠遠的落在後面。

　　不少人也漂流輾轉過，不少人也各地
打工吃苦，不過最終把流浪做成事業，大
興土木開辦起全球大型搬家運輸公司業
務，可能孫雄生算是獨一無二的。不僅幫
大型家庭從東岸到西岸的搬，連跨國公司

的全部家當都能搬到台灣和大陸，不管是2萬呎的倉庫，還是2000萬的房子，不管是紅海集團，還是長戎航空，就連高科技公司和大使館，飛達都能搬，都不在話下。要是飛達的運輸工具裡面有宇宙飛船的話，恐怕有些東西已經被他們搬到月亮上去了。

從一個人，一輛卡車開始，從1985年到現在，做20年，很多人求個穩能做下來已經知足。孫雄生不，他的飛達現在東西岸都有網點，加州的總部70多人，新州和其他網點有40多人，全美幾十部卡車，陸路海運的業務遍及全球各地，客戶也多以大中型為主。紐約和新澤西當地搬家，全美各州每週出發。美國、台灣、大陸、東南亞及全球各地door to door搬家，而且專精住宅、辦公室和倉庫等大中型業務。在加州總公司和新澤西分公司均有大型倉庫可供儲存，目前都特設了物流管理中心，28-53呎的特定專業卡車從30幾輛越來越多。此外更難得的是，飛達搬家運輸公司從拿到送，國內、國外車輛人員均為公司所有，沒有任何一個環節轉包給其他公司，卡車、人員、貨物、傢俱均有保險，並有免費新紙箱，免費進行估價。孫雄生說除了以上這些外，還有一點比較難得的是他們不僅擁有新州和加州的搬家執照，更有全美跨州搬家執照和運輸部的執照，他們還擁有運輸方面的專業認證，並是全美運輸工會的成員。這些是很多的美國公司都不能比的，在這個專業領域裡，不少大型搬運方面的需求都尋聲而至，他們的生意也蒸蒸日上，並把同類公司遠遠的落在了後面。

做成這樣，應該算是成功了，可向他剛提及成功這個詞，孫雄生就搖完頭又擺手。說對自己和飛達來說沒有"成功"這個詞，只有作得是否"圓滿"。問他所謂的圓滿是什麼，他說對自己來說就是了無遺憾，是圓融俱足，是每一次都用最感恩的心去面對自己的客戶，而所謂的成功，自己並沒擁有，而是來自他所有的客人。"是他們的成功成就了我們！"走南闖北東漂西蕩的基因成就的反是謙遜和藹，虛懷若谷，他一點也不覺得自己有多厲害，反而如解禪話般的講述為什麼是這樣。孫雄生所說的客人的成功成就了自己和飛達，指的是華人在北美生活中越來越重要，越來越成功："他們在美國紮根，成長，搬新家，換好工作，從東岸到西岸，海歸回台灣大陸，甚至到不同國家不同地區擔任要職，把高科技公司、商品研發部門帶到中國……"客人是"有"，我們是"空"，沒有他們我們就是虛的，沒有他們在每一個不同時段的奮鬥和成功，就沒有他們的搬遷和上進，就沒有飛達今天東南西北，全球各地的工作。20年，是客人成就了我們！在成功的見解上有這麼深刻的感受，可見一個創業者在其中有良多體會。

再下來又有耐人尋味的，問及做了這麼久，經驗如此豐富，而今又開始做物流，飛達在今後是否有什麼目標。孫雄生說，沒有"目標"，只有"方向"。作為搬家運輸公司，基本上每一單，每一次都在重複甲地到乙地的工作，但是他說從來都告訴自己的員工要認真的對待每一宗不管是美國境內，還是海外的運輸工作。"因為儘管對我們來說是千篇一律的工作，但是對每一個客戶來說，見我們都是第一面，也是最後一面。"孫雄生說因為從事的多是大型搬運，就算是搬家也是東岸到西岸，甚至兩個國家之間，而這些客人和公司也就是一面之緣。他說越是這樣，越應該帶著一種"把每一次都當成最後一次的心情"。 如果你有這樣的心思，就有一種慈悲在心頭，就會認真而貼心的去對待他們。世間因緣際會讓我們能和自己的客戶有這樣的一面之緣，需要我們用真心去對待，珍惜他們如父兄姐妹，在完成工作後也一定要對客人道謝，這樣就會生出一種慈悲之心，自然會善待客人，這就是我們服務的方向。由此他總結出一句七字真言"客人永遠是對的！"他們的八字靜言"學習、服務、品格、回饋。"也是他們一直追求和要求自己的。

從車到傢俱，從家庭到公司，從影視明星到企業精英，他們的服務讓很多人滿意。專業水準的搬運，誠信為本的精神，悉心為人的態度，讓他們迎來了更多的客人，也在這一行業上站到了更高的位置。這次來新澤西，孫雄生和新州經理David頭天工作到晚上10點，早上6:30就又開始開會。儘管忙忙碌碌，孫雄生講起飛達和自己的人生經歷，仍舊比較感慨，苦過，也歷練過的他，說出的話總是讓人思考。

他說做事情就在於用心，"用心就在"，而永恆就在於用心，達到永恆你就存在，這樣的循環就是生活的真諦，也是他做服務業永恆的理念。他說智慧是做事的力道，而才干是在不斷的做事中積累的，光靠努力不會成功，而僅僅追求成功並不是人生的目標，人的一輩子不停的前行，總會有跌倒的時候，但是只要記住檢討的速度越快，修正的速度越快，你前進的速度也就越快。一切都在自己的修正和前行，放眼看外界的一切，更要看到自己的內心，不斷從自己出發才能前行，一切在自己，反過來自己也是一切。而不求成功只看圓不圓滿的謙卑心懷，讓孫雄生把圓融俱足做到一個無止境的境界，他說做足自己，想足別人，就象鳥的一雙翅膀，兩相配合才能夠展翅翱翔，飛躍蒼穹。

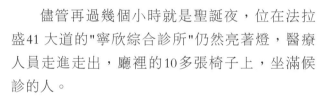

"把心給他們
他們會回報給你"
—— 專訪消費局最佳醫師梁衛寧

多維記者 林紫喬

我在美國當老板

　　儘管再過幾個小時就是聖誕夜，位在法拉盛41 大道的"寧欣綜合診所"仍然亮著燈，醫療人員走進走出，廳裡的10多張椅子上，坐滿候診的人。

　　"讓你久等了！"見到助理與接待忙不過來，診所主持人梁衛寧親自出來叫號，希望能協助加速流程。事實上，時間已經超過當日預定的關門時刻6點鐘，但只要病人踏入診療室，梁衛寧便恢復到冷靜仔細的態度，平均15分鐘才輪下一位病人。

　　為了配合多數華人的需要，梁衛寧每逢周日或節日仍然看診，聖誕節當然也不例外。"我們犧牲一點東西，但那並沒有問題！"他用英文笑著對多維說。

　　與梁衛寧的專訪就約在這忙碌的聖誕節。來自中國廣州的梁衛寧，可以說是出身醫學世家，他的祖母在中山醫學院第一附屬醫院工作，父親與母親也從該校畢業，1977年他參加第一屆高考並且受到錄取，1978年到中山醫學院唸

書，1982年畢業後，梁衛寧則前往廣州濟南大學擔任助教，從事神經科的教學、科研、以及治療工作。

梁衛寧很有條理地敘述他的經歷："我從小在這樣的環境裡成長，後來許多朋友、師長都建議我趁年輕，應該出國深造。於是在泰國做生意的親友以及家人的支持下，我於1986年來到美國，最初先去亞利桑那攻讀研究所，後來也在紐約、匹茲堡等許多地方擔任醫生，大約三四年前，我來到了法拉盛。"

從這些經歷中，大約可以猜出梁衛寧的年紀，只是眼前的他看起來，似乎又比實際年齡要年輕個10幾歲。聽了這樣的疑問，梁衛寧回答，"也許是我中學時跳一級，比別人早一年上大學的緣故。"記者一聽忍不住笑了出來，因為這個答案好像無法解釋10多年的感覺差距。

事實上，看來年紀很輕的梁衛寧，卻有著相當豐富的醫療經驗，而本身具有雙重文化背景的因素，讓他的研究與行醫生涯更顯豐富。

醫療系統中西大不同

梁衛寧來到美國將近20年，很早接觸美國醫療系統的他，根據觀察對多維指出，從教育的角度而言，中國醫學重視基礎、系統、與按部就班的學習方式，美國則強調個人發揮；從執業的角度來看，國內醫生首重將疾病治好，美國則由於法令規定很多，因此醫生需要花很多時間於撰寫報告，在病人處理與判斷等步驟上也相當不同。

三年前，梁衛寧協同一名腸胃科醫師與一名內科醫師，合力於長島與法拉盛兩地創辦兩間診所，再加上一同參與醫療服務的醫師，形成了一個緊密專業的團隊。此外，目前位在法拉盛41大道的"寧欣綜合診所"，則由梁衛寧獨立開設管理。

梁衛寧指出，位在長島的診所其病人85%是美國人，法拉盛診所則以中國病人為主要對象。"不同族裔給予我全然不同的經驗！"他分析，美國病人開始接觸某位醫生時，通常會給予一段不短的時間，在這期間內他會完全信任醫師，但同時他也在觀察醫師，如果他認為你做得很好，他便會固定跟隨這個醫生；華人選擇醫生，比較沒有長期跟隨的習慣，前去看診的時間也較隨機，因為他們通常工作時數長，在時間的安排上也較不固定。

"其實我們沒關係的，我們一方面照預約時間看診，另一方面也盡量配合臨時前來的病人，因為他們都有自己的生活壓力，我們必須盡自己所能為病人服務。"梁衛寧再次強調。

回憶20多年的行醫生涯，梁衛寧說，從前他在廣東主要是看廣東病人，來到紐約執業後，他的病人卻有來自東北的、華北的、上海的、四川的、也有來自香港台灣的，這些都是不同於以往的感受，雖然大家的文化背景不同，但都溝通得很好。梁衛寧讚嘆，"多元化是法拉盛最大的特色，不僅有許多族裔聚集在此，就華人而言本身也很多樣，這個地方讓我印象深刻！"

" 最不好的情況也要盡力"

匹茲堡大學醫學院也是一個讓梁衛寧難忘的地方。該校有兩項事物聞名全球，一是發明了小兒麻痺疫苗，另一項就是器官移植的技術，梁衛寧回憶，當他在匹茲堡大學的腎科受訓時，曾經見到一名病人，接受第一次心臟移植已有10年，當時他正要進行第二次移植，不幸出現了感染、休克、敗血症等現象，並且進入昏迷狀態，情況相當不樂觀。

"我輪值看到他的情況時，我心想，這傢伙應該死定了，沒有辦法救了。"沒想到過了兩個月，梁衛寧竟然在洗腎中心看到這名病人柱著枴杖走來，一問之下，原來他被搶救過來了！只是搶救過程用了很多藥物，對腎造成一些傷害，因此該病人來到洗腎中心並且等待換腎。

梁衛寧解釋，病人移植任何器官，接受的治療藥物都是同一套，事實上對身體的負擔不會增加太多。"然而真正讓我感到訝異的是，這批醫生非常敬業，他們幾乎沒有任何的私心雜念，一心一意只力求為病人做到最好。"

這次的經驗深深影響梁衛寧往後行醫治病的態度，只要是病人就應盡心去對待，成為他深信不疑的事情。"我感覺只要把心給他們，他們也會回報給你！"他說。因此當他在2003年被美國消費局選為最佳醫師後，他至今還在猜想，這大概是他的病人私下為他推薦的緣故。

人才是醫療管理的關鍵

利用短短三到四年的時間，梁衛寧與夥伴合創或獨立開設的診所，已高達三家，對於快速的發展速度，梁衛寧謙虛地分析，這應該是得自於他與夥伴曾接受的完整訓練、認真仔細的態度、以及領域多樣的組合。

他認為，不同專業的醫生結合在一起，不僅彼此可以互相請教交流，更可以提供病人較為完善的服務。"譬如有病人來此看傷風感冒，若他近日正好有腸胃方面的問題，負責這項專業的醫師可立即為他診治。"梁衛寧舉例解釋，這種由多種專業組成的綜合診所型式，對一些生活比較繁忙的病人，可提供更有效率的醫療服務。

"尤其是針對剛來的新移民，我們儘量從不同文化、語言等面向去協助他們，最重要的是讓病人信任，與病人相處久了，大家就像朋友一般。像我們這樣有雙重文化背景的醫師，對於新移民而言是個好處。"梁衛寧說。

但他也承認，隨著診所規模越來越大，在分工與管理方面難度也日益增加。他指出，"說到底就是人才問題！比較好的員工我們必須想辦法留住，從接待人員、助理、到醫師等等，一定要人盡其才，因為一個人絕對沒有辦法做到這麼多。"

此外，診所地點也是另一重要的考量，許多有經驗的醫師建議，選擇貴一點的地段沒有關係，因為比起偏遠地段，經營起來還是相對容易。梁衛寧則觀察，目前醫師對於執業地點的考量分為兩種，一種是聚集在一起，譬如法拉盛41大道與黃金商場後面的醫療所大樓，就是很好的例子，容易達成一種集客的效果；另外也有人選在醫師較少的地帶，附近民眾若有需要自然會去找他。

事實上，梁衛寧認為兩種方式各有好處，不過要考慮到中國人消費或選擇服務時，喜歡往熱鬧方便的地區，至於美國人，則多半重視口碑與經驗。也因為這種現象，他開設於長島、病人以美國人居多的診所，其知名度即多靠口耳相傳，連廣告都很少買。

"當然廣告與醫師的實力必須相當，你廣告做得再好，若是沒有療效，病人下次也不會再度找你。"梁衛寧笑著說，"但是對於很有實力的醫師而言，不做廣告就是一種可惜，所以兩者必須可以相輔相承。"

梁衛寧總結，經營診所最大的挑戰，仍然在於人才的管理。" 有些人工作總是抱著例行公事的心態，但有些人則是全心投入，因此如何讓員工從機械式的工作態度，轉變為熱忱與主動，並且再從文化、管理、經濟效益等各種考量上去運作診所，這些都是我們一直在學習地方。"他說。

從黑暗長廊到輝煌大廳

梁衛寧不諱言，三間診所已讓他分身乏術了，陪伴家人與10歲女兒的時間幾乎不多，但下一步的計劃可能會讓他更加忙碌。他告訴多維，未來他打算在尚未有獨立洗腎機構的法拉盛，成立一個洗腎中心。

"目前我自己的病人若需要洗腎，我也得將他們轉往醫院，但是許多因為糖尿病、高血壓病等所引起的腎臟壞死的病患，在洗腎的過程中一下失去很多血液，這些對他們來說無疑是一種負擔，因此我希望能提供一個比較好的醫療服務，幫助這方面有需求的患者。"梁衛寧解釋。

此外，華人的腎科醫師並不多見，讓許多必須前往醫院洗腎華人病患，長期在溝通與語言等方面碰到障礙，這點也加強了梁衛寧設立洗腎中心的決心，他說，雖然已能預期過程將會相當複雜，但他仍會盡力去實現。

喜歡做醫師嗎？對於記者最後所提出的問題，梁衛寧仔細想了想，緩緩說道，"19世紀法國有一名很出色的生理學家，有回他與學生在廚房聊天，他的學生抱怨，生物學、醫學真是很難學，貝爾那卻回答，學習醫學的過程很漫長，就像我們從廚房走到輝煌的大廳，你必須經過沉悶又黑暗的走廊。"

梁衛寧笑著繼續說，他還沒有看到什麼輝煌的景象，但是當他們為病患解除痛苦時，每每幫到一個病人，看見他們恢復健康，這真的是現在最高興的事情。"我們也許不像科學家或企業家，能夠為人類做出顯著的貢獻，我們只能一個病人又一個病人地去幫助他們，但這也正是我們努力在做的。"他說。

把客人當傻瓜的話
妳自己才是傻瓜

—— 專訪楊再勵保險事務所老闆楊再勵

多維記者　林紫喬

　　"一個人可以失去所有財物，卻不能失去鬥志！"楊再勵擁有法拉盛地區目前最大的保險事務所，這是他回憶起1979年，在他認為是人生中最慘敗的時刻，他心中唯一的念頭。那一年他投資失利，面臨破產。

英文改變即遇運動維持活力

　　35年前，楊再勵在他只有25歲的時候，從台灣來到美國。他說，與現在許多幸運的人不同，"這麼多年前，台灣的經濟還不好，我是窮苦出身，什麼出國進修、投資移民，對我來說都是不可能的，來到這裡沒有別的，就是在餐館打工、洗碗。"

　　即便如此，以當時的匯差計算，楊再勵每個月仍能夠賺取比台灣平均還多出八倍的工資。而他身為長子，打工所賺的錢，他將絕大部分寄回了台灣，支持他的家庭。

但楊再勵認為這樣是不足夠的。"當時我問我自己：想不想就這樣留在美國？答案如果是yes，那麼英文就一定要學好。"楊再勵說，這是他打工的歲月裡暗自立下的決心，也是日後改變了他際遇的決定。

自那時起，楊再勵無論每天工作如何勞累，總是堅持每天早晨花一到兩個小時，自修英文，這個習慣維持到現在，不曾間斷。"碰到外國人，更要上前去練習對話，有問題就問！"楊再勵說起初學英文的過程，仍然十分帶勁，他說，毅力與不恥下問是他的優點。

總是利用早晨自修，因為楊再勵認為，"一日之計在於晨，我總覺得早晨是一天最好的時光，應該拿來做點有意義的事。"即便目前楊再勵年近60，開始懂得在週末稍作休息，他還是堅持在每個週末的早上，來到辦公室處裡公務。

"不過比起從前一週工作七日的樣子，至少現在已經知道休閒與運動的重要性囉！"楊再勵舉起手，作勢跳舞之狀地說，"想不到吧，我國標舞跳的很好，呵呵！打高爾夫球也是我相當喜愛的運動。"他說，為何白宮領導人總是堅持每天慢跑？因為運動就是他們維持活力的不二法門。

百折不撓進入保險業

楊再勵在笑談間，說著他如何在繁忙的事業與休閒活動中，尋找一個平衡點。也許在旁人的眼中看來，他順心得意，但他的創業之路卻是曲折迂迴。

來美的第三年，楊再勵靠著打工的積蓄，與人合夥成為餐館股東，但後來因為經營困難，不得不結束這間餐館，楊再勵又回到他人的餐館擔任經理，再度過著為人打工的生活；日後他再次創業，然而投資失利，1979年時，他面臨他事業上第二次、也是最大的一次失敗。

"即使要破產的時候，我告訴自己絕對不能喪志。我又回到餐館當經理，並且更加認真地唸英文，我所付出的努力，讓我忘記失敗的感覺。"楊再勵說。

經過三、四年的沉澱，楊再勵不斷儲備自己的能量，而機會終於降臨在他身上。"1983年底，新英格蘭人壽保險招考業務，我感到累積多年的英文能力派上用場，加上業務方面的天份顯露，讓我連闖三關！從此踏入保險的領域。"楊再勵對多維記者說。

回憶考試的情形，楊再勵記憶猶新。在第一關，他先是以激將法，刺激面試的主考官，讓這位愛爾蘭籍的經理不得不讓他參加性向測驗，測驗結果出爐，經理發現楊再勵相當適合從事保險業務，遂讓他進入第二關。

負責第二關的是一位義大利籍的經理，面試時，義大利人對楊再勵說，中國人作保險業務，大多是採取人情攻勢，招攬親朋好友的生意，三個月後就做不下去了。楊再勵回答，"羅馬不是一天造成的，只要付出十足的努力與決心，沒有做不到的事。"義大利聽到這回答，對楊再勵的眼光為之一亮，立刻安排他與大老闆面談。

"與大老闆面談這一天，我來到他們位在洛克斐勒中心的總公司，僅是他個人專用的辦公室就氣派十足，那時我從來沒有看過這樣的場面，緊張地幾乎發起抖來。"但楊再勵很快鎮定下來，一走進去，大老闆對他說，前兩位經理都給予他很高的評價。

"但你要求太高的底薪了！"大老闆直接了當地告訴他，"你不該是來這裡尋求憐憫的。"

"先生，我來到第五大道不是尋找工作，而是尋找一個聰明的投資者，一個能夠了解我的天份的人。"楊再勵回答。

　　大老闆聞言，沉默了一陣，似乎是感到有點冒火，不願意與楊再勵直接對話，於是轉身對助理說，"湯尼(Tony)，進來我的辦公室，我們應該聰明一點，就讓這個人加入我們的公司吧！"

　　楊再勵想起當時面試的種種，他認為就是他展現不屈不撓、不求人的毅力，才讓大老闆改觀，決定邀請他成為公司的一員。

天時地利人和認真敬業誠信

　　1984年初，楊再勵在公司的職業培訓下，獲取人壽保險執照；此外他更自行舉債，參加財務保險執照的課程。楊再勵說，即便當時的英文能力已經不差，然而對於各種專業知識與用語皆不熟悉的情形下，聽課作筆記真的很吃力。他回憶，"當我順利考取、拿到執照的那一刻，我的眼淚真的掉了下來。"

　　又過了兩年，楊再勵自行創業的因子，又在他體內蠢蠢欲動。他與人籌資開設了"楊再勵保險事務所"，但是頭三個月，事務所幾乎沒有生意。楊再勵記憶深刻地說，"直到1986年4月份，業務終於有了起色，該月的營業額是4000元；到了5月，營業額變成5000元；6月份，營業額就成為6000元，看見生意不斷成長，真的令人相當開心。"

　　楊再勵分析，應該是當時正逢台灣移民潮，許多台灣移民帶了大量資金前來，當他們有投資與保險規劃等需求時，像楊再勵這樣台灣籍的經紀人是很受青睞的。"我的事業上了軌道，可以說天時、地利、人和三個條件都配合上了。"

　　然而除了時機，楊再勵認為他認真、敬業、誠信的態度，才是保險事務所創立近20年，業務年年都有成長的的主要因素。"事務所剛成立時，我太太曾經擔任我的助理，協助我辦公室事務。那時候我告訴她：千萬不要把客人當傻瓜，把客人當傻瓜的話，妳自己才是傻瓜！"楊再勵說。

"我是窮苦出身，白手起家。我一切都是靠自己打拼而來，所以特別理解客人的需求與想法。"楊再勵認為他與客戶溝通時，十分懂得設身處地為他們思考，也因此，楊再勵保險事務所的業務僅在去年，就較前年成長了25%。

楊再勵自己創立保險事務所後，與他自修英文時一般，仍然發揮他不恥下問的精神，在工作之餘，就利用時間唸相關條文，遇到不懂的問題，連忙向同業或專家詢問。

目前楊再勵保險事務所承擔各種商業樓房、公寓樓房、合作公寓、共有公寓等保險，房屋、勞工、傷殘保險、人壽儲蓄保險、定期人壽保險、團體健康保險等項目，建築工程責任險更是該事務所最專精的領域，"華人經營的保險事務所對這一塊涉獵較少，這算是我們公司相當特殊的地方。"楊再勵認為，目前他的事務所作為法拉盛地區最大的華人保險公司，自有其獨特之道。

談起未來，楊再勵仍有夢想。"作業全程無紙化，是辦公室就快要實現的做法。"而對於自己那已獲得四州保險執照的事務所，"走上外州生意，在全美各地拓點，以保險專業服務更多需要的華人，是下一步的計畫，也是我持續努力的目標。"楊再勵如此向記者描寫未來的輪廓。

我在美國當老板

簡單做生意
用心去回饋

——專訪紐約安康寧大藥房董事長顧雅明

多維記者　林紫喬

　　"維持健康的訣竅就是快樂，如果每天愁眉苦臉的話，沒有毛病也弄出毛病來了。"

　　"一定要有預防的觀念，身體出了小問題，就要立刻找醫生，不要讓它變成大問題。每一種疾病早期都有徵兆，比如我一個朋友左腳有個傷口，幾年都沒有治好，我還在懷疑怎麼一個傷口會拖上好幾年，結果一檢查竟然是癌症。許多華人不太願意面對自己的病痛，但是唯有早期發現，才能早期治療。年輕好好保養身體，老年時便能擁有更好的生活品質。"

　　快樂與預防，就是安康寧大藥房總裁顧雅明對健康下的定義。

　　從醫院的藥劑師，到自行創業做老闆，從員工僅有三人的店面，到規模已

達六家的連鎖藥房，顧雅明從事健康事業20幾年來，心裡只有一個想法，就是要幫助社區更多的人，讓大家健健康康。

顧雅明告訴多維，他一直都教育自己的員工，要熱情地服務客人。"我們做生意，就是要有很好的服務精神，我總是跟我員工說，你不是來打工的，你是來為客人服務的，這樣員工每天也做得很開心，他們每天要做的工作，等於是為客人解決問題。"

在安康寧店裡，員工的工作不僅僅是要照方配藥，對客人有求必應，有的華人顧客看不懂藥品標示、有的甚至拿著英文信函來要求幫忙翻譯，顧雅明也請員工照辦。

事實上，顧雅明畢業於藥學院之後，在紐約的第一份工作就是藥劑師，他在皇后醫院任職，一做就是八、九年。他笑著說，一開始他並沒有想過自己在法拉盛開藥房，久而久之才發現，在醫院裡做藥劑師生活雖然安逸，待遇不錯，一年還有5周的假期，但時間長了，人好像沒有什麼鬥志。

1991年在偶然的機會下，顧雅明接手了他兼職的藥局，"安康寧"這個中文名字是還父親給取的，藥房的啟動基金則是顧雅明向姐姐借的，他自己則是老闆兼員工，每天定時開門與打烊，還要負責配藥。

15年來，安康寧逐漸擴大，目前已連續開了6家。"多開幾家店，才能方便更多顧客，尤其老人走路不方便，多幾個店面，就能讓他們少走點路。否則所有客人都來同一個店面，對他們來說實在太擁擠了。"顧雅明不斷擴大藥房規模的原因，其實是這麼的簡單。

"簡單"的經營哲學

安康寧大藥房的執行助理Jane Wong形容，顧雅明就是一個"很簡單的人"，他做生意只會從一個角度去思考，"如果我是顧客，我究竟想要什麼？"

顧雅明本人則認為，他自己不是一個很有野心的人，更不是一個會天天算帳的商人。"我不會為自己定出太具體的事業發展計劃，但我知道，有機會我一定會再多開一些藥房。"他的理想是把安康寧大藥房建成大規模的連鎖店，向法拉盛以外的地區延伸。

"我們一直是抱著服務的心態，所以客人滿意了，自然會介紹更多客人來，慢慢地，一家店不夠用，就開了第二家、第三家…。最近在羅斯福路上開了第六家分店，那裡的韓裔、西語裔比較多，做生意當然希望能夠逐漸打入主流。"

顧雅明分析，華人有需求時，還是喜歡去華人經營的藥局。客人只要一走進來，就可以看見店內貼有清楚的中文標示，哪類藥品或器材放在哪個貨架上，全都一目了然；客人有不懂的問題，員工也能用中文解答，"我有不少客人遠從長島過來，長島不是沒有藥局，但他們需要的就是親切的中文服務，這也是我們立足華人社區的重要因素。"

他還說，許多人看他的藥局一家一家開起來，還以為藥房很容易賺錢，事實上安康寧大藥房也是一步一步地經營，有了一定基礎才逐漸擴大，建立的信譽後，去銀行貸款也比較容易。"很多人都只看到好的一面，卻沒有看到背後是多少年的積累與付出。第一家店剛開時，員工加上我只有三個人，每天早上七點，我自己來開門。"顧雅明笑著說。

成立醫療保健中心

在安康寧大藥房的6家連鎖店中，顧雅明特別介紹了位在法拉盛41大道、專門展售醫療器材的分店－－醫療保健中心。

他指出，美國老人人口越來越多，尤其是嬰兒潮正逐漸邁入高齡，他笑稱自己就是"嬰兒潮的其中一員"，然而人的壽命雖然越來越長，但是人體器官、組織用久了，一定會逐漸老化，因此該分店所引進的醫療器材，較多是在針對老人的需求。

"我希望推廣醫療器材已經很久了，但是過去因為店面空間的限制，直到我看到41大道這個地點，它2,300多平方呎的廣大空間，除了能夠提供藥局服務之外，還相當適合展示醫療器材，終於實現我長期以來就有的想法。"

Jane Wong則介紹，法拉盛並沒有一家較具規模的醫療器材中心，而這正是41大道分店成立的宗旨。他們希望能提供這項服務，並且盡量減化顧客的麻煩，讓客人不需要去太遠的地方，又可以講自己的語言。

"目前購買醫療器材分為兩種，一是現金選購，另一種是由醫生開立處方，但是否屬於保險項目則因人而異。對於醫療器材方面，政府與保險公司所要求的事項相當繁瑣，有時客人只是來拿一樣器材，即使是簡單的枴杖、護膝，但背後卻有許多的作業要進行，因此安康寧在程序上盡量做到簡化，才能分擔客人的困擾。"Jane Wong解釋。

由於引進的產品種類多樣，因此員工必須不斷接受培訓，增進相關新知。該店提供的產品種類分做數類，第一是行動輔助器，包括拐杖、輪椅、助行器等；第二是復健器材/護具，包括護膝、護腕、護腰、護頸；第三種是便利器材，包括床邊便利器、增高馬桶座、扶手等、防滑墊、衛浴用椅；第四種是呼吸治療機，例如氣喘機、蒸汽機、空氣清淨機；第五類是糖尿病周邊用品，如血糖紙、血糖針、針筒、胰島素；其他還有許多居家醫療用具，比如熱水袋、冰袋、彈性襪、氧氣罩、手套、血壓計、耳溫槍、靠枕、坐墊…等。

各顯特色的連鎖藥局

　　除了醫療保健中心，安康寧每家分店也是各有特色，卻又維持了連鎖藥局的便利性。

　　Jane Wong詳細解釋每家店的特色，比如安康寧大藥房的緬街總店，它除了提供藥局服務，還有販售珍珠奶茶、銀耳木瓜湯等飲品，飲品製作過程講求的是衛生乾淨，採用真材實料，美味之餘還兼具了健康。她說，"總店位在人來人往的緬街，就發展出這樣的特色來。"

　　卡辛娜大道上的分店，則設有照片沖印的服務，對於老舊或受損相片，還可協助重修，便利多元的服務項目，媲美某些美國連鎖藥局。

　　39大道的分店也很特別，該店所在的大樓內有許多醫生診所，病人可以在就診後立即取藥。事實上因為安康寧採電腦作業系統，病人下次若前往任何一家分店，所有資料在各家安康寧中都有連線，顧客的便利性大為增加。

　　大學點的分店則定位於"家庭百貨中心"，從鍋碗瓢盆到貓食狗食，客人能想得的物品，幾乎是應有盡有，在店裡都買得到。

　　羅斯福大道分店已於近日開張，該店延伸進入韓裔、西語裔密集的地區，其主軸是提倡優質生活，店裡的規劃類似走精緻路線的藥妝店，提供高品質的商品，包括日本等地進口的保養用品與特設專櫃，店內除了中文之外，還特僱韓裔員工，也有西語、日語服務。

賺錢之後要回饋社區

　　隨著安康寧的名氣不斷壯大，顧雅明發現自己有了一定的經濟基礎，也應該拿出一些時間去做社區的公益事業。他毛遂自薦報名參加華商會，他也是皇后區拉瓜地亞社區學院基金會唯一的華裔董事，他在該校以父親的名字命名成立獎學金，每年拿出1萬美金資助兩名學生。

顧雅明認為，兩年制的社區學院對培養具有一技之長的人才很有幫助。他同時也很看重小商業的貢獻。他說，"對社區和整個國家而言，都是小商人越多越好，因為小商業的做事效率最高。公司規模一大，就難免出現官僚化，辦事效率也會降低。"

商人賺了錢之後則要回饋社區。顧雅明對多維表示，這其中道理其實很簡單，公司應該為社區的慈善事業做貢獻，慈善投資不僅可以得到免稅的鼓勵，也會樹立公司的形象，對事業的長遠發展有利。

翻開報紙可以發現，幾乎所有的社區活動都有顧雅明的身影，他在管理6家店面之餘，還要積極參與各項活動，面對每天滿檔的行程，顧雅明卻樂此不疲。他說，自己可以發揮橋梁作用，向政府反映小商人們的意見和困難，另一方面，他也重視社區教育，提倡新移民提高公德心。比如在法拉盛建立商業改進區，就是讓法拉盛社區更清潔、更繁榮的有益之舉。

"我相信命運，人算不如天算，這樣想才不會有太大壓力。你不可以盼望天上會掉餡餅，但是有機會的話必須要抓住。"顧雅明說，自己的個性是隨遇而安。因為他相信，有快樂才會有健康。

我在美國當老板

從中國農村到美國城市
——專訪中國旅行社負責人王波

多維記者　林紫喬

　　"那一天是2000年12月28日，因為是聖誕節期間，這日子我記得相當清楚。"中國旅行社負責人王波回憶起4、5年前的一天，他開著一輛貨車，車上擱著一個電鍋、幾件衣物，就這樣來到紐約，獨自開辦了目前位於法拉盛40路的辦公室。

從中國農村到美國城市

　　"開往紐約的路上，整趟車程上我就想著，像我這樣在農村長大的小孩，有一天竟然能夠馳騁在美國的公路，心中的滋味很是特別。"王波對多維記者說。

　　中國旅行社是大陸中旅集團為拓展美國市場，在海外建立的據點。1997年，中旅集團首次派人至美國勘查與設點，而派出的第一人就是王波的哥哥，第一個地點則選在芝加哥。當時的王波專攻會計，不僅拿到碩士、也考取了執照，"然而哥哥問我的一句話：想不想跟他一起做旅遊？從此改變了我的道路。"

當王波決定從會計專業轉入旅遊的領域後，他一切從基層學起，不僅要足跡踏遍大陸各地，親身體驗了第一線導遊的甘與苦；他又隨哥哥前往芝加哥，在海外拓點的過程中積累規劃統籌的實力，因為接下來，王波必須獨當一面，讓中國旅行社的招牌，出現在更多的美國城市中。

"一般兄弟共同經營生意，總有些不愉快，但我們不同，因為我們父母去世的早，兄弟姊妹間的感情特別深厚。"王波向多維記者回憶，"我們從小在農村長大，物質條件也不好，直到唸大學時，我一年仍然只有一件衣服，天天就穿著它，想穿點別的也沒辦法。"

"大學為了多掙點錢，我大一的時候，每到第四節課就得離開教室，在校園兜售便當，大二更是自己開班，教授新生跳華爾滋，我還記得很清楚，那回讓我賺了300元人民幣，幾乎可以做我半學期的生活費；哥哥也是一樣，從父親那學了些修鐘錶的技術，唸書時就靠這掙點收入。"說起從前的事，王波說他們手足間的感情最是珍貴，讓他們日後創業時，依舊是齊心協力。

導遊生活起得比雞早

王波投入旅遊業後，為了從頭學起，首先擔任兩年導遊，領團參訪了大陸的每一個角落。"在那兩年中，我真的去過了每一個地方，像西藏，我至今仍然清晰記得，那山明明就在眼前，我想過去摸摸流水，怎樣就是走不到、摸不著。"王波說，海拔很高的西藏、空氣稀薄的缺氧感覺讓他到現在都沒忘記。

不過，說起第一次帶團的時候，王波負責的是無錫地區，當時他面對40多位外國人，由於完全沒有經驗，表現得相當緊張，王波哈哈大笑地告訴多維記者，"在旅客所有的行程結束後，他們投訴表示無錫這站最是糟糕，後來我下定決心，再也不要被這樣投訴了。"

日後隨著導遊經驗的累積，加上王波工作時總是很仔細，遊客果然不再對他的服務抱怨，甚至還有人在回程時，給了王波200元的小費，表達感謝。王波解釋，"那一回，是3人負責100多位旅客的大團，給小費的旅客是個華僑，他看我們尚未到達下一站時，就要預先安排聯繫所有事宜，在問題可能發生前就先解決，晚上數行李，早上則先到餐廳，替大家確認早餐，他覺得我們也很辛苦，就給了這麼多的小費。"

"我們有句行話，形容導遊：起得比雞早、吃得比豬差、跑得比狗快、睡得比小姐晚！"王波打趣地說。而在旅遊旺季的時刻，他更有連續2、3個月奔走各地，就是回不了家的紀錄。

王波說，"旅遊業就是一種服務，一定要耐心與仔細，才能應付各式各樣的狀況。客人在碰到問題時，首先一定是對著導遊、旅行社抱怨與反應。有時是航空公司的疏失，旅客也是責怪我們；還有次酒店房間漏水，我們預先想將客人換到另一家，他直以為我們故意騙他。"王波認為，遇到過的狀況多了，到現在他的脾氣與耐性真的被磨得相當好，已經很難有事情可以令他發火。

"但客人其實都是很可愛的，在車程中總愛鬧導遊唱歌，我有時候煽情點，唱唱'我的中國心'這種愛國歌曲，遇到台灣旅客，就唱'高山青'，若是來自西安的團，就來首'妹妹妳大膽往前走'，各地民謠都快會學了。"

那段領團旅遊的時光與足跡，有甘有苦，王波回憶起來至今還是回味無窮。

一年增設一處新據點

王波後來隨哥哥前往北美拓點，他們共同經營中國旅行社，目前已建立起紐約、舊金山、芝加哥、溫哥華等地的辦事處，並且以一年增加一個新據點的速度發展。

該旅行社專營從美國前往大陸的旅遊團，"我們各個辦公室在各地招收旅客，他們依照喜好選擇行程，集中成團後，出發至中國的城市會合，大陸中旅的員工再負責接待。"王波解釋公司的運作方式，並且指出他的哥哥在美國的業務上軌道之後，人多留在大陸，主理當地的事務。

現在，王波不僅全心投入旅遊事業中，更在美國獨當一面，與大陸的哥哥分頭合作。"我白天在辦公室處理公務，晚上則全在思考市場和推廣的策略，我的心裡沒有一刻不在想這些東西！"王波表示，翻開他的行程表，每個月裡，他有一週的時間待在芝加哥，一週的時間待在紐約，另兩週則是留在舊金山，不斷出差往返，使他深感壓力，因為出差就是要用最短的時間，解決最多的問題。

中國旅行社目前除了美國各點的30多位員工，再連同其在上海的人員、導遊，這已是一家擁有70多位成員的公司。僅在去年，該公司就安排了5000多位遊客前往中國，一年的銷售額高達37億人民幣，等同於4000萬美金。"美國對大陸快開放了，在旅遊這塊，我們必須現在就著手準備。"王波語露堅定地說。

分析該旅行社所接待的遊客，華人就佔了2/3，其餘的則是美國人或其他族裔。針對不同對象，王波已經是個經驗豐富的專家，立刻就能提出不同的路線建議，王波說，對於第一次去中國的人或是美國遊客，北京、西安、桂林、上海這條路線最受歡迎；而成都九寨溝、湖南張家界這個行程最近則相當熱門，有山有水，那就如童話世界般的風景，最受中國人的青睞。

"此外華人喜歡比價，旅遊行程的價錢能多低、去的城市是否越多，是他們比較關心的問題；美國人則以著名城市為第一優先的考量，旅遊與服務品質也是他們所在意的。"王波對多維記者分析。

在磨礪中成熟

王波談起自己的旅遊事業，有說不完的想法與創意，然而從農村到紐約、從導遊到老闆，這段路程對王波而言，卻是深刻的。

"記得剛到美國的時候，我在圖書館借了幾本書，聽別人說歸還的時候直接投到箱子裡就行，我還不太了解狀況，竟然把書本都投到郵筒裡去了，後來才發現出了糗。那時候我覺得美國這個地方，我真是一天也待不下去了。"王波回憶道。

而2001年，正當王波將紐約辦公室設置妥當後，日夜的操勞，更讓他一度希望哥哥派人接手，打算就這樣放棄。

"不過這幾年變化很大，業務規模不斷成長的過程中，我對這個地方也是越來越適應了。"王波說現在他西餐也吃得慣，參加美國人活動的次數也是越來越頻繁了。"但最大的改變是，我現在已經深感這就是我的生活與責任了，想起我這些員工，當初的不適應、或是放棄的念頭就再也沒有出現過。"

王波說當導遊的時候，他的任務就是在旅遊期間，對這一團的遊客負責；然而當了老闆之後，則是對一切負責。從行程內容的設計與執行、航空公司的路線、客人的感受、市場的推廣…，王波對於每一個環節，都必須考慮周詳。

"有賴我的員工人都很好，辦公室總是井井有條。"說起自己的員工，王波滿是稱讚，只是才30出頭的他，懷疑可能是自己太年輕了，笑著對多維記者說，"他們與我都沒有距離，也從不怕我，這樣不知道好還是不好？"

送自己一趟泰國遊

王波想起當年，若不是哥哥的一句話，也許自己現在做的就是會計工作，他認為，那樣或許比較穩定，但是投入旅遊業後，讓他長了見識，更有了屬於自己的事業，"但是一路走來，現在回頭想想，這條路對我來說還是比較值得！"

許多親友看王波全心全意為工作付出，都認為他除了事業之外，似乎什麼都不在意，開什麼車、住什麼樣的房，對他而言都不重要；更有許多人看到他公司發展的腳步，都勸他不要太拼，要學著放慢速度。

事實上這位四處出差、以酒店為家的年輕老闆，的確不在乎自己住在哪裡，"直到去年聽說國內有家著名的乳製品業，老闆30多歲的年紀，就因為過勞而猝死的消息後，我才有所警覺，發現偶而還是得休息一下。"

只是當他被問起什麼是他平時最喜愛的休閒活動時，王波想了許久，還是答不上來。他有些不好意思地笑著說，"我腦中真的只有一個念頭，就是想把生意做好，繼續在各大城市設點，以連鎖的型式來運作。"

而打開其他族裔的市場，則是王波下一步具體的計劃與目標。王波解釋，外國人就算要去中國旅遊，還是喜歡找他們的旅行社，接下來，對於如何開拓這塊市場，他已經有些想法。"相關的細節是商業機密，我得保密，但是如果目標達成，我決定要送自己一趟泰國旅遊當作禮物，犒勞一下自己！"這位

從事旅遊、卻從未有過私人旅遊經驗的年輕老闆，興高采烈地
對多維記者說。

"每天20個 'No'"
成為保險經紀人
——專訪紐約人壽助理副總裁谷林麗

多維記者　林紫喬

我在美國當老板

"3年前我39歲，之後就忘了自己到底什麼年齡。目前我有兩個兒子，一個17歲、另一個5歲。"

此時見記者的神色有些迷惑，紐約人壽助理副總裁谷林麗又補充了一句，"都是同一個爸爸生的！"話才說完，就引來眾人不絕的笑聲。

日前谷林麗接受《多維時報》專訪，與記者相約在喜來登飯店的餐廳，並且藉由採訪的同時，約了兩位久違的好友用餐。約莫下午一點鐘又過了一刻，先抵達餐廳的谷林麗見眾人到齊，趕忙將手邊做到一半的工作存檔，關上了隨身攜帶的手提電腦。

"大家快來吧，我們先點餐，盡量多點一些沒關係，我可是餓極了。我經常就是這樣，都快兩點了才吃一天的第一餐。"谷林麗將菜單遞給眾人，要大家點些自己喜歡的菜，在此同時，她已看見屬意的菜

式，包含醉雞與鹹魚燉肉。

"我就愛吃肉，小兒子都說我是食肉恐龍。不過有次他問我長大後該與什麼樣的人結婚，我告訴他，就跟個美麗可愛的女人結婚吧，他馬上回答我說：那我要跟媽媽結婚。唷！我在他心中竟然是最美、最可愛的人。"

說到兒子，谷林麗想起此行的主要任務－專訪，立刻話題一轉，向記者自我介紹一番，並且為兩個兒子年齡差距甚大的原因作出解釋。原來大兒子是在大陸出生，小兒子則是谷林麗一家在美安定後才生下。

谷林麗過去在大陸，主修英美文學，畢業後則在政府機構內從事翻譯的工作。10年前她來到了美國，初至美國時，懂英文的她在律師樓找了份工作，擔任助理的職務。"當時有一回與朋友聊著天，談到工作彼此也沒有什麼顧忌，互相詢問了對方的薪水後，發現自己年薪竟然只有朋友的二分之一。"谷林麗說，兩者懸殊的差距令她有些詫異。

詢問之後，她發現朋友從事保險工作，卻對這個行業沒有一點概念，谷林麗打趣著說，"要是知道保險經紀的聲譽如何，那時候或許我就不會去嘗試了。"然而對保險行業沒有概念、也沒有成見的谷林麗，經過朋友的鼓勵、抱著試過就沒有遺憾的心情，她來到紐約人壽長島總部接受面試。

谷林麗對面試的景象記憶猶新，"那天初次去到紐約人壽的公司，我一瞧，看見停車場停的都是好車，而進出的人，身上衣服的面料都很好，心裡不禁想著，能夠來到比可口可樂還大的企業，有著6萬多的年收入，唷！可真不錯。"不久後，谷林麗通過面試、執照考試等關卡，順利成為紐約人壽的經紀。

但是與許多人相同，谷林麗進入紐約人壽後，如何開發客戶成了她最大的挑戰。"你們看我現在好像很能說話。但開始的時候，我就與我兒子一樣，是不會跟陌生人說話的，在有許多不認識的人的場合中，我平均要4、5個小時後才會開口、別人才會聽到我的聲音。"谷林麗說。

跟隨著紐約人壽給予的協助與訓練，谷林麗學習以目標為導向的方式，逐漸建立業績。譬如根據公司的計算，一名經紀一年若想簽下50位客戶，就必須見著200個人；想要見200個人，每天就至少得打通20個電話，即便透過電話得到的都是"No"的答案也沒有關係。

"從前我不愛見陌生人，所以打電話的方式對我來說正好。現在想起來真的要感謝我的經理，當時給我的任務就是每天拿到20個'No'名單就足夠了。"谷林麗開著玩笑說，"客人回答No多好，我打完電話就算完成任務，後續的事情也都不用做了。"

不過這樣的策略也讓她明白，被拒絕是正常的現象，最重要的是建立起自尊自愛的心態，一旦慢慢做好心理建設，業務的發展也越來越順暢。在谷林麗第一年的保險職涯中，她正好賺得了6萬多年薪。她告訴記者，保險是一個擁有200年歷史的事業，這代表人們有其需求。經常在與人接觸的過程中，就算沒有做到生意，也賺到了友誼。

谷林麗解釋，"保險的概念就是為家庭買一份保障。由於它是無形的商品，因此很多時候，我們賣給客人的，其實是信任、人品、服務、關心、以及專業知識。我們與客戶建立的是長期又紮實的關係。"

1999年起，紐約人壽致力於華人市場的開發，欲取得業界的領導地位。到了2001年，公司打算在法拉盛籌備一辦事處，需要一名經理主理。此時谷林麗擁有數年的保險實務經驗，她作為此一職務的人選，心中卻是十分猶豫，"因為那個時候剛

261

生下第二個兒子，心想做自由經紀人收入也相當可觀，何必要讓自己這麼累？"她笑著說。

然而在丈夫不斷的鼓勵之下，谷林麗自嘲30多年以來，都已快要放棄的作官念頭又被挑動起來。

"從小我的哥哥、姊姊、弟弟都當班長，但就是沒有我的份。後來長大了，在大陸的時候也沒做過官，我想做官都想瘋了，哈哈！有時我聽見一些做官的人說，他們也不是自己願意要做這官兒的，我聽了就氣，想說你不願做你就辭了吧，讓我來當啊！"

於是面對眼前的機會，谷林麗決定接下經理職務。經過一番籌備，2003年紐約人壽法拉盛分公司正式開張，並於開設後的第一個季度就有了盈利，創下了保險業罕見的奇跡。

2004年4月份，紐約人壽總公司的華裔市場部門需要一名主管，當時公司對於這個職缺，打算從自己的人才中拔擢，並且將適任的對象設定為兼有業務與管理經驗的華人。"我認為自己相當幸運，當時的我可以說是正好走到這個點上，所以公司又再度給了我機會。"谷林麗說。

不過這一回，被公司相中的谷林麗卻又花了2個月的時間，才確定前進總部，負責華人市場部門。她告訴記者，"離開法拉盛分公司，等於是離開自己一手創建的小王國。想起最初，這個地方的地板、地氈該怎麼舖，過年過節該給清潔人員多少小費，所有事情無論大小都是自己親手處理，要離開時，是真的很捨不得。"

"但是真要說起來，美國主流公司很少給予亞裔這麼大的機會與權力，這也是紐約人壽獨特之處。我覺得自己非常的幸福，好事都找上了我，有時候我真覺得自己不值得擁有這麼多。"

谷林麗說到自己的幸福與好運氣，不忘與記者和朋友分享女人得到幸福的方法。"我曾看過一篇文章，上頭寫說女人若想得到幸福，要麼妳就得漂亮，這樣便可以獲得幸福；不漂亮的話也行，那麼妳就得聰明；要是不夠聰明的話也沒關係，妳就必須勤勞。萬一妳既不漂亮、不聰明、也不願意勤勞的話，好吧，不然妳想做啥妳就去做啥，這樣也挺快樂的。"話沒說完，眾人已哈哈大笑，谷林麗說，她覺得這番話特別有趣，因此直到現在仍讓她印象深刻。

　　"我也不知道我是用哪一項方法得到幸福，總之，現在的我真是一點抱怨也沒有。我知道比我傑出、比我有錢的人多的是，但是仍然感到無比的滿足。"

　　谷林麗定義著屬於自己的成功，"我的錢也夠花，在兒子心中是最可愛、最美麗的人，老公則說我上得廳堂、下得廚房，父母想起我能夠感到自豪，朋友們也重視我。我沒有多大的夢想，卻都一一實現了。我覺得我特好運！"

　　頓了一會，她繼續說道，"仔細想來，若今天是人生最後一天，我也沒有任何遺憾，我這一生沒有對不起任何一個人，況且我保險也買了，哈哈！"

　　在谷林麗辦公室的座位上，放著一幅字，寫道：我是第三名，我是世界上最快樂的人。(I am the number three, I am the happiest person in the world.)就是這種盡力、知足、感恩的人生觀，讓谷林麗無時無刻感到快樂。

　　只有那麼一回，使谷林麗有了不愉快的感覺。原來是一位相當要好的朋友因故失去工作，谷林麗建議她可以嘗試保險行業，"結果朋友心直口快地回答說，她沒這麼厚臉皮，一定做不來的。人們無意間說出的話，往往反映出她實際的想法，因此，我這才知道原來這位好朋友，對於我的工作是抱有這樣的感覺。"谷林麗解釋。

"我當下氣得立刻回答她，這份工作讓我車開的比妳好，屋子住的比妳好，連兒子我都比妳多生一個！我問她，我做這份工作以來，什麼時候看到過我求人？"日後反而是這位好朋友一家，因為財務規劃方面的需求，來請求谷林麗協助。

谷林麗說，她最初入行時，也不清楚這是一份什麼樣的職業，慢慢地她體會到，保險是一項專精、且值得敬重的專業，她亦不斷提升自己、充實自己，以最誠懇的態度，獲得每一位客戶的肯定。"以前做業務的時候，我的原則無它，無非就是抱有一顆最坦誠的心。在待人處世上，千萬不可愚弄人，也不要自以為聰明。"

"這不代表我從不說人壞話，壞話我也說，說得可多了呢。但我說的每一句批評，都是可以搬上桌，可以在當事人面前說的。關鍵是你必須尊重每一個人，就如同你也希望自己與工作都受到尊重一般。"

業務工作的挑戰，讓谷林麗深刻體會如何與人接觸與互動；擔任管理職後，則讓她必須著眼大處，從事全面性與策略性的考量。"進入總部後，對於大公司內部的政治與人際關係，也有更多的學習。"谷林麗說。

同行的友人告訴記者，谷林麗無論在什麼位子上，總是適應得很好。她亦認為自己的個性原本就能上能下，彈性十足。"無論有多大的福我都能享，無論有多大的苦我也都能吃！"她說，居於上位之人見了她，不會感覺她是個鄉巴佬，但部屬同她相處，也不會覺得她趾高氣昂。

"以前有朋友與我開玩笑，問我要是一年給我100萬，我知道怎麼花嗎？我說我當然花得了，100萬有100萬的花法，但反過來說，要是哪天把我的錢都拿走，我也不會活不下去。"谷林麗笑著說。

　　谷林麗充滿彈性的個性，顯現出的其實是她的樂觀。她指著自己手提電腦說，"妳們看上面這些玩意兒，都是我兒子畫的東西，然後硬給我貼上去。有人看到就好奇我怎麼不擔心，公司會誤以為我將公司所配的電腦讓小孩用，但我反問他們，公司怎麼不會想我這麼認真，連在家陪小孩的時間，我都充分利用於工作？"語畢又是一陣大笑。

　　對於現況知足惜福谷林麗，下一步有什麼計劃？她想起在紐約人壽的訓練當中，公司會協助員工制訂定年度計劃，幾年前的某一回，自己就將來年想實現的事情一一寫下，其中一項是"生個女孩"，後來主管看了，便將女孩劃掉，並告訴她說她可以計畫生個小孩，但不能決定是男是女。

　　"也許就是因為主管這麼做，讓我後來生了個男孩。"谷林麗作勢抱怨。但是也因此，她理解到所謂"計劃"必須是人們可以掌握的事情，這讓她日後立下的目標總是切合實際，對於接下來的工作規劃，她也有了具體的想法。

　　"華人為未來作預備的觀念很強，然而在行動上，相較於美國人卻顯得弱些，因此接下來，我們仍會繼續提升對華人社區的重視，持續推動保險的相關教育，給社會正確的認識。此外，我打算在保險產業的宣傳方面多做努力，我即將著手寫書，對於保險業的酸甜苦辣、保險的知識與概念等多加著墨，建立一個屬於這個行業的正確形象與認知。"她說。

　　而紐約人壽近年來，針對海外與亞洲地區，緊鑼密鼓地進行的業務推廣與市場開拓，經常被外派其他地區、主持各式訓練的谷林麗，未來還會更忙。

　　谷林麗說，她白天工作，晚上則利用時間陪孩子，一整天下來，幾乎只有坐地鐵時，才能擁有屬於自己的時間。"我老公就這一點不好，他總不願意請個人幫忙家裡，他認為請來的人做家務，還是與我不同。我同他講你這不是摧殘折磨我嗎？"

　　雖然口中說著抱怨，谷林麗仍然笑著道，"但外面的人常說谷林麗有二不換，一是職業不換，二是老公不換！"

為陳秋貴打造
另一扇門

—— 專訪協和門窗子公司 "Frontier"

多維記者　林紫喬

　　未來企業的觸角將從原本的發跡地延伸出去，不再只安定於一個地方或一種傳統，這是時間，也是空間的變化。協和門窗(Crystal Window & Door Systems,Ltd.)與其總裁陳秋貴的一舉一動，正說明了此種多角經營的企業趨勢。

　　回憶1982年，初抵美國的陳秋貴，沒有金錢、學歷、與身份，他隻身一人闖蕩紐約，不見想像中的繁華景色，陪伴他的只有最冷酷的現實。但20年後，這位在創業之初，曾以地鐵搬運鐵門的人，憑著苦幹、實力、與膽識，成功創建了"協和"門窗王國，成為紐約最大的門窗製造商，打造了屬於他的白手起家傳奇。

　　而伴隨著業務的持續成長，陳秋貴進一步透過 "協和基金"與"協和藝廊"的成立，傳遞公益與文化的燈火。的確，他的崛起，令人刮目相看；他的回饋，是社區人士都觸摸得到的溫暖；至於他的每一個動作與下一步，則是許多人眼光注視的焦距。

Frontier 開啟了另一扇門

2002年是特別的一年。陳秋貴領導的協和門窗 (Crystal Window & Door Systems, Ltd.)邁入第十二個年頭，年營業額突破4,000萬美金，該年還被Crain Business評鑑為紐約市第十一大的少數族裔企業。然而陳秋貴並不就此鬆懈，他不斷為已經相當穩定的塑膠、鋁製門窗產銷事業思考更多創新的想法，並且尋求突破，當時他與董事會看準了面板成型技術(SMC)的市場需求，就在2002年5月，選在新澤西成立子公司Frontier Building Products，重點放在住宅用門的製造，從事SMC技術的生產與銷售。默默耕耘了三個寒暑，子公司Frontier不到3年的期間，已為陳秋貴的門窗事業版圖交出另一張亮眼的成績單。

所謂SMC纖維玻璃面板成型技術，是目前美國住宅用門中的熱門項目，這種被稱為繼木、鋼、鋁、塑後的第五代門窗制品，正在美國門類市場中展露錚角，因其具備了堅固耐用、保溫隔音、質感優美的優點，因此正逐步取代鋼質與木質門，其年成長率高達28％，目前僅是美國市場的年用量即約300萬座，金額達14億美元。

根據Census Bureau and Merrill Lynch的報告，美國新屋建造銷售率逐年上升，住宅裝效改建之支出從2003年開始攀高，加上目前銀行利率相對較低，皆帶動了建築行業中門類市場的需求。依照SMC纖維玻璃門在美國門類行業中的實力與發展趨勢來看，目前美國各類材質的住宅用門市場量每年約3,000萬個，新興的SMC門就佔10％，並且以每年10萬個之速度遞增，其發展空間遠大於鋼門與木門。

眼光精準與嗅覺敏銳的陳秋貴，3年前就看到了SMC面板成型技術在住宅用門的市場需求與實力，他與協和董事會選在工業環境良好、運輸便利、並與紐約總部距離接近的新澤西南平原鎮(South Plainfield)，成立子公司Frontier Building Products，除了與協和門窗其他的分店一般，擁有各式窗戶的服務、銷售、客戶協調等用途，Frontier更配合訂單要求，具備每日獨立生產150座門板、60套預掛組裝(pre-hung)的能力。Frontier的成立，代表了窗與門分開製造的新階段，使協和集團得以在操作上，達到專業分工的目標，在銷售上，則強化了業務推廣的靈活性。

打造兼具功能與美感的家居門

那扇每日供人進出多次的住宅用門，可謂每一個家庭的門面，必須兼具美觀與功能性，但是就在日常的進出與開闔當中，也許它理所當然的存在，令人幾乎忽略了門的重要性，更不曾想過去探索一扇門的製作技術與工藝是何等廣博精深，於是Frontier 成立之後，即不斷摸索尋求最上乘的技巧，為的是替客人打造出一座座完美的家居門。

Frontier經理Allen Lu告訴多維記者，"基本的判斷一扇門的好壞，可以從它夠不夠方正、從室內看出門縫會不會透光、以及是否具備防火防水的保護功能等面向去檢視。"

然而住宅用門的氣候測試，則是更嚴格的一環。美國門窗保溫評估協會（NFRC）根據北美不同的氣候帶將全美分為四個供應區，分別為東北、西南、中區、及東南區，每個地區的保溫係數不同，如何做到冬天防冷、夏天防熱，都有不一樣的要求。這些要求尤其反映在門的玻璃上，如佛州經常受到颶風的威脅，所以必須裝有抗風壓的玻璃；而東北區的新英格蘭一帶，因為冬天酷寒而夏季炎熱，因此門與玻璃必須兼具保溫與防熱的雙重功能。目前，協和及旗下公司不僅通過NFRC等機構的權威驗証，並成為其會員，證明了公司的經營與產品的品質，完全符合主流的規範與要求。

除了氣候測試，Allen Lu強調若比較窗戶的檢驗，"門還多了防火的要求，目前一些特殊的機構，如學校、醫院即相當重視防火門的應用。"為了因應各地區自然條件對於門的不同需求，Frontier 所設計與生產的玻璃纖維門，品種已有60多樣，而為滿足客戶不同的偏好，Frontier更按照個別訂單的要求進行製作，因此若將玻璃之內在變化也一併計入，該公司已有生產400多種住宅用門的能力。

Frontier以SMC面板成型技術製造的住宅用門，使用後不會彎曲、爆裂，也不易產生凹痕、剝落，比起木門更加安全耐用，也更加經濟實惠，並且易於安裝。然而在實用的功能之餘，纖維玻璃門還能創造出仿木紋的效果，其視覺與觸感幾乎與真實的木材無異，完全符合客人對於成品在外觀與美感方面的要求。

而背後支持著Frontier兼具技術與工藝之製造品質的，其實是門板、預掛組裝、及油漆這三條嚴謹、並且環環相扣的生產線。在門板的製作上，該公司利用日本Kyowa SMC壓板成型技術，先後投資500萬，訂購了12套模具，模具廠設於台灣，再透過台灣的液壓技術，製造出門板的原材料，即包覆在外的門皮。

Frontier 的門皮規格有 3068、2868、1268，再與 6P、4P、0P、CP 等型態配合，共形成12套基本的門皮樣式。自台灣運來的門皮，即為Frontier根據訂單製作門板的基礎，一個完整的門板，首先要經過過膠機的處理，將周圍的4根門條沾於門皮四周，再利用壓力機將兩者壓成內部空心的初型門板，之後以灌縫機將高壓型泡沫填充於內部，再以20分鐘的時間液壓成形，經過半小時的冷卻，一片門板才算完成。

初步完成的門板，Frontier的生產人員會依照訂單不同的要求，進行切割與裝配。裝配的過程中，必須為個別的玻璃、門鎖、貓眼設計，事先在門板上預留洞位，之後再依照單門、雙門、或有無邊門的特殊要求，安裝門鉤以及玻璃，並與門框組合起來，最後進行防雨、防風、防曬等處理，才完成了預掛組裝(pre-hung)的作業。

然而最終決定一組安全耐用的門，是否也同樣有著精細出色的外觀，這還需依靠Frontier手工上漆這道嚴格且複雜的工藝過程。Allen Lu告訴多維記者，Frontier特地採用水性漆，"才可以確保其氣味不會對人體造成傷害，同時還兼有奈高溫、不易燃燒的好處。"

Frontier這種凡事仔細用心、為客人著想的態度，在門的上漆完工階段，正好被表露無遺。Frontier的油漆生產線，可分做兩道步驟，第一部分包含了清潔與烘乾，在確認門板的絕對乾淨之後，再將其送至噴漆房，以空氣作為動力噴上底色，並且再次烘乾；第二部分則是最講究手藝與美感的木紋製作，在這個階段，負責的人員必須以封閉的蒸氣設備、及特定原料，為門加上最美麗的表情，而經過複雜的工藝過程之後，還需進行最後一道烘乾與冷卻，移交到客人手中的，才會是一座完美的家居門。

產銷一條龍的全方位服務

觀察Frontier之所以能在SMC面板成型技術的新領域中，迅速地為協和集團達到其高標準的產銷目標，並躋身全美十大

SMC 門的製造商之一，最大的優勢在於Frontier的產品非常齊全，並且具備獨立生產與銷售的一條龍服務能力。

　　Frontier不僅擁有自己的家居門設計師，隨時注意市場的變化與趨勢，持續製造新的產品，同時經常參加各種門窗協會的展覽，吸取最新的訊息與知識，此外，該公司更積極拓展家居門的銷售通路，提供親切的售後服務，才能夠在這一行裡始終保持高度的競爭力。

　　面對美國目前幾大SMC門製造商如ThermaTru、Masonite、Pella、Jeld Wen、Stanley等，來自強敵的競爭，使得Frontier對於品質和服務有更高的堅持。為了將其服務推廣到更多的角落，Frontier對於拓展銷售通路的用心可謂不遺餘力，目前除了依附於總公司協和門窗給予各工程、單位的供貨中，採取一併銷售的策略，Frontier還針對預掛組裝(pre-hung)工廠對門板的需求，提供相關產品；此外該公司更特別重視客人的感受，不斷與使用者建立更深厚的關係。兼顧生產品質與銷售通路，是Frontier為客人提供一條龍服務的關鍵作法。

" 精細"是企業文化的精髓

　　Frontier在母公司協和門窗與董事會的領導之下，成立至今雖然只有三年的時光，卻透露出超齡的沉著與細膩。與Frontier經理Allan Lu的採訪是約在星期六上午的，即便是週末，他仍舊堅守在工作崗位上，而為了這次採訪，他所準備的那四頁密密麻麻的筆記，更顯示出Frontier員工做事的仔細與負責。

　　"陳先生曾說精細就是我們企業文化的精髓，這句話深深影響了Frontier上下員工做事的態度，我們對於每個環節都小心謹慎，絕不輕忽怠慢。"Allen Lu口中的陳先生，就是協和門窗以及子公司Frontier的總裁陳秋貴，在陳秋貴的帶領下，協和集團不斷實現對用戶的承諾，這些年來，已陸續通過美國建築物製造協會（AAMA）、美國門窗保溫評估協會（NFRC）、美國東北區門窗協會（NWDA）、隔絕玻璃認証協會（IGCC）、國際裝潢協會（NARI）、塑膠工程協會（SPE）等多家行業權威的驗証或成為其會員，並被紐約房屋管理局（NYBC）確定為定點生產商。

對於未來，陳秋貴也不斷在勾勒他的遠景，他曾說："我們繼續在各地興建工廠，目標是希望做到上游、中游和下游全部連結成一線，達成產銷一條龍的體系，如此才能大量降低成本，並且自給自足。"Allen Lu試圖為這個夢想具體說明，他表示，Frontier計畫以連鎖性的銷售方式，將服務擴展到全美各大城市，接下來再將其SMC面板成型技術推廣到大陸和其他地區，抓緊亞洲、南美等市場，發展出跨國連鎖的體系。

以市場為導向、以顧客需求為目標的Frontier，在著重管理、講求精細的創造之下，您家那扇安全、耐用、美觀的大門，很可能就是來自他們的執著，正如同陳秋貴的門窗王國一般，堅實不搖。

"上府"
為您到府服務

—— 專訪上府地毯銷售經理Lu和Ceci

多維記者　張立春

我在美國當老板

　　Ceci在接受多維記者采訪時，一見面就解釋到，"不要稱呼我是劉太太，劉是我自己的姓，我丈夫的姓實在不好念，還是叫我Ceci比較方便吧"。Lewis，Ceci的丈夫，凡是認識他們的人，都直接稱呼他"Lu"。接受采訪時爽朗的笑聲和滔滔不絕的話題，根本讓人無法看出，上週剛剛做了一個腹部手術，儘管還在恢復中，但Lu看上去精神很好，面前攤開一本最近一週的《今週刊》，雖然Lu根本看不懂中文，但還是指著中間的廣告，向記者介紹了At Home Carpet的歷史。

　　At Home Carpet有一個非常好的歷史，21年以前，在紐約布魯克林成立的時候，是一個非常小的公司，主要經營大公司的地毯標籤樣本，接觸了很多地毯公司的品牌，後來才開始直銷，4年以前，公司開始在幾個主要的電視頻道上做廣告，以後公司發展非常迅速，總部搬到了佛羅裏達，並且在許多城市設立直銷的產品倉庫，公司的電話和傳真是最忙碌的。實際上說At Home Carpet是一個品牌地毯的直銷公司，是一家"到您府上服務"的地毯公司。

提到"上府地毯"這個完全中國化的名字，Ceci接著Lu的話題，向記者介紹了自己加入At Home公司的故事。

Ceci 2001年從中國天津來到美國，因為有自己的中國公司在美國的機構配合，非常順利的轉換了身份，儘管有多年經商的經驗，Ceci也沒有考慮具體如何在美國開展業務，只是希望自己可以在美國生活得更加充實和開心。直到後來，慢慢的熟悉了周圍的環境，也看到有很多華人都生活在這裏，Ceci和Lu有了自己的家庭。每天都看到Lu在公司裏面忙……

開闢華人市場

有一天，Ceci問Lu，"新澤西的華人這麼多，你們為什麼不開闢華人市場，你要我幫你嗎？Ceci有時候出入在Lu的公司，但很少看到他們有華人客戶，憑著多年的商業經驗，她詢問盧：你們為什麼不開闢華人市場，你要我幫你嗎？，Lu馬上徵求了總公司的意見，很快就得到答復是可以先做一個嘗試。就是這樣一個"嘗試"，讓Ceci很快的展開了自己的舞臺，她首先就在中文報紙上推出"上府地毯"的廣告，很快就看到了客戶的回饋反應。

Ceci告訴多維記者，僅從去年10月到現在，從她自己手上，就接待了400多個華人客戶。這個數字，不僅讓Ceci和Lu興奮，也讓At Home Carpet看到了華人市場的潛力。公司也正在進一步的計劃開拓華裔市場。

很多海外華人都有這樣一種體會，大家聚集在一起時，不管你英文有多好，都還是會用普通話交流。很多華人儘管英文很好，打電話到公司，還是特別的要指定華人來服務，Ceci告訴多維記者，有時候其他銷售人員接到電話，會非常不明白的問，"他英文這麼好，為什麼不說英文，還一定要找會講中文的。"對此，Ceci的理解是：雖然是一種習慣，但這中間似乎更多的含有民族間的信任感和親切感。

是誠信 也是法律問題

Ceci說：Lu到現在，也還是經常問我：為什麼客戶會問我，送去的樣品和簽合同以後，現場施工的材料是不是一樣？剛開始，我對這樣的問題總是敷衍而過的，實際上我自己心裏明白，在中國，生意成交的前後，有時候區別會很大的。在商店裏面看到的是一種樣子，付錢以後，送貨到家裏的又是另外一種樣子，很多中國人都已經習慣了面對這種"商業欺騙"。Lu根本就不能想像這種情況，他認為，樣品就是貨品，不可能不同，這不單是誠信，還是法律問題。

我在加入公司以後也意外的碰到了一次這樣的情況。我接待的一個華人客戶，在施工的當天就打電話給我，說送到現場施工的地毯和盧給他的地毯樣品不符合。我們當時就和送貨的工人取得了聯係，核對下來產品編號和顏色都完全一樣，但客戶說厚薄不同，我們馬上就趕到了現場，地毯施工已經都完成了，從修剪的碎料看，厚薄上確實有一點點區別，但送到的地毯和客戶購買合約上面的地毯編號完全相同，為了瞭解原因，我們又和生產廠商取得了聯係，最後才知道，是廠商更換了新的產品設計，但還沒有及時修改給我們的樣品。儘管從法律上說，我們可以推卸責任，但是盧馬上就對客戶表示，第二天就安排全部重新施工。後來，我們為客戶更換了價格高許多的同色系產品，還對客戶在家裏多請假做出了補償。完工以後，這個客戶非常的滿意。

" 對華人永遠報最低價"

　　一談到對客戶的銷售技巧和服務，Lu和Ceci都開始向記者介紹自己的體會。Ceci說，自己在中國就已經有20多年的經營管理經驗了，對和華人做生意可以算是有經驗了，海外華人的購物習慣和在中國時一樣，要最低的價格和最高的服務，當然這很容易理解。Lu現在和我一樣，祇要是接待華人客戶，就直接報出最低的價格。當然，我們也向客戶講明白，這已經是Lu作為經理，可以給到的最低的價格了，很多客戶也是可以接受的。

　　"儘管我告訴客戶，這是我能夠給出的最低的價格，但是，很多客戶還是不完全相信。"Lu常常會在瞭解客戶的需要以後，先給客戶寄出地毯樣品，然後建議客戶拿這個樣品，到其他商店去"shopping"，一下，然後再回來，看一看上府地毯的價格和服務。Ceci說，客人要是已經有了比較，再接受價格，心裏就會舒服的明白，我是買到最好的，也是最便宜的地毯。

　　Ceci說，上府地毯的價格是最好的，服務也是最好的。很多地毯商銷售地毯的合同是一年保證，而在"上府"，地毯是永久保證。記得也有客戶打電話，詢問因為傢具搬動，地毯的中間有些鬆動如何處理的問題，"上府地毯"會完全免費的上門提供" 上府"的服務。

我在美國當老板

此行並非我所愛

——專訪大東冷暖氣工程公司CEO陳偉業

多維記者　萬毅忠

　　魁偉的陳偉業身著綠色的迷彩作戰服，如一名少帥一般坐在他位於布魯克林格蘭街工廠二樓的辦公室內。這是06年十月的一個星期六下午，他與多維記者說得最多的一句話是："20年來，就得一個做字。"這是一句典型的廣東話表達，意即勤奮打拼就是他全部20年的經歷，而這20年的打拼使他由一位貪玩的少年成為一名出色的企業家。

　　陳偉業原來執業IT，但很難想象他留在IT行業內今日會如何，但可以肯定的是，如果在IT辦公室內，他不可能身著迷彩服會見記者，畢竟他現在從事的冷暖氣工程是一件在樓宇中布管設道上下忙碌的工作。紐約巨大的冷暖氣工程市場給陳偉業以機會，使他在自己開業僅10年之後，成為這一行業的亞裔從業者的翹楚。陳偉業告訴多維："這個市場不僅是華人

市場，西人市場也很大，從利潤上說，華人工程利薄，祇有10％，做西人工程利潤至少高2倍。"

於是，大東的業務從一開始來者不拒，到越來越少承接華人工程。現在， 在公司一年的業務中，華人工程祇佔10％，西人工程佔90％之多。目前，在紐約市有五六家同等規模的亞裔冷暖工程公司，其中大東的實力居冠。登高望遠的大東盯住的不是本族裔的企業，而是紐約主流市場中業務做的最好的冷暖公司如Arista，陳偉業告訴多維："已經在和一家實力相當的白人公司洽商合並事宜，一旦成功，大東將會有突破性的進展，甚至具有上市前景。"

奇怪的是，這些業績對於陳偉業來說，好像並非刻意所為，他告訴多維："做這一行，始終不是自己所愛，時至今日，還是不愛。"發自內心的另有所愛使陳偉業並不專注於冷暖氣工程，盡管這行給他帶來了第一桶金，大東已經開始走集團化發展的路子，除了進出口貿易之外，還涉足房地產，公司在大紐約地區置業，將整棟樓宇買下，出租給用戶。

由中學暑期工入行

ABC陳偉業生於1967年，祖籍廣東台山，在紐約家中學會了一口地道的廣東話。

在與多維記者的訪談中始終笑吟吟，他面闊耳碩，滿臉福相。陳偉業是在十八歲那年以打暑期工的方式進入了冷暖氣工程行當："我85年高中畢業，那年的暑假，去一家叫大維的冷暖氣公司打暑期工，做安裝，最初連圖紙也看不懂，跟著師父出去什麼都學，覺得打工好玩。"

冷暖氣工程使陳偉業初次接觸社會，通過工程接觸不同的公司和人員，著實好玩，他這麼一玩就連著玩了多年，在長島

MYT 大學學習的四年間，也沒有間斷去大維打工，安裝維修什麼都干，後來更升至辦公室文員，處理客戶服務和案頭工作。

在大學裡，陳偉業學的是電腦信息系統，應該說在四個暑期裡，他還完成了冷暖氣工程專業的實踐課程。89年大學畢業後，他去一家電腦公司工作。干了三年之後，因為家中出了些事情，陳偉業想轉換工作，找一個空閑多些的工作。大維的老板聽聞後，隨即邀請他回到冷暖氣工程行業。

對陳偉業來說，冷暖氣工程可由自己安排時間，可以擁有多些時間照顧家庭，加上這又是自己人生所干的第一個行當，92年底，在少許猶豫之後，陳偉業回到大維，做全職工作。

大維冷暖氣工程公司根據每棟建築的特點生產圓形或四方形風管，再由工作人員去現場安裝及維修。這種粗線條的工作，和IT行業有很大區別。但陳偉業從中發現了一個共同點："面對客戶和服務客戶，是IT行業和冷暖工程共同的特點。"不同的是，陳偉業做IT時，必須親手做客戶服務，在大維，他祇要做管好手下人就行了。

到96年，陳偉業已經做到了大維公司的經理，統籌管理公司所有的業務，生產、安裝、維修和銷售他幾乎樣樣精通，他的老板將整間工廠交給他打理，自己一心去外面拉業務。那一年，他做了一個決定。"在大維做了四年之後，我又厭倦了，想離開這一行，原因是我覺得這行不好玩了。那時，我想回頭做IT。"

成立大東公司

盡管陳偉業說自己從來沒有真正喜歡過這一行，96年他決定離開大維之後，卻被朋友說服，一起開了一家合股的冷暖氣公司。"朋友說，管你喜歡不喜歡，你橫豎都干了十多年了，干吧。"

這一年，陳偉業等六人離開大維，成立了大東冷暖氣工程公司，這六人各有絕活，既是公司股東，又是公司員工。陳偉業是公司負責人，擔任首席執行官CEO，為公司的發展把舵。

做了老板的陳偉業還是把自己當一個打工仔一般，每天一大早便去上班，安排每天的工程事務，直到請了秘書，替他打理這些日常事務，他便將精力放在拓展公司業務、保障工程質量和人員管理上。大東公司剛成立時，在布魯克林14街租了一間倉庫，艱苦創業三年之後，在格蘭街買下了現在的廠房。"由於我在這行時間久，很多人都認識我，親戚朋友也都幫助我，開始時就有很多業務。三年之後，大東買下來自己的廠房，生產面積大了一倍。"

到06年10月，大東已經有55名員工，公司也分了多個部門：30多人的工程部負責風管生產和安裝，8個人的維修部負責出外維修，公司裡還有銷售部門和公司總部。陳偉業告訴多維："我們的目標市場是西人主流市場，但也有少量的華人業務，他們多是一些極為信任我們的老客戶，遇到難題回來找我們。"

在工程施工中，樓主經常委托大東幫助購買需要安裝的冷暖氣機，大東便在紐約的商場內購買，幾年後，陳偉業考慮由中國進口冷暖氣機，提供給紐約的商場零售。06年，大東冷暖氣工程公司成立了新菱分公司，進口廣東清遠生產的新菱冷暖氣機，並負責日後的質量維護。

成為業中老大

陳偉業最初工作的大維冷暖氣工程公司可以說是紐約華人

冷暖氣工程行當裡的黃埔軍校，他20年前的工友們幾乎都因羽毛豐滿離開了大維，自立門戶開了工程公司。縱觀過去20年歷史，美國亞裔社會發展迅速，亞裔市場急劇擴張，給各路英雄提供了用武之地。

據陳偉業對多維介紹，目前在紐約少說有五六十家華人同業，而其中數一數二者非大東莫屬，大東的人馬已經是大維的五倍，他認為大東成功的秘訣在於它的專業化服務。自85年涉足這一行當以來，陳偉業發現在20年中，冷暖氣工程技術進步很大，廣泛應用了系統控制技術。"小型的控制系統我們自己完成，大型的，我們請專業公司來做。公司還沒有計劃另設一個部門，專門處理系統問題，因為動作太大。"

令陳偉業印象深刻的一項工程，是給位於曼哈頓中城的台灣駐紐約經濟文化貿易辦事處20層的高樓安裝冷暖氣。這項工程開始於04年，至06年初完成，歷時一年半。大東公司要在20層的大樓裡共捌萬尺的建筑面積內，彎彎曲曲蜿蜒迂回地鋪設冷暖管道，由於政治因素，樓主對工程要求十分嚴格。而在整個施工過程中，經常是沒有人可以拍板，必須一再向台北的上峰請示，以至工程一延再延，難度增加。"我們經常修改鋪設管道的方案，耗了一年多，總算完成了冷暖工程。"

包厘街195號大樓是該地區的最高樓，也是大東公司剛剛完成冷暖工程的樓宇，由於經費問題，樓主將工程拖延了三年多。作為大東的CEO，對於樓主拖延工程，陳偉業也沒有良方。"除非放棄，否則祇有等待。但拖延也帶來材料費用上漲等問題，祇有和樓主協商，調升工程費用。我們在開工前，已經將各自責任在合約中注明，但一般來說和西人好說，和華人就沒得談。包厘街這棟樓因為樓主是西人，就增加了費用。"

盡管華人業務僅佔大東的10％，我們在華人集中的法拉盛地區也不難發現大東完成冷暖工程的樓宇：花旗餅屋、恆通銀行和星巴克咖啡館大樓等。

公司的業績引來了投資者的關注，幾年前，有人想買下大東，被陳偉業拒絕了。"我才30多歲，賣了公司，我干什麼？雖說我想過回去做IT，但薪水已經不能吸引我了。" 美國大型的冷暖氣公司MCOR欲將大東收到自己集團的麾下，條件是幫助大東上市，陳偉業認為火候未到，明確表示暫無興趣。

打量著給自己帶來人生第一桶金的大東公司，陳偉業給它設想了一個更美好的未來：新開設的進出口業務和已經開始的房地產業務將使大東成為一個跨行業的集團，再尋找一家旗鼓相當的西人公司合並，使大東擺脫族裔局限，為未來的發展鋪路。"在美國，我們黃皮膚始終有黃皮膚的局限，大東在日後一定要多元化。我們和合並談判中的西人公司早就有良好合作，那是一家規模相當的公司，主業是安裝雪櫃。"

做醫師
一定要具備 "德行"

——專訪人人診所主持人黃浩源

我在美國當老板

多維記者 林紫喬

"年輕時，當我初次披上白袍成為醫生，我的母親叮囑我，做醫師一定要具備'德行'，有了德行才能辦事。我母親還要我為將來生的孩子，分別以德、行兩字取名。她是全世界最偉大的人，她對我的影響我最深，她的愛心比誰都還要多，她對任何人都願意付出。"馬州人人診所主持人黃浩源對多維說。

以懸壺濟世為祖傳家業的黃浩源醫師，已三代行醫。目前他的一雙兒女詠德、永行也都從事醫師這份志業。黃浩源的女兒黃詠德日前畢業于加勒比海醫學院，在芝加哥和克裡夫蘭醫院受訓，學有所成後便與父親合開診所，專精家庭專科、激光醫學、美容醫

學的領域。

　　"黃詠德畢業後在芝加哥受訓一年，主動提出回到華府地區開業。"黃浩源笑著說，"我說我考慮一下，但三秒鐘後我就答應她了！你知道小孩都不喜歡跟在父母身邊，她主動提出這個想法，我心中其實很開心。"

三世代的愛心傳承

　　黃浩源於98年開始在華府地區開業，並連續8年在社區推動免費義診服務，針對沒有保險的對象，進行免費診斷。"只要告訴我，我是中國人，我沒有保險，我便一毛錢也不收。""因為我是中國人"，黃浩源用短短幾個字，說明他為何擁有如此強烈意識想要幫助華人。

　　黃浩源祖籍南海，廣州出生，在香港成長，18歲前往台灣求學，就讀台大醫學院。75年至98年間，黃浩源在美國開業，由於所在地區的因素，看診對象一直是白人為主。"後來年紀越來越大，中國人落葉歸根的想法在我心中也越來越強烈，我想要過過中國人的生活。"

　　遷移至華人頗為聚集的華府地區後，黃浩源發現沒有保險的華人相當多。"華人努力工作，願意給孩子最好的生活，但往往卻捨不得幫自己申辦保險。"黃浩源說在他的記憶中，就見過許多在餐館打工的華人，工作相當辛苦，生病了卻不去看醫生，拖到不能再拖了才去找醫生，卻也來不及了。

　　黃浩源看到這些情況，心中相當難過，因此當有位醫師同行邀請他一同義診時，他一口當應。"只要能幫助中國人，我什麼都願意做！"他說，"只要你告訴我你是中國人，我一定幫忙，但如果是外國人，我可能就先拒絕了。因為在財力人力有限的情況下，我必須集中資源協助我們的同胞，就像自家的小孩管好了，才有餘力幫助其他人的孩子，這是一樣的道理。"

　　進行義診一段時間後，黃浩源認為每次幫華人免費看些傷風感冒、頭疼腳疼，一次不過也就是替人省下幾十元，他感覺這樣還是不夠，因此他又提出免費健康檢查的構想。"對不少華人來講，請他們去做健康檢查是不可能的，因為我開張單子請他們去抽血檢驗，可能就要花費300元。華人有錢，不是寄回家鄉，就是給小孩買好東西，就是不願花在自己身上。"因此黃浩源決定為華人提供免費健康檢查的服務，他認為，若因此幫華人檢驗出身體的疾病，進而獲得適當的治療，這才能對華人一輩子的健康起到作用。

　　"幫人義診，我只要付出我的時間即可，但是替人進行健康檢查，我卻還要投入大量的金錢。"黃浩源為了推動免費健康檢查的計劃，他在第一年期間全額自費，以中華會館名義在華府的華人社區中，幫助無數民眾進行健檢，做出成效並起引起廣泛好評後，中華會館後續也提供了許多協助，再加上其他醫療、研究單位的支持，這項計劃能夠幫助到更多的人。

　　名字中被長輩賦予深厚的期望，黃浩源的兒女－詠德、永行－也跟隨父親許下願望，將來會與祖父、父親一樣重視德行，並把定期義診的志願繼承下去。

新趨勢的醫學美容

　　懷抱著祖父、父親的志願，黃詠德同時也踏上了時代的潮流，選擇激光美容作為另一項專業。

　　黃浩源對多維解釋，"激光美容未來將成為趨勢，因為愛美是人的天性，非手術性的美容療程會廣受歡迎。"

　　位於馬州新亞超市附近的人人診所，今年8月在黃詠德的加入之下成立了分所，引進有當今世界最先進的激光治療設備，能夠滿足各種美容需要，並且提供專業咨詢和治療。"我們針對華人肌膚特性引進儀器，解決華人常見的美容問題。"黃浩源補充。

黃詠德醫師擅長Pan G非手術電波拉皮，Pan G是一種在門診進行的專利非手術電波拉皮療程，能夠產生並刺激出如手術拉皮一般的回春效果。基本上，Pan G是不動手術的一種門診療程，它是由馳名國際的美容整形手術醫生、慕哈蘭博士所研發成功。慕哈蘭醫生專精整形手術，同時也是極受歡迎的臉部光療法研發者之一。

柔絲光雅克雷射則強調創造出更緊實、光滑的肌膚。這種雷射會產生一種高密集光束，深入滲透皮膚組織，然後針對患部傳送具療效的熱能。坎德拉公司獲得專利的動態冷卻系統(DCD) 科技以噴灑冷卻劑來保護皮膚表層。長派衝雷射加上DCD冷卻劑能讓療效發揮極至，並將副作用降至最低。

平滑光雷射則是治療青春痘的有效方式。青春痘的產生，主要是因為皮脂腺分泌旺盛，而本療法利用雷射加以抑制，是溫和又安全的治療方式。醫界使用平滑光雷射來治療各種皮膚美容問題已有20多年。在眾多雷射中，平滑光雷射尤其安全，常被用來消除眼部週圍的細紋。人類皮膚有80%以上是水分，平滑光雷射所放射的光波能夠被我們的皮膚水分所吸收。雷射滲入皮膚後，在我們的皮膚表層皮脂腺週圍產生熱能。皮脂腺受熱後，會在皮膚表層產生輕微熱傷害。第一次療程結束後，臉上痘疤立刻明顯減少，成效可維持六個月之久。

平滑光雷射也是活化你的肌膚，解決老化問題的新方法，平滑光雷射刺激皮膚膠原再生，幫助活化肌膚，是一種非侵入性的新療法。該雷射使用獲得專利的雷射活膚(LASR) 療程，採用動態冷卻系統，對准真皮上層的膠原加熱，在保護表皮不受損壞的情況下刺激新膠原再生。

　　承先啟後的黃詠德醫師，以精湛醫術打造一份美麗的事業，幫助華人擁有自信美觀的面貌。人人診所分所地址：14804 Physicians Lane #121 Rockville, MD 20850；詳情請洽電話：301-309-1238。

年輕加上專業和理想

——專訪華府立信貸款年輕的總裁

多維記者 林紫喬

　　走進華府地區唯一華人經營的貸款投資銀行－立信貸款(WEI Mortgage)，很快就能被充滿活力的氣息所感染。年輕的團隊，熱情的衝勁，這是立信貸款辦公室給人的第一印象。

　　真正見到了立信貸款的總裁Wesley Yuan，他讓這樣的印象更加深刻。這家於2002年、在他僅是25歲的年紀所創建的公司，整體的的組合與背景，讓人除了"年輕"之外，一時真的還想不出更確切的形容詞。

　　Wesley Yuan表示，作為一個年輕的老

闊，對他來說，的確讓他感受到一些好處。比如他對於新的想法與科技，接受度都比較大，也更容易適應改變。"我感覺我們比較靈活"，他舉例，曾經有幾次在大型會議中，遇過了許多資深的銀行家，當他聽到前輩們說他們終於採用了某套系統時，他心裡便想，好像在三、四年前，他的公司早就開始使用這些東西了。

"但是身為一個年輕的老闆，我也可以說出許多壞處。比如人們有時候不太認真聽你說話。好在我擁有很棒的團隊。" Wesley Yuan 笑著說。

Wesley Yuan在很小的年紀移民來美，他習慣說英文，卻也不時參雜幾句標準的普通話。多維深入採訪這位親和力十足的老闆，發現這家公司的特點除了年輕，還有 "專業"。

年輕老闆的老到經驗

現年29歲的Wesley Yuan，在金融業界卻已累積了7年的經驗。很早就開始接觸工作的他，就與許多比較上進的大學生一般，不僅可以學習經驗，還能藉此賺點學費。

Wesley Yuan在馬里蘭大學主修數學與金融財務專業，後又獲得約翰霍普金斯大學的管理碩士，他開玩笑地形容，數學專業聽起來有點 "nerdy"，不過也就在大學的時候，他就確立了對財務與房地產的興趣。

大學畢業後，Wesley Yuan進入奇異(GE)公司，接受兩年密集並且嚴格的訓練計畫，每週獲得40小時以上的專業訓練，為他未來的職業生涯奠定深厚的基礎。"GE僱用僱用哈佛教授進行財務方面的培訓，還時常請到電視台記者，訓練我們的台風與演說能力，把我們說話的樣子都錄下來，讓我們看看自己是什麼模樣。GE給的訓練真的相當紮實。" Wesley Yuan回憶。

離開了奇異公司，Wesley Yuan又在其他企業中累積不少實務經驗。四年前，正值貸款業最紅火的階段，華府地區的貸款的需求大增，客戶都在尋找最好的貸款利率，面對當時的形勢，Wesley Yuan決定自己創辦貸款投資銀行。

於是在2002年8月，貸款利率的新低點與市場的需求，催生了立信貸款(WEI Mortgage)的創立，Wesley Yuan以初生之犢的姿態，創辦了華府地區唯一華人經營的貸款投資銀行。他謙虛的表示，他的親戚、叔叔在中國的金融界工作，給了他不少指導，並提供了許多聯繫。

"親戚有着非常豐富的銀行經驗，在投資方面又是獨具慧眼，是他們提供支持，給我很多在經營銀行的寶貴經驗。我不是憑着一腔熱情做事，而是在經過理論研究後，才提出公司的計劃與方案，一切作法都是三思而後行。"他說。

創造華府兩項紀錄

立信貸款成立之初僅有5、6個人，如今卻壯大成為一支陣容堅強的隊伍。如Wesley Yuan所言，該公司憑藉的是縝密的計劃與研究，才走出一條屬於自己的路子，並獨一無二在大華府地區創造了兩項紀錄：立信貸款是華府華人經營的唯一的貸款投資銀行；也是該地經美國住宅與都市發展部核準的貸款機構中，唯一由華人創辦的公司。

Wesley Yuan解釋該公司的特點與運作模式。立信貸款銀行從最初的貸款經紀人角色，很快轉型為有能力進行貸款買賣與放款的借主。前者僅是中間人的作用，接到貸款申請案件後，負責送往較大型的銀行做審核；成為借主的立信貸款銀行，則擁有自己的基金，亦有自己進行審核與放款的能力。在該公司專業的審批人員Linda負責之下，有效地節省客戶貸款申辦時間，最快可以在 24 小時內批準客戶貸款或重新貸款案件。

此外，該公司作為貸款銀行，在審核了貸款案並借出款項後，還可集中起來賣向更大的銀行。"這種作法的好處在於我們運用集中的力量，向大銀行協調更好的利息，比客人直接前往大銀行更加優惠。這個模式目前已運作地相當成熟。"Wesley Yuan 說。

立信貸款不僅能從美國各大銀行得到最優惠的利率，而且還可以吸收投資、融資，讓自己成爲借主，公司有權審批貸款人資格和過戶文件。Wesley Yuan 形容，他的公司是"麻雀雖小，五臟俱全。"這種雙頭並進的發展方針，在華府華人中可謂獨一無二，不僅拓寬公司的經營領域，也爲公司的市場帶來無限的空間。

創新產品與優惠利率

回顧 2000 年開始，美國的貸款行業越來越火爆，利率開始走低，在 2002年和 2003 年二年中，美國的房屋住宅貸款利率降到 45 年來的最低點。隨之而來的是人們買賣房屋的情緒升高，房屋住宅重新貸款如火如荼，不少新興貸款公司在此時應運而生，立信貸款銀行也以創意與專業，在大華府地區創造出屬於自己的品牌。

然而近兩年來，美國聯邦理事會(Federal Resewe) 連續17次昇息，導致房地產市場低迷，在貸款公司普遍受到重創之際，立信的卻以將近兩倍大幅成長的業績，讓一向以財務健全及穩建經營的理念，漸漸地得到印證。

立信貸款的逆勢成長，必須歸功於創新產品及更具競爭力的利率，這兩項優勢讓該公司的業務更上層樓。

在創新產品方面，立信貸款放眼美國經濟市場，推出優惠存款項目，不僅為貸款市場注入活力，又爲投資者帶來利益。該公司首創的高獲利存款計劃，期限爲半年、一年或長期投資，將讓投資者享有超過CD20%以上的獲利，並且大幅降低了本身的放款成本。

此外，提供更具競爭力利率也是立信貸款的強項，該公司長期提供高品質的貸款服務，因此目前獲得20多家大型投資銀行的核准，得以接受其他貸款經紀人，使得立信業績逆勢增長，進而回饋客戶們更具競爭力的利率。

下一步要走向全國

在創新業務計劃的領導下，立信貸款銀行不斷運用資源，將優化服務的潛力擴展到最大。目前立信貸款是商業改進局(Better Business Bureau)、房貸金融業協會(Mortgage Bankers Association)的成員之一，也是住屋與都市發展部(U.S. Department of Housing & Urban Development)所認可的借貸機構。

"我們的公司是從一個簡單的起點開始－以最好的貸款服務回饋客戶，也回饋給他們對立信的信任。我們用最具競爭力的價格，提供購屋者最直接的服務模式。" Wesley Yuan說。

他指出，立信貸款珍惜並且重視每一位客戶，因為房屋將是人一生中最大的投資，這也是為何立信的團隊都看重公平、專業、信賴、以及團隊精神等核心價值。事實上，從過去到可預見的未來，該公司大部分的貸款申請業務，都是透過口碑與介紹而來，"因為我們相信傳統的做生意方式－好的服務將贏得客戶。"

過去4年來，立信貸款公司已建立了緊密的網絡，未來還將持續為客戶與貸款經紀人，提供更多的理財產品。 而立信貸款銀行也將依靠著強大、專注、與幹練的管理團隊，繼續完善各項服務與產品。

　　Wesley Yuan告訴多維，對於公司下一步的計劃與藍圖，他腦中已經有一些想法了。"我們想將貸款業務推向全國。以公正、先進、全面的理財產品與客戶服務，讓立信成為全國性的貸款投資銀行，是我們的任務與目標；此外，籌備一個社區銀行，也是另一項值得期待的項目，這計劃一旦成形，將會成為大華府地區唯一華人社區銀行。"

　　雖然是一名年輕的創業者，但Wesley Yuan已經找出獨特的運作模式與優勢，未來的目標也已明確。

　　"我所從事的工作，有壓力，也會有風險。但更重要的是要從中找到樂趣，一旦如此，每天面對工作時便能樂在其中。" Wesley Yuan說，面對未來，無窮的動力與續航力將不斷地推他向前。

誰能得到顧客的心
誰就有了致勝法寶

——專訪大中華超市集團

多維記者　林紫喬

　　現代人去超市購買食品、日用品，聽起來是理所當然的事。回想從前沒有超市的時候，我們是去哪裡購買這些商品的？小賣舖、糧油店、雜貨店等都曾是經常光顧的場所，但現在回憶起來，似乎都成了很遙遠的景象，彷彿只有在小時的記憶中，才能搜尋出來的片段。超市的出現與普及，就是如此徹底地改變了人們的購物習慣。

　　1930年8月4日，麥可庫倫(Michael J. Cullen) 在紐約市創辦的 King Kullen 連鎖店，成為世界上第一家超級市場。從這一

天開始起，超市就以自助式服務、低毛利、低價位作為競爭武器，完全改變人們的消費習慣，其薄利多銷的特性與傳統雜貨店形成鮮明對比，而連鎖模式更為商家的經營運作帶來突破與變革。

"超市業的競爭激烈，採用連鎖店式經營乃大勢所趨，如此可發揮連鎖店多且規模大的優勢，直接大批進貨，降低成本。"大中華超市集團總裁張利惠解釋。

三年前，張利惠和幾個溫州老鄉成立"大中華超市集團"，短短幾年的時間，該集團先後在紐約、波士頓、新澤西及維吉尼亞州等地成立據點，超市的規模也則從最早的幾百、幾千平方尺，擴展到現在的數萬平方尺。為了降低成本，增加規模經濟，大中華在兩三年內急速擴張，目前又在艾姆赫斯特設立一個大型倉庫，從此不需經由中間商，他們直接從中國大陸、臺灣、加拿大和墨西哥等地進貨。

維州分店競爭中求勝

事實上，現今大中華超市集團共有6家同名商店，分佈在紐約、波士頓、新澤西、維吉尼亞州等地。於2005年10月1日開幕、位在Falls Church的維州分店，就是該集團旗下的第六家連鎖店。

張利惠曾表示，過去不少人都認為韓裔、日裔及美式超市較整潔寬暢，無論是貨架的擺放，或是環境的衛生，皆勝過華人超市。最初大中華計劃在維州開店時，當地亞洲食品就是由韓裔經營的超市為主力，其中最具代表性的是"韓亞龍"超市(Han Ah Reun)，20多年來，韓亞龍橫跨紐約、新澤西、賓州、馬里蘭州和維州等，大型倉庫及銷貨點共有22個據點，並直接代理食品進口，吸引各族裔前往消費，是規模最大的亞裔超市之一。

因此維州大中華開設之初，不少人都替張利惠捏一把汗，擔心該店不敵韓亞龍的競爭。不過現今的華人超市不僅借鑑美式超市的長處，供貨內容涵蓋了亞洲各國及美國本地食品，加上價格低廉，大中華維州分店開張以來，便展現出優勢的競爭力，生意相當興隆。

此外，維州大中華靈活的市場策略，也成為該店的競爭優勢之一。譬如他們在開幕將滿一週年的前夕，計劃推出會員制度，提供參加會員的客戶5%折扣。負責維州大中華的夏經理特別對多維指出，"維州分店將是大中華最早實施會員制的一家，我們觀察維州有許多美式大型商店都採取類似制度，當地居民包括亞裔的消費習慣都反映出這種需求，因此維州大中華將因地制宜，率先推出會員制。"

事實上，會員制的措施不僅是大中華集團的首次嘗試，在中國超市裡也是絕無僅有的作法，顯現出該店靈活的策略設計，以及對市場的敏銳嗅覺。

動線寬敞陳設整潔

維州大中華在制度上借鏡美式大型連鎖商家，在店面格局、導購分類、與貨架陳設方面，也能與美式商店媲美。

走進維州的大中華超市，第一印象是店面寬敞明亮，貨物排列整齊，貨架與貨架之間，並沒有其他中國超市的擁擠感覺。超市內貨品整齊、乾淨，分類明確，舒適的購物環境改變了傳統亞洲超市的髒、亂和擁擠觀念，風格相當清新。

夏經理告訴多維，大中華目前是大華府地區最大的華人超市，中國雜貨、乾貨、冷凍食品皆樣式齊全，"最大的好處是新鮮度勝過美國超市，因為我們的貨全是當天從紐約運來。"

夏經理說。

　　該店在貨架陳設與購物動線設計方面，可說是費足了苦心，店堂的周圍安排了蔬菜、水果、海鮮和肉類。中央貨架則是一列排開，每排都表列了中英文標識，其順序由右而左分別為冷凍食品、新鮮飲料，牛奶、乳製品，麵粉、速食麵、保鮮食品，中日零食、餅乾糕點，茶葉、香菇、豆類、醃漬食品，東方調味料、罐裝食品，美式食品，東南亞食品，以及家庭用品、清潔用品等，種類十分齊全。

　　"你可以感覺我們的貨品陳設方式比較不同，都是針對亞裔消費者的購物習性而設計。"夏經理對多維強調。

　　此外觀察大中華的蔬菜區，發現該店的蔬菜不包塑膠袋，也成為他們的一大特色。他們的上櫃蔬菜皆經由清解處理與仔細的採摘，少了外面的塑膠包裝，顧客可以自己拿塑膠袋，根據自己的需要選購，增加了銷售的透明度，顧客不用擔心菜看起來只有表面好，看不見的部分品質卻很差，更不會擔心買得太多，吃不完而造成浪費。

　　針對華人喜歡吃新鮮蝦蟹游水魚的特點，該店每日早晨固定由紐約引進當日的新鮮貨源，再利用迴圈活水海鮮池的設備，延長海鮮的存活時間，同時趁機讓田螺、蚌、蛤、蟹等海產將肚子裏的沙泥吐淨，品質與新鮮度相當有保障。海鮮部的負責人為了讓消費者買的放心，更把每只螃蟹、魚蝦都做了清潔處理，整齊的排列在盤子裏，讓人一目了然。

　　維州分店的做法，反映出總裁張利惠的理念：超市間的競爭是永遠存在的，誰能拿出新鮮而又價廉的貨品，誰能將新鮮果菜與游水海鮮做好，誰就能佔有市場！

短線促銷 品牌經營

多維依約專訪維州大中華的夏經理時，夏經理正在辦公室中，手邊拿著數份報紙，研究著其他對手的廣告與價格。他笑著對記者解釋，目前韓國超市仍是主要競爭對象，他們在中文報紙上也做了廣告，刊登的價格相當吸引人，不過客人前往購買時，卻常常因為貨量不足無功而返。

　　"我們在報章廣告上刊登的促銷價格比較真實，存貨量也足夠滿足客人的需求，因此顧客的回店率高與滿意度都很高。"夏經理進一步解釋。

　　大中華超市以全彩的樣式，刊登每週打折報導，清楚地標示打折的蔬菜、海鮮或是其他食品和日用品，憑著合宜的價格以及充足的貨量建立起口碑，吸引了很多顧客。大中華超市透過短線促銷方式，讓利顧客，然而在促銷的過程中，他們講究的是誠實報價，而非一時地吸引客戶。

　　價格的制定、促銷商品的選擇、以及會員制度的推廣，在在顯現出大中華集團在不同地區因地制宜的彈性做法，他們深入當地民情，採取靈活的政策，才能發展出適合當地的超市特色。然而在品牌的建立與重大的市場策略上，大中華集團則進行統一的調度與推廣，呈現出一致的企業形象。

　　比如近日大中華超市舉辦的"周年回饋大抽獎活動"，即由6家連鎖分店共同參與，凡在各家大中華購物滿28元，即可獲得對獎券一張，多買多得，12月20日抽出獲獎者，大獎包括賓士R350豪華房車、豐田Matrix房車、42吋電漿電視機、手提電腦、數碼相機、與不同價值的現金禮券。

　　夏經理笑著說，去年舉辦類似的抽獎活動，發生了相當有趣的事情，因為大獎得主的姓名拼音與他們總裁張利惠相當接近，有人還以為是老闆自己得獎了。不過事實上活動的籌辦相當嚴密，為了公平起見，員工自己絕對不可參加抽獎，消費者可以安心參與，任何人都有機會獲得名車。

提高品質管理

　　現代人講究健康飲食，前往商店購物時，營養成分與生產日期、有效期都成了關注的重點。夏經理指出，大中華在進貨過程中，對供貨廠家就做了認真仔細的篩選，也針對每批到貨食品進行檢查，此外在上櫃前還要仔細紀錄存銷貨和庫存統計，以杜絕過期食品上櫃。

　　維州大中華的每個部門都設有負責人，採取統一的電腦網路體系，執行嚴格的品質管制。這些做法，再次反映出總裁張利惠的堅持，"在大中華超市裡，不允許出現不新鮮的蔬菜水果或過期食品，"因此他們寧可在超市打烊前，以一大袋一元的價格，拋售當天尚未賣完又不易存放的蔬果。

　　對於過期食品，該店更毫不猶豫地扔掉，有時員工覺得將還能吃的食物扔掉可惜，但張利惠卻認為，如果因此影響顧客的健康，這便是一種罪過，自己心裏會覺得很不舒服。反觀不少華人超市不願承擔滯銷貨品帶來的損失，將食品過期標簽偷天換日，或是包封盒裝水果時，將好的擺在外面，爛的藏在裏面，變相將損失轉嫁到消費者頭上。張利惠對這種手法非常反感，他經常教育員工不要欺騙顧客。

　　張利惠說，不要把顧客當成傻瓜，要視顧客都是聰明的人，得罪了顧客，就等於得罪了自己的衣食父母。開超市的目的不僅是為了賺錢，還要讓消費者滿意。誰能得到顧客的心，誰就有了致勝法寶。

強調創新服務

　　為了得到消費者的心，大中華超市不僅嚴格監控品質，同時也強調創新服務，確實做到讓消費者滿意。

比如食品部與日用百貨的性質不同，不僅保質期短，同時還有新鮮、冷凍或是密封包裝等特殊要求。一旦顧客對商品有任何不滿意，大中華會透過售後服務再度滿足客戶，只要符合商店的管理規定，一定會盡全力配合消費者的需求。

大中華的員工對多維舉例，曾有客戶買了冷凍包裝的整雞，回家化凍以後聞到了異味，拿來商店退貨，客戶服務人員很快就為客戶辦理了退貨手續。儘管肉類部門負責人沒有聞到很重的異味，還是立即和供應商聯繫處理了全部同類產品。

還有個美國客人因為看不懂中文，買了冷凍包裝的食品，回家化凍以後才發現是自己買錯了，拿來退貨。根據商店規定，這樣的產品是不可以退貨的，他們給客戶做了耐心的解釋，並介紹了食用及烹煮方法，客戶就高高興興地回家享受這頓"意外"的中國餐。

張利惠指出，他入主超市後，就是希望改變一般人"便宜沒好貨"的心理，他希望做到貨物既便宜又新鮮，同時兼顧服務品質，因此他大膽引進許多新貨品。他說，時代在變遷，許多傳統東方雜貨食品店跟不上形勢發展的需要，經營手法過於保守，90年代還在賣50年代的貨品。創新服務成了大中華的特色，改變了華人超市的傳統印象。

向外擴張成趨勢

隨著華人超市邁出了創新的步伐，華人超市也逐漸走出了唐人街。"現在我們超市的東西並不僅僅局限賣給華人，其他外裔顧客也經常光顧我們的超市。"張利惠說，美國超市競爭壓力大，雖然現在客戶還是以華人為主，但總有一天華人超市也可以做到像美國超市那樣跨國連鎖。

仔細留意大中華的客人，就會發現來光顧的不僅是華人或是亞裔，也有很多美國人與西語裔顧客，這些人或多或少喜歡中國的飲食文化，或是在某個場合學習了中國菜的烹飪。有些人一眼看去就是一個"中國通"，熟練的在貨架上選購食品，也有美國人在此選購冷凍水餃，還仔細的研究包裝上面的英文標識，想來水餃對他們來說，也是一道正宗的中國餐。

　　大中華員工告訴多維，不光是娶中國太太的美國人會陪妻子來中國店買菜，甚至還有拿本漢英字典對著罐頭食品上的說明研讀"天書"的人，他們會仔細向工作人員、或是華人客人詢問口味和烹飪方法。

　　華人超市近年多了不少外族裔顧客，維州大中華本身也距離美式超市" Stop & Shop"不遠，就是考慮到熱鬧的地段才能帶動人潮，事實上大中華在維州開張至今，顧客50%是外族裔。"華埠地方有限，華人超市向華人聚居地的周邊地區、或外州擴張，已成為必然趨勢。"張利惠說。

我在美國當老板

吸納華人存款
服務華人社區

——專訪國際銀行副總裁胡師功

多維記者 林紫喬

　　"我常常告訴我的同仁，銀行從業人員並不是銀行員，而是sales person。我們賣兩樣東西，一個是錢，一個是信用，錢與信用就是我們的商品。"國際銀行副總裁胡師功說，"客人買我們的信用，才會使用我們的服務；而客人向我們貸款，買的就是錢這項東西，利率就是它的價格。"

　　專訪胡師功的這一天，他向多維侃侃而談對銀行業的認識與理念。然而在幾分鐘之前，他還身置於90多度的高溫下，在外處理業務，為了赴約接受採訪，他趕回了辦公室。事實上繁忙的行程，正是資深銀行人胡師功目前的生活寫照，而再創事業則是他自中國信託退休後，與當年的幾位同仁共同選擇的路。

國際銀行位在紐約華人據點法拉盛，今年3月15日正式成立對外營業。在國際銀行的主管、員工當中，80%皆來自台灣最大的金融機構中國信託的體系，除了在中信資歷長達28年的胡師功之外，國際銀行董事長黎大海、總經理洪天成也在該機構工作多年。

"我們退休後離開中信，為何想要自己成立新銀行？以往我們在大銀行裡服務，在裡面我們是一個職員，我們必須接受上面的指示，上面希望我們怎麼做，我們就必須怎麼做。但是對於業務推展，我們擁有很多屬於自己的想法，現在我們想要將這些理念付諸實施。"胡師功說。

迎向社區的銀行

"過去因為業務的關係，許多企業、華僑與我們相當熟識，我們也相當地了解他們，因此不少人都鼓勵我們出來成立這家銀行。"胡師功進一步點明，"從事銀行業這麼多年，我們有著屬於自己的理念，現在我們將這理念付諸於銀行業務的體系中。國際銀行是個社區銀行，社區服務就是我們主要的業務導向。"

以社區銀行為定位的國際銀行，目前更邀集數位社區中的知名企業家合資，整個經營團隊以服務新移民及中小企業為宗旨，期能滿足社區各種金融需求，如存款、匯款、信用卡、貿易融資、房屋貸款及其他貸款，並推出多元化的產品組合，提供客戶更多選擇。

胡師功告訴多維，"華人社區商業活動日益發展，居民生活水準不斷提升，因此大眾對資金安排的需求也與日俱增。"銀行憑藉著信用的延伸，居間扮演資金供需的樞紐角色，在存款人與借款人之間互通有無，間接推動了社區的繁榮。

不過他也強調，一般大型銀行在華人社區中，是以吸收存款為主，放款額卻相對很少，多半都提供給了主流企業或人士。"但是我們取之於社區、用之於社區，我們從社區中吸收到的存款，還是服務了華人。中小企業是我們主要的貸款對象，當他們需要資金之時，就是我們能夠提供協助的時候。"胡師功說。

事實上，華人經營的商店以中小企業居多，卻常因為無法獲得銀行融資，影響業務發展甚鉅。針對此一現象，國際銀行設立"中小企業金融服務中心"，負責融資規劃，協助商家籌措營運資金，服務項目包括了進口信用狀、存貨、應收帳款融資、無擔保循環額度、以及託收業務等，此外個人房貸、建築及商業樓宇貸款等，亦是國際銀行的主力放款產品。

創新用心的服務

國際銀行喊出了迎向社區的口號，不過他們的與眾不同，從小地方就可感覺到。比如室內所播放的音樂，絕對是經典的旋律卻沒有歌詞，舒服而不會干擾人；又如該銀行從牆上到洗手間內，都掛上了董事長夫人親製的典雅畫作…，他們的用心就在這些小處中流露出來。

"除了用心，我們也講求創新。"胡師功說。目前國際銀行推出了"高息支票存款帳戶"，該產品不僅將支票帳戶與儲蓄帳戶結合在一起，事實上還與定期存款合而為一，帳戶的利息最高可達4.25%，等於一個月期或三個月期的定期存款之利率，在享有高利息的同時，客戶仍能隨時動用帳戶內的資金。

胡師功分析此種帳戶的好處：第一、擁有支票帳戶的便利性，客戶可享有無限開立支票、提款卡取款、網路付款、免年費、無最低存款限制等便捷，第二、擁有儲蓄帳戶的好處，讓客戶隨時進出帳戶提錢或存款；第三、定期存款的高回報率，銀行支付利息最高可達4.25%，同時客戶還能靈活運用資金。

"這種帳戶並非是國際銀行獨創，事實上許多銀行都有這種產品，只是他們基於成本較高的考量，多半不願向客戶推廣。但是我們考慮到客戶對於便利的需求，我們願意多支付一些利息，將這種方便的帳戶推向大眾。"胡師功解釋。

此外，國際銀行還推出全美暢通的提款卡，只要在帳戶內存放5000元以上，客戶在全美各地提款，皆不須支付手續費。而該銀行本身的提款機，也是經過用心的設計，語言種類除了常見的英文、西班牙文，更有簡體與繁體兩種不同的中文字體，首開所有銀行之先例。

胡師功指出，國際銀行的保管箱也值得一提。"一般金庫是以鐵板、空心磚、水泥、再插入鋼筋所製成，我們金庫則是以鋼筋交錯排列，打造出四邊各18英吋、上下各3呎的厚牆，老實說想要打穿這種牆，可能除了炸藥之外別無它法，一般的電鑽絕對是不得其門而入。"他笑著說。

國際銀行的保管箱服務，就安藏在這特殊設計的金庫當中，目前該行以買一年送一年的方案，回饋在該行開戶的客戶。胡師功補充，"這種金庫的安全性不敢說是100%，但至少也有99.9%，而我們超長的營業時間，也增添了保管箱的安全性與便利性。"

365 天全年無休

所謂超長的營業時間，是國際銀行為方便客戶，一年365天天天營業，還以"最貼心的88銀行"為理念，每天由上午8點至晚間8點加長服務時間；週末及國定假日則從早上10點到下午4點營業，各項業務全年不打烊。

"我們選擇365日天天營業，包括國定假日也不例外，即便在感恩節、聖誕節、新年等特別的節日，我們也會將大門打開，這在美國算是全國首創。天天營業的原因是，我們考慮到許多華人平時打工相當辛苦，佔去許多時間，我們希望在他們難得的休假日，也可以為他們服務。"胡師功笑著說，"銀行不是衙門，也不是政府機構，銀行存在的目的就是要提供服務！"

"你說做這些事情成本有沒有增加？當然有，但客戶的方便是我們首要的考量。"他繼續說。為了實行每週7日營業的想法，國際銀行在人力調動上，除了專業的正職員工之外，也雇用了兼職人員支援業務的進行，其中有不少還是大學生，這個做法不僅提供他們賺取零用錢的機會，也幫助累積實習的經驗，為往後的就業生涯建立起點。

"我們提供學生進入業界的機會，當然我們確實有此需要，因為員工們也需要合理的休息時間。"不過考量員工應該休息的胡師功，本身的工作時間卻是很長。該銀行的主管每天幾乎都工作12小時以上，胡師功經常早上7點半到辦公室，晚上要離開的時候，已經9點鐘了。

記者聽了笑著問，這豈不是比退休前更忙？胡師功答，"過去我們在中國信託時，那裡的企業文化是，要做，就要把事情做到最好，做得像樣。我們這種觀念帶到了國際銀行，我們想給客戶感覺到全新的不同。"

難忘的南美經驗

胡師功過去任職於中國信託時，曾經有段時間，被外調到了中信在南美的據點。他回憶，"一般華人對南美都很陌生，當初我要被調過去時，我全家人從父母到妻小，沒有一個贊成我去，然而我在那裡一待就是四年。我常常在想，沒去過那裡，真的沒有辦法想像世界上還有這樣的地方。"

他告訴多維，南美給他最深的印象是貧富差距極大，有錢人所擁有的財產，可以與一個國家相匹敵。曾經就有一個報社老闆邀請他去吃飯，沒想到光是從老闆家的樹籬開車到屋子門口，就花了他兩分鐘。

而前些天紐約經歷100多度的高溫，讓許多人都吃不消，但是胡師功在南美的時候，每年幾乎有6個月是這種情況。"回到紐約後，感覺這裡是文明的地方，南美則截然不同，我常常與朋友開玩笑說，在南美的四年，我可以寫出一本回憶錄。"他說。

胡師功經歷了4年如此深刻的磨練，他也曾從容應對創辦國際銀行的挑戰。

《多維》系列(1)

書　　　名：我在美國當老闆

作　　　者：多維媒體公司

發 行 人：何　頻

總 策 劃：楊鳴鏑

執行策劃：力　揚

封面設計：劉　隼

出　　　版：明鏡出版社

全球資訊網：www.mirrorbooks.com

電子郵件：mirrorpublishing@yahoo.com

　　　　　admin@mirrorbooks.com

通訊地址：P.O. Box 366, Carle Place,

NY11514-0366, U. S. A.

電　　話：(516)338-6976

傳　　真：(516)338-6982

國際統一書號：ISBN 1-932138-44-7

定　　價：HK$98

版　　次：2006年10月第一版